Tiemble
después de haber reído
1

Tiemble después de haber reído

1

Cuentos de

Rafael Castellano Gállego
Rafael Castellano de la Puente
Jeffrey Archer
William Wymark Jacobs
Juan José Arreola
Franz Kafka
Francisco Ayala
José Maria Eça de Queirós
Arturo Barea
Robert Louis Stevenson
Mario Benedetti
Emilia Pardo Bazán
Giovanni Boccaccio
Jorge Luis Borges
Charles Bukowski
Mary Higgins Clark
Dino Buzzati
Horacio Quiroga
Truman Capote
Nikolái Gógol
Miguel de Cervantes
Nadine Gordimer
Gilbert Keith Chesterton
Anton Chéjov
Francisco de Quevedo

Prólogo de

Joaquín Estefanía

La edición de esta antología ha sido posible gracias a la colaboración de Alianza Editorial (Grupo Anaya), Booket (Grupo Planeta), Byblos (Grupo Zeta), Debolsillo (Random House Mondadori), Punto de Lectura (Grupo Santillana) y Zeta Bolsillo (Grupo Zeta).

Fotografía de la portada: Nueva York. 15 de septiembre. Empleado de Lehman Brothers.
© Chris Hondros/Getty Images

Edición no venal

Printed in Spain – Impreso en España

ISBN: 978-84-3423-410-9
Depósito legal: B-53.866-2008

Fotocomposición: Lozano Faisano, S. L. (L'Hospitalet)

Impreso en Litografia Rosés, S. A.
Progrés, 54-60. Gavà (Barcelona)

R 342341

JUSTIFICACIÓN DE LOS EDITORES

RAZÓN Y EXPLICACIÓN DE ESTA OBRA

Según los analistas económicos, los no tan económicos y, lo que aún es más importante, nuestros propios bolsillos, este 2009 será un año difícil. Vamos, que después de la risa, la bonanza y el derroche, llega el crujir de dientes. ¿Y qué hay mejor, más barato y más aleccionador para reflexionar sobre lo bien que lo pasamos, lo mal que podemos pasarlo y lo bien que lo pasaremos de nuevo que un libro GRATUITO? Nos responderán: tres libros gratuitos. Y les contestaremos: Es el caso.

Aquí tienen, pues, tres libros gratuitos cuyo contenido ha sido inspirado por una sección de la revista satírica *La Codorniz* titulada: «Tiemble después de haber reído». En ella, y allá por los años cuarenta del pasado siglo, Rafael Castellano Gállego primero y a partir de los años sesenta su hijo, Rafael Castellano de la Puente, ofrecían a los lectores de humor cuentos de terror y suspense (bajo estas líneas lo explica este último, más y mejor).

Con estos libros lo que les proponemos es lo siguiente: que reflexionen primero sobre crisis pasadas, presentes y futuras a través de citas de los grandes economistas de la historia; que rían después con un cuento de humor y tiemblen con uno de terror. En ambos casos, los protagonistas —oficinistas, indigentes, pícaros, empresarios, vampiros y ladrones, entre otras especies—, han sobrevivido (o no) a los tiempos de vacas flacas.

Hasta aquí, la explicación «impertinente». Les dejamos, primero con Rafael Castellano de la Puente y, después, con la antología. Que la disfruten.

LOS EDITORES

UN CONFETI EN LA BIBLIOTECA («TIEMBLE DESPUÉS DE HABER REÍDO»)

por Rafael Castellano de la Puente

La cabecera «Tiemble después de haber reído» fue para mí, en 1961, algo indiferente en cuanto a quién la propuso. Escribía su contenido, y punto. Había mantenido mi padre la página con traducciones en síntesis de Peter Cheyney, Damon Runyon, Dorothy Sayers, Agatha Christie o Cynthia Asquith. Reclamaron sus *royalties*. Dijeron los editores que no había fondos y se me propuso escribirla y firmar mis originales con heterónimos anglosajones: F. Finest, W. Bridge, S. Wurewa y otros. Mi motivación, cínica: guante negro, espectros agusanados y ficción anatómicoforense por un puñado de pelas. Charlé con sepultureros y zahoríes, acudí a audiencias públicas de sarracinas y *vendettas* del desmonte, conversé con ovnimaníacos y presuntos abducidos. Negocié en 1963 la firma fija de R. Castleman. Después, la de Rafael Castleman. Hasta 1975. Pero ¿qué mente había concebido el epígrafe? Mi padre se escaqueaba.

En 1965 adquirí un libro de Baudelaire publicado por Austral. En el ensayo *Esencia de la risa y, en general, de lo cómico en las artes plásticas* me sobresaltó un subtítulo: *«El Sabio tiembla de haber reído»*. Y más abajo: *«El sabio sólo ríe temblando»*. La edición era de 1948, año en el que aparece el primer «Tiemble después de haber reído». Elemental.

Baudelaire no recuerda dónde leyó esa sentencia *«insertada, sin duda, como cita»*. Profundiza: *«El Sabio por excelencia, el Verbo Encarnado, jamás ha reído. A los ojos de Aquél que todo lo sabe y todo lo puede, no existe lo cómico. Y sin embargo el Verbo hecho Carne ha conocido la cólera e, incluso, ha conocido el llanto»*. Conclusión: *«La risa es satánica»*.

Otro ejemplar de esta obra de Baudelaire, datada también en 1948, aparecería años después en la biblioteca de mi padre. Fue la brizna de confeti que resuelve los *thrillers* victorianos. Fin.

PRÓLOGO

Uno de los debates hoy más acreditados consiste en comparar las características de las dificultades que asolan el planeta con las del año 1929. Casi ocho décadas después se puede convenir que aquello que se inició como un *crash* en la bolsa y que se contagió primero al mundo financiero y luego a la economía ciudadana fue mucho más que una crisis económica; fue una crisis civilizatoria que afectó a la política, la cultura, la sociología y hasta al deporte, incluyendo el desarrollo de una guerra mundial, la segunda, la más cruenta considerando incluso la que había empezado un cuarto de siglo antes.

Para definir lo que ocurre ahora todavía no existe distancia histórica. La velocidad de llegada y la profundidad de los problemas no tienen nada que ver con otras coyunturas complicadas acaecidas desde 1989, el año en el que cae el muro de Berlín y se inicia la actual fase de globalización realmente existente. Nadie conoce adónde nos conducirán esos problemas, aunque no tienen buena pinta. Sabemos que ochenta años después estamos mejor preparados para resistir los avatares de lo incierto; tenemos ciudadanos menos ignorantes, científicos sociales con mayor capacidad para comparar y aplicar medidas de corrección, políticos acostumbrados a un largo período de paz y a no dirimir sus diferencias en el campo de batalla. Y, sobre todo, disponemos de un Estado del Bienestar con muchas deficiencias y agujeros, pero que no existió en las zonas más avanzadas del planeta hasta la década de los treinta del siglo XX. Seguro de desempleo, Seguridad Social, convenios colectivos, etcétera. Ello es lo que buscan los desheredados de la tierra que llegan a nuestros aeropuertos o a las playas, en aviones o en cayucos. En contra, está la estupidez de un sistema que ha hecho de la predisposición especuladora y el alejamiento de la realidad que ello implica (o de la pérdida de sensatez que conlleva) su razón de ser. Un sistema que tiende a excluir de sus márgenes a mucha gente. Los episodios de especulación —la historia lo demuestra— no acaban nunca sólo con golpes de pecho de lamentación, sino con choques violentos. Así que nada de optimismos antropológicos que nos relajen.

John Kenneth Galbraith, un gran economista recientemente fallecido —que, como todos los grandes economistas, cultivaba además los territorios de la literatura, la filosofía, la pedagogía y, sobre todo, el del compromiso con la realidad— nos ha recordado que en economía el hombre es también el animal que tropieza dos o tres veces en la misma piedra: lo primero «es la extrema fragilidad de la memoria en asuntos financieros». En consecuencia, el desastre se olvida rápidamente. Así pues, cuando vuelven a darse las mismas circunstancias u otras muy parecidas, a veces con pocos años de diferencia, aquéllas son saludadas por una nueva generación, a menudo plena de juventud y siempre con una enorme confianza en sí misma, como un descubrimiento innovador en el mundo financiero y, más ampliamente, en el económico. «Debe de haber pocos ámbitos de la actividad humana en los que la historia cuente tan poco como en el campo de las finanzas. La experiencia pasada, en la medida en que forma parte de la memoria de todos, es relegada a la condición de primitivo refugio para aquellos que carecen de la visión necesaria para apreciar las increíbles maravillas del presente. El segundo factor que contribuye a la euforia especuladora y al inevitable colapso es la engañosa asociación de dinero e inteligencia.» (*Breve historia de la euforia financiera*)

Pues bien, a falta de un juicio definitivo sobre la crisis actual por falta de distancia y establecidas las comparaciones más básicas con la Gran Depresión de los años treinta, saquemos también las lecciones más positivas de la forma en que se salió de aquella situación. No sólo el *New Deal* que instrumentó un presidente demócrata como Franklin Delano Roosevelt (hace ocho años, cuando jugábamos a encontrar el personaje más determinante de la pasada centuria, muchos propusieron a Roosevelt), sino los colaterales: otra forma de relacionarnos con la realidad a través de la evasión, como el cine o la literatura. Muchas de las artes, también lo dice la historia, se crean en tiempos de crisis.

Alguna de la mejor ficción del siglo XX y algunas de sus mejores películas (varias de ellas elaboradas a través de guiones que provienen de la primera) nacieron de los años inmediatamente anteriores o posteriores a la Gran Depresión. Cómo olvidar los rostros cansados de los ciudadanos que bailan sin cesar en un local cerrado (porque allí tienen donde dormir y comer), en el maratón filmado por Sidney Pollack en *¡Danzad, danzad, malditos!* El director rueda la película a finales de los años sesenta para reflejar la California de los treinta, adonde llega mucha gente con la intención de mejorar sus condiciones de vida y en la que unas docenas de parejas se confinan para bailar durante días con el objetivo de ganar los 1.500 dólares de premio. Si uno ve una sola vez *¡Qué bello es vivir!*, de Frank Capra (lo cual es difícil, porque la reponen todas las Navidades), se le graban para siempre las caras que reflejan el pánico a perder sus ahorros de los vecinos de Beford Falls, el pueblecito donde George Bailey regenta un pequeño banco, de los que ahora caen todos los días en Estados Unidos. Sin olvidar las obras mayores de la cinematografía, relacionadas con la Gran Depresión: *Las uvas de la ira*, de John Ford, o *La fuerza bruta*, de Lewis Milestone, basadas en las novelas homónimas (la primera) y *De ratones y hombres*, de John Steinbeck, el novelista por excelencia de esos años.

Es difícil escribir algo original de *Las uvas de la ira* que no se haya repetido cien veces. Es la diáspora de los agricultores norteamericanos a través de la célebre Ruta 66, que cruza Estados Unidos de costa a costa, en busca de su futuro. Menos conocido es el antecedente de la misma, *Los vagabundos de la cosecha*, editado en 2007 en nuestro país. Se trata de siete reportajes que Steinbeck escribió para el *San Francisco News* en 1936, poco antes de que llegase a España, para participar en la guerra civil. En el prólogo a *Los vagabundos...* el narrador y poeta Eduardo Jordá cuenta el contexto en el que escribió Steinbeck: el *crash* económico de 1929 provocó una caída generalizada de los precios. En Oklahoma, Texas, Kansas y Nebraska los granjeros vivían en una economía de subsistencia que se derrumbó cuando las tormentas destruyeron las cosechas de trigo y maíz. Los granjeros persistieron sembrando cardos comestibles, pero las tormentas de polvo también arrancaron los cardos. A continuación hipotecaron sus granjas y los bancos acabaron quedándose con sus tierras. «Fue entonces cuando los granjeros malvendieron sus escasas posesiones, apilaron sus fogones y sus bolsas de ropa en sus Fords destartalados y pusieron rumbo a California. Allí estaba la Tierra de Promisión, donde pensaban encontrar trabajo en las prósperas explotaciones agrícolas. Entre 1935 y 1938, unos cuatrocientos mil granjeros del Medio Oeste —a los que todo el mundo llamaba *okies*— emigraron a California, convencidos de que era la Tierra de Leche y Miel de la que habían oído hablar en los sermones de las iglesias y en los folletos publicitarios de los bancos que se habían quedado con sus granjas.»

Se ha discutido muchas veces acerca de dónde están los antecedentes del *nuevo periodismo* americano, que representan como pocos el Truman Capote de *A sangre fría*, o los Tom Wolfe, Norman Mailer o Hunter S. Thompson. En mi opinión, la calidad literaria de la serie de reportajes que se titula

Los vagabundos de la cosecha, su trabajo de investigación y de campo, la mezcla de géneros, la convierten en un adelantado de ese *nuevo periodismo* que tuvo su epicentro en los Estados Unidos de los años sesenta. Por cierto que cuenta, como valor añadido, con las fotografías (otro arte de la Depresión) de Dorotea Lange, una de las mejores fotógrafas norteamericanas de todos los tiempos, que durante esos años trabajó en diversas agencias estatales retratando a los perdedores. Una de sus fotos, titulada *Madre emigrante* (en una autopista vio un coche averiado y a su lado una madre exhausta, con dos niños agotados que se apoyaban en sus hombros), devino uno de los iconos de la Gran Depresión.

El Fitzgerald del Gran Gatsby y el último magnate, con sus enormes desigualdades, que tan bien refleja los felices veinte, el Dos Passos de la *Trilogía USA*, la mejor novela negra de Dashiell Hammett, parte de William Faulkner y algunos de los mejores momentos del jazz se vinculan con esos tiempos. ¿Dónde estarán los literatos, los directores de cine, los músicos o los fotógrafos de la crisis de hoy? ¿De dónde emergerán pasados unos años, como correlato glorioso de las dificultades?

Hay un concepto más enérgico y pluridisciplinar que el de recesión para explicar lo que está sucediendo: depresión. La depresión es más grave y duradera que la recesión. Es física y es psicológica, se manifiesta en el frenazo en seco de la actividad, la debilidad de la demanda, la contracción del comercio internacional, el incremento del paro, la caída del poder adquisitivo, etcétera, todos ellos procesos muy dolorosos y contrarios al progreso, que superan el parco mundo de la economía y la intendencia. Hay similitudes —y bastantes diferencias— con la Gran Depresión de 1929. Es urgente desempolvar los viejos manuales de entonces y establecer las analogías, pero también volver a leer la ficción que entonces describió lo que pasó, el cine que reflejó sus consecuencias, las instantáneas del desastre. Habrá tragedia, pero también comedia, ironía y distancia. Cuando pensemos en el presente desde el punto de vista histórico, como proponía Walter Benjamin, sabremos si podremos reír o llorar sobre lo que nos ha pasado. A lo mejor no ha sido otra Gran Depresión sino una Gran Transformación que nos mejora.

JOAQUÍN ESTEFANÍA

El primer cuarto del siglo XVII, *hasta y durante los comienzos de la guerra de los Treinta Años con la defenestración en 1618 en Praga, ha sido descrito de forma general como un período de crisis. La crisis fue especialmente grave entre 1619 y 1623, descrita a veces y en algunos sitios como «crisis comercial», a veces como una «crisis conjunta de la industria y el comercio», pero normalmente como una «crisis de moneda» y, en algún caso, como una «crisis monetaria y de pánico». Es más, estuvo encajada en una crisis estructural más profunda de entre 100 y 150 años de transición entre la época medieval y la modernidad.*

CHARLES P. KINDLEBERGER

Rafael Castellano Gállego (Madrid, 1907) fue articulista precoz en *El Sol.* Accede a *La Codorniz* de Miguel Mihura en la década 1940. Su secciones: «Interviús impertinentes» y «Arregle usted el mundo» —entrevistas a celebridades—; «El Baronet y la Huérfana», «Álbum de capitostes» y «Diálogos entre gentes bien nacidas». Escribió *Pepe* (premio de Legión del Humor, 1955), *El conde Basilio y los fantasmas*, *La tasca de Tipsy*, y *Pan, amor y ecología* (poemas castúos). Se autodefinió: «En *La Codorniz*, convertido en el trabajador más vago de la historia, escribía artículo tras artículo. No he terminado la carrera de ciencias, ni de filosofía y letras, ni la de derecho. Soy reumático». Falleció un martes y 13 de 2001.

Rafael Castellano de la Puente (Madrid, 1943) se inicia en *La Codorniz* en 1961, donde publica como R. Castleman unos 700 relatos para la página «Tiemble después de haber reído». Ha trabajado en *Egin*, *Punto y Hora*, *Interviú*, *El País*, *Cacumen*, *Lógicamente*, y en Radio Vitoria y ETB 1. Elaboró en cómics la serie «Gabai» y la biografía de Íñigo de Loiola. Algunos de sus libros: *Tiemble después de haber reído*, *Vascos heréticos*, *Sutondoan*, *Misterio de Vizcaya*, *Guía de Madrid para vascos*, *La cocina romántica*, *Los vascos también ríen*, *Euskaldun heretikoak, magia eta sorginak*.

Sus guiones de cine: *Mar adentro*, *Bandera negra*, *Eskorpion*. Actualmente envía trabajos al ciberperiódico *Rebelión* y mantiene la weblog Maverick Ink Press.

RAGTIME IS MONEY

Rafael Castellano Gallego

Queridos contribuyentes, buenas tardes:

He de rogarles en primer lugar que me disculpen por presentarme aquí con esta cara. Lo siento, pero no tengo otra más divertida ni que responda a cánones estéticos más depurados. Es una pena, porque según me dicen con frecuencia mis amigos —que son siempre los amigos los que dicen las cosas desagradables—, yo no tengo cara de humorista.

La verdad es que ésta es una afirmación algo gratuita, porque no hay reglas biológicas que determinen con precisión cuáles han de ser los rasgos fisonómicos del humorista. Puesto en el trance de elegir, ¿qué es mejor? ¿El perfil aquilino de un Fernández Flórez, o la figura rolliza, casi pantagruélica, de un Chesterton? ¿Debe ser el humorista alto y delgado, como Eça de Queirós, o bajito y rechoncho, como Miguel Mihura? Jamás se ha dicho «cara de humorista» pero en cambio se dice «cara de juez», aunque tampoco se conoce a ciencia cierta cómo debe tener la cara un magistrado. Lo único que se sabe a este respecto es que no debe tener defectos visuales, para que no le ocurra como aquel juez, que era tan bizco, que en una ocasión condenó por error al fiscal a treinta años y un día.

Me han reprochado muchas veces que voy muy serio cuando ando por la calle. Por complacer a mis amigos y hasta a los que no son mis amigos, yo iría con mucho gusto dando brincos y soltando risotadas de vez en cuando, pero entonces correría el peligro de que, en lugar de tomarme por humorista, me creyeran idiota. Ya hay muchos que se lo creen, y eso que no me río...

Que me perdonen las señoras presentes, pero hay que decir que los hombres somos mucho más respetuosos que ellas con nuestro físico, y no recurrimos a la cirugía estética más que en el caso de que hayamos cometido un hecho delictivo y nos veamos obligados a mudar de rostro para eludir la acción de la Justicia. Aun así, hay ladrones que todos conocemos y que andan por el mundo tan tranquilos y con la misma cara que Dios les dio. Un poco más dura, eso sí, pero la misma. Y es que, por lo general, los hombres somos fieles, por encima de todos los avatares, al físico que nos legaron nuestros padres, nos guste o no. Nos pasa con nuestro rostro, como con ese coche utilitario que hemos pedido hace mucho tiempo pero que no acaban de concedernos nunca. El día que al fin nos lo concedan, no repararemos en la marca, ni en el color. Sea de dos caballos, de cuatro o de ocho, colorado o verde, ancho o estrecho, nos parecerá estupendo. Y al poco tiempo de usarlo, no lo cambiaríamos ni por el mejor coche americano, del mismo modo que no permutaríamos nuestras narices por las del mismísimo Marlon Brando. ¿Qué iban a decir en la oficina si nos vieran aparecer con unas narices que no fueran las nuestras, por griegas que fueran?

En fin, que aquí me tienen ustedes con la única cara de que puedo disponer. Les pido por favor que no me la estropeen tirándome cosas, porque me ha costado muchos años el dejarla como está.

Todo este preámbulo es para combatir la creencia, muy extendida entre la población civil, de que los humoristas son unos señores muy divertidos, que siempre tienen a mano un chiste o un retruécano, y que no tienen más que abrir la boca para que la gente que les escucha se parta de risa. Se trata aquí de un error de concepto, que hace que se confunda al humorista con el caricato. Tan extendido está ese confusionismo, que yo he llegado a ver anunciados como humoristas a tenores cómicos y hasta a mediados actores de serial que un buen día decidieron empezar a contar chistes por la radio. El caricato cultiva del humor la parte superficial y epidérmica, del mismo modo que el curandero dice practicar la medicina aplicando emplastos de hierbajos, con la pretensión de curar los más diversos males. Pero es el médico el que realmente conoce el origen de las enfermedades, como el humorista cultiva la raíz del humor.

En este caso del humor, convendría hacer una distinción según la especialidad de cada rama, que muy bien podría ser la clasificación del gracioso en extrahumorista e introhumorista.

Extrahumorista, aparte del caricato antes citado, es ese tipo alegre y divertido que triunfa en los guateques. Por lo general es un memorión imponente, que aprende chistes en lugar de empollarse la teoría de Weyl, el principio de las leyes diferenciales o la legislación comparada de Derecho Internacional. Sabe además contar los chistes con una gracia extraordinaria y servirlos recién salidos del horno de la maledicencia, que son cuando están mejor, como las ensaimadas.

El introhumorista, por el contrario, suele ser un individuo tristón y reconcentrado, que permanece silencioso en las reuniones, parte por timidez, parte porque prefiere escuchar las memeces que suele decir el prójimo. Así va tomando nota de los tópicos en boga y también de las frases vacías e hipócritas. Cuando ha reunido una prudente cantidad de esta materia prima, ensarta las piezas sueltas, con el mimbre de la sintaxis y pergeña así un artículo muy gracioso, por el cual le pagan treinta duros menos el descuento de utilidades.

Esto del descuento es un consuelo, en medio de todo, ya que con este arbitrio el Estado viene a reconocer que el humor es también de utilidad, puesto que le cobra impuesto de utilidades. E incluso es posible que, a partir de ahora, se considere al humor artículo de lujo.

Lo curioso es que aquellos mismos que le proporcionaron al introhumorista el tema de su artículo van y le dicen luego con aire que es mitad reproche y mitad protección:

—Lo que no me explico es de dónde sacas todas esas tonterías que escribes.

Uno está tentado de responderles que las auténticas tonterías son aquellas que se escriben en serio y que leen con unción los tontos y que hacen reír a las personas inteligentes. Porque los más peligrosos competidores que tenemos los humoristas, los verdaderos intrusos del humor, son aquellos que escriben con la seriedad del burro y el engolamiento del avestruz, y que pretenden hacernos ver lo blanco negro.

El humorista es un escritor serio, pero con otra clase de seriedad; una seriedad infantil. ¿Han visto ustedes algo más serio que un niño de pocos meses? La expresión de sus ojos indica la sorpresa más descomunal, el asombro que siente al contemplar todas nuestras vanidades, nuestras locuras y nuestra definitiva y enorme estupidez. Es el asombro y la seriedad de un sentido común virginal, no desvirtuado aún por la implacable labor educativa de las personas mayores. Ante la limpia mirada de un niño todos nos sentimos un poco avergonzados. De ahí el embarazo que siente el hombre hecho y derecho cuando se enfrenta con un mamoncete. No sé lo que les ocurrirá a ustedes, pero yo nunca encuentro nada que decirles y creo que a todo el mundo ha de pasarle poco más o menos lo mismo. Si acaso, cuando nos vemos arrinconados, intentamos salir del paso diciendo una estupidez como por ejemplo:

—¿Quién es el chiquitín de la casa?

Pregunta completamente imbécil, que lleva implícita la respuesta axiomática.

Las tonterías de los tontos patológicos y la locuras de los locos nos hacen reír a veces, pero otras nos hacen pensar. Por eso siempre se ha dicho que son los niños y los locos los que dicen las verdades. Nosotros, los introhumoristas, decimos las verdades siempre que nos dejan, aunque a veces no nos dejan, e incluso nos sientan en el banquillo porque tenemos un poco de niños, un poco de tontos y un poco de locos.

Creo que se debería adoptar esta división que propongo

de extrahumoristas e introhumoristas, a fin de que la gente supiera de una vez a qué gracioso quedarse. El confusionismo actual nos hace pasar muy malos ratos a los que intentamos tener una especie de gracia clandestina, cosquilleo de efecto retardado que no suele estallar hasta que el lector ha digerido el párrafo.

Bien; pasado este preámbulo, entraré en el tema de la conferencia. El tema de una conferencia, como el asunto de una novela, viene a ser una cosa así como lo que le ocurrió a aquel escocés —ya saben que los escoceses tienen fama de ser muy roñosos— que se encontró en la calle una caja de parches para los callos y el hombre no encontró forma mejor de aprovecharlos que comprarse unos zapatos estrechos. De esta forma el literato o el conferenciante se coloca dentro de la estrechez del tema, a fin de que le salgan unos callos literarios sobre los cuales pueda aplicar los parches de su ingenio.

Lo mejor es buscar un tema que no sea ancho ni cómodo. El hablar de algo que todo el mundo sabe, además de aburrido para el oyente, puede resultar peligroso para el conferenciante, porque, por muchos que sean los conocimientos que tengamos de un tema, siempre nos encontraremos con que hay entre los oyentes quien sabe más que nosotros.

Confieso que, en lugar de la música sincopada, yo hubiera preferido hablar de los metrocitos, por ejemplo. Todo el mundo sabe que los metrocitos son unas células hemoglobiníferas muy voluminosas, de las que malas lenguas dicen que son madres de los nomoblastos. Estas cotillerías son mucho más interesantes que las corcheas, por sincopadas que sean.

El hablar de música sincopada tiene un peligro. Como verán por el disco que voy a poner a continuación, es una música que obliga a mover los pies. Respecto a esto, dice Robert W. Gordon de los espirituales negros: «Cualquiera que haya oído un espiritual bien interpretado encuentra prácticamente imposible el permanecer quieto mientras lo escucha. El ritmo exige movimiento corporal. Los pies insisten en patear, el cuerpo se inclina a un lado y a otro; las manos teclean, inquietas. Es un deseo incontrolable de levantarse y sumergir el cuerpo entero en el ritmo».

Como ven, el riesgo de pateo es gordísimo.

La verdad es que no sé cómo se han atrevido a invitarme para que dé una conferencia. Esto es algo parecido a lo que le ocurrió a Groucho Marx, cuando le admitieron como socio en un club de entrada muy restringida. En cuanto Groucho supo que le habían admitido, mandó su baja inmediatamente, junto con una carta severísima.

«Yo —decía, escandalizado— no puedo formar parte de una entidad que no se avergüenza de contarme entre sus socios de número.»

El mío es un caso parecido, salvando la distancia que hay entre ambas sociedades y, sobre todo, la que hay entre Groucho y yo. Yo soy más alto y, aunque llevo gafas, tengo menos bigote y no fumo puro.

No resulta fácil hablar de música, sobre todo si no se sabe hablar y no se sabe música, como me pasa a mí. Pero no es sólo la escasa cultura sincopada del conferenciante la que fastidia en este caso, sino la extensa cultura del oyente, sobre todo la del adolescente que conoce a Gene Krupa, Tommy Dorsey, Harry James, Woody Herman, Glen Miller, Artie Shaw, Lionel Hampton y Elvis Presley como si hubieran ido juntos al colegio.

Porque los jóvenes de ahora se saben las grabaciones mucho mejor que la trigonometría o la historia, ciencias ambas utilísimas. La difusión de la cultura musical ha sido enorme en estos tiempos. Empezó a desarrollarse con el invento del gramófono, pero a partir de la entronización de la radio en todos los hogares, la música, junto con los seriales, lleva a los ciudadanos al máximo de su capacidad auditiva. A partir de entonces se inicia una verdadera pesadilla de corcheas y de tropos sensibleros, sin más solución de continuidad que los deliciosos interludios de silencio proporcionados por las restricciones eléctricas.

Antiguamente, cuando uno iba a hacer una de esas visitas que se llamaban «de cumplido», bostezo y tortura de la sufrida clase media, al ver que en la sala no había piano, suspiraba con alivio.

—Al menos —se decía— hoy escapé del miserere de *El Trovador*.

Pero hoy las probabilidades de salvarse de la riada musical son mucho menores. En el *living* de aspecto más inocente, y agazapados en un rincón del mismísimo mueble-bar, pueden encontrarse verdaderas montañas de soporíferos microsurcos. Todavía con los discos antiguos, uno podía confiar en que su huésped, por pelmazo que fuera, no tendría ánimos para estar sentándose, levantándose y cambiando agujas, para chincharle a usted con la docena de discos de un *Parsifal*. Pero hoy, para hacerle a usted la pascua, al anfitrión le basta con un par de microsurcos. O con uno, si me apuran mucho.

El microsurcomaniático es terrible, pero el radioyente enfervorizado no es moco de folklórica. Hay señor que tiene la radio puesta todo el día y que, cuando tiene que salir de la habitación donde tiene el aparato, aumenta el volumen al máximo y deja abierta la puerta para que las melodías le sigan por el pasillo como perros fieles y penetren con él en los lugares más excusados.

Pero si el problema resulta grave dentro de las casas, en la calle el altavoz constituye una verdadera plaga, una auténtica amenaza pública, sobre todo en verano, cuando todas las ventanas están abiertas. Porque, además, todos los altavoces callejeros suelen estar enredados en el programa más tostón o en la más ramplona de las publicaciones; esas publicidades que, para mayor irrisión, proclaman tener su apoyo en la cortesía de una firma comercial. Si esto es cortesía, ¡viva la mala educación!

Aunque, después de todo, tanto da que llenen el aire los compases populacheros de un «Canastos», como los puros, casi matemáticos acordes de una tocata de Bach. Una sinfonía clásica que se escucha a medias, mientras se toma un aperitivo o se habla de fútbol, pierde todo su valor sugerente para convertirse en un ruido de fondo más, al que amortiguan los algodones de la costumbre. Nuestros padres se planteaban el problema de buscar la cultura; hoy lo difícil es huir de ella. Nos envuelve la ciencia al alcance de todos: en los crucigramas de los periódicos, en los prospectos de los específicos, en las conferencias radiadas; en los concursos radiofónicos donde regalan una gallina o una lavadora si sabe uno lo que es esquizofrenia o el emplazamiento exacto de Chichicastenango, aunque no lo sepa a veces el locutor.

Pero la difusión más disparatada es la de la cultura musical. Convertida la música de Beethoven y de Mozart en placer masivo, el exquisito melómano se refugia en Hindemith, aunque no lo entienda y su música le dé náuseas. Y el señor corriente como ustedes y como yo, rezumando arpegios por todos lados, acaba por sentir hacia la música la misma sensación de ligera repugnancia que experimenta el oficial de pastelero hacia las confituras calientes que llenan el obrador.

La música tenía mucha más importancia antes, cuando, para oírla, era preciso sacrificarse previamente. El agua se aprecia más en un pueblo, donde la fuente está a lo mejor a medio kilómetro de distancia, que en la capital, donde basta con abrir el grifo, siempre que no haya socavón, restricción o corte eventual. El señor del siglo pasado que quería tener música a todas horas tenía que comprarse un piano y estudiar como una fiera durante once años. Hoy a nosotros nos basta con darle una vuelta a un botón para que nos arrulle un calipso, nos llene de añoranzas un tango o nos haga brincar un rock and roll. A veces sale un serial, pero, con un poquillo de suerte, siempre tendrá su fondo de música clásica, que para eso ha quedado la pobre.

Lo malo de hoy no es encontrar la música, sino escapar de ella. El bolero más imbécil, la cancioncilla folklórica más cretina pueden asaltarnos en la montaña más agreste o en el valle de aspecto más bucólico. Basta con que se nos haya adelantado un turista melómano, de esos que llevan en la mochila una radio de pilas.

Es algo análogo a lo que pasa con la guerra. Cuando a un señor del siglo XV le entraba la pujarreta de descrismar a unos pocos semejantes, se buscaba unos percheros —que eran una especie de guerreros para todo— y se ponía a atizarse estacazos con otro chalado de su estilo, que generalmente era un conde, en un sitio que se llamaba el campo de batalla y que venía a ser como el campo de fútbol de la Edad Media. En cambio hoy todos somos combatientes en potencia y, a poco jaleo que se arme, no podremos escapar de él. Es difícil eludir la muerte mecanizada de la próxima guerra caliente, lo mismo que es difícil eludir la música mecanizada de la presente paz fría.

Bueno. Siempre que se habla de un tema, hay que hacer un poco de historia. Por eso ahora voy a poner un disco de impresión mecánica, que es, como si dijéramos, la edad de piedra del ragtime.

En cuanto hizo su aparición la música sincopada en el pentagrama de la civilización occidental, empezó a armar un jaleo tremendo. No por el estrépito que llevaba consigo la disparatada batería de los primeros tiempos del jazz, en la que valía todo, tiros inclusive, sino por el efecto que produjo en la opinión pública, a la que dividió en dos bandos, que es lo que le gusta siempre a la opinión esa. Claro es que hay veces en que todos piensan lo mismo, pero es precisamente cuando la opinión pública no cuenta para nada. Las filias y las fobias respecto al jazz-band fueron feroces. Y aún continúan, claro. El conflicto no llegó a ser tan grande como el que se plantea entre el Madrid y el Barcelona, porque el fútbol es una cosa muy seria y no como estas bobadas del Arte, que apenas si sirven para nada. En realidad, el ir a un concierto no tendrá interés mientras no se permita llamar merluzo o berzotas al director de orquesta, que es lo que estamos deseando todos. Mientras, después de una sinfonía de Beethoven, no se pueda decir más que «¡Bravo!», el ir a un concierto no merecerá la pena. Es más, yo lo encuentro hasta poco viril. Si al menos se dijera «¡Caramba!», ya sería otra cosa.

La música sincopada llevaba al nacer un fermento estupendo para las filias y las fobias: la cuestión racial. Aunque la teoría más extendida señala a Nueva Orleans como la cuna de la música sincopada y 1917 como la fecha de su nacimiento, la verdad es que este estilo sinfónico se viene gestando desde muchos años antes, a partir de lo que se conoce en América con el nombre de «The Ethiopian Business» (el caso etíope).

«En febrero de 1843 —dice Gilbert Chase— cuatro hombres con las caras embadurnadas de negro, vestidos con pantalones blancos y camisas de percal a rayas y de largos faldones, aparecieron en el Bowery Amphitheatre de Nueva York. El auditorio lo pasó en grande con aquella combinación de canciones, bailes y diálogos en el argot típico de los negros.»

Los cuatro «caras duras» eran: Daniel Decatur Emmet (violín), Billy Whitlock (banjo), Frank Brover (castañuelas) y Dick Pelham (tambor).

Como verán, en el origen de la música sincopada ocupa un lugar importante la castañuela, instrumento típicamente ibérico que ahora se fabrica en cantidades ingentes para uso de turistas. Lo mismo que la pandereta. La verdad es que no sé por qué se llama a España «país de pandereta». Aparte de las tiendas de *souvenirs of Spain*, la pandereta apenas si se encuentra en el mapa ibérico como instrumento típico. Que yo recuerde, tan sólo en algunas aldeas escondidas de Galicia y de León. También la usa el gamberrito en fiestas señaladas, pero no creo que se deba presentar al gamberro como exponente racial.

Más lógico es que sea España el «país de la castañuela». En eso sí que tenemos un pedazo del folklore así de grande para justificar la denominación. Por eso quiero hacer constar que el típico instrumento celtíbero figura en el origen de la música sincopada. Que luego nos lo vendrán discutiendo, como hicieron con lo del descubrimiento de América, lo del submarino y lo del autogiro.

A partir del «caso etíope», cunde en América lo que se llamaron «Extravagancias Negras» o también «Trovadores de Virginia». Se trata de formaciones de cuatro músicos, vestidos de zarrapastrosos y que tocan, bailan y cuentan historias divertidas. Lo de la rara vestimenta perdura aún. Como sabe todo aquel que ha ido alguna vez a una boite, no hay una orquesta en la que los músicos vistan como señores corrientes, como ustedes y como yo. Siempre llevan colorines y cosas raras.

Las «bandas etíopes» adquieren una gran popularidad y se extienden por toda América del Norte en las dos décadas que preceden a la guerra de Secesión, que es esa guerra civil que ahora sale tanto en el cine.

Se conoce que se trata de esa guerra en que los soldados van vestidos de azul, llevan sombrero de alas anchas y van todos perdidos de polvo. También hay siempre una rubia, pero más limpia, porque es la reservada para el bueno.

El «trovadorismo» enlaza con la auténtica música sincopada ragtime por el cordón musical de las «canciones de plantación» o «canciones negras», que se cantaban generalmente con el solo acompañamiento de un banjo. Pondré a continuación como ejemplo una de las más típicas.

Ya en el «trovadorismo», muchas de las canciones se cantaban en forma sincopada. No es que yo sepa música, pero lo he leído en un libro así de gordo, escrito por un señor que sabe música y que no se va a poner a escribir tonterías, para que nadie le compre el libro. También dice el libro ese que la música afroamericana puede considerarse como una unidad orgánica. Pero voy a lo que importa: a la influencia reconocida de la música popular de Louisiana, de origen típicamente español.

Yo me he propuesto demostrar que el jazz es tan español como la bulería y no he de cejar mientras no se arregle lo de Colón, y dejen de decir que nació en Génova.

Porque tengo más razones. Entre las primeras orquestas que pueden considerarse como creadoras del jazz, están la de Buddy Bolden y la Excelsior Band. Son orquestas reducidas, que adoptan ya la formación clásica del jazz-band. Constan de trompeta, clarinete, trombón de llaves o de varas, guitarra, contrabajo y batería. Pues bien, en la Excelsior Band, que dirige el clarinete Baquet, figura un tal Manuel Perez, un trompeta excepcional, considerado como el mejor de su tiempo y que figuró en las mejores agrupaciones de jazz, desde 1880 hasta 1917.

Comprendo que Manuel Perez no es un hombre eufónico. En lo que a la música sincopada se refiere, entendámonos. Aunque cueste un riñón, siempre es agradable tener un disco de Louis Armstrong o de Sidney Bechet. Pero ¿quién se gastaría el dinero en comprar un disco de Manuel Perez? Al recibir a los amigos, que son gente que ha estado en Tánger, no va a decirles uno:

—Os voy a poner un microsurco de Manuel Perez.

Porque, así, el que más y el que menos espera que le salga la romanza de *La del Soto del Parral.*

Pero el tal Manuel debía ser un trompeta bárbaro. Algo así como este Louis Armstrong.

No es solamente Manuel Perez el único nombre español que figura en el jazz prehistórico. En la Olimpia Band, que dirige Freddie Keppard, hay un guitarrista llamado Willy Santiago. Tanto el apellido como el instrumento son españoles. Esto hará que se pongan palidísimos los que consideran la música sincopada como cosa exótica y defienden como cosa suya a *Lohengrin*, *La Traviata* y *Caballería Rusticana*, como si Leoncavallo hubiera nacido en el parque zoológico de Barcelona.

Por esta época, o sea hacia finales del siglo pasado, empiezan a aparecer, junto a las orquestas de gente de color, otras formadas por blancos, que se conocen con el nombre de Dixieland Jazz. Por lo visto los blancos presienten el auge que va a tomar la música sincopada y se apresuran a ocupar un puesto en la hora del reparto de los beneficios. Porque la música sincopada ha dado y da aún mucho dinero a sus compositores. El pasar hambre y morir en la miseria, como hicieron Juan Sebastián Bach y Juan Crisóstomo Mozart, ya no se estila. En la actualidad ya se hace uno rico con la música y dentro de poco nos podremos hacer ricos hasta los escritores, que ya es decir. Todo consistiría en conseguir que la gente aullara de placer al terminar la lectura de un libro, como hacen hoy los que escuchan a Elvis Presley en este disco.

El Dixieland Jazz termina con el monopolio negro de la música sincopada, del mismo modo que la expansión industrial terminó con el monopolio del «Made in England». Precisamente con motivo del «Made in Germany» y del «Made in Japan» se armó una guerra bastante gorda, cuyas consecuencias aún tocamos. Pero del mismo modo que hoy no se puede decir que todos los automóviles son Rolls Royce, salvo algún biscuter que otro, tampoco se puede afirmar que toda la música de jazz sea negra.

El negro en la música sincopada ha venido a ser un símbolo. O una marca de fábrica. Cuando llegaron a España los primeros foxtrots, allá por el año 1918, nuestros compositores indígenas se apresuraron a ponerse al día y empezaron a componer unos foxtrots realmente bárbaros. En las letras de aquellas canciones híbridas había siempre una alusión a la raza negra, como en «Madre, cómprame un negro» o en el «Ku-kux-klan». También había algún despistado que había leído a Buffalo Bill y se ponía a escribir aquello de:

Soy la india enamorada
del Vayawais.

También decía aquella canción que quería ser exótica:

En mi país ya no hay luz
desde que tú viniste aquí.

Era, sin duda, una premonición del Complemento R y de los porcentajes de capacidad de los pantanos. Pero no tenía nada que ver con la música sincopada.

Aquellos foxtrots se imprimían profusamente en papel pautado, y llevaban en la cubierta pintado un negro, ¿cómo no? Así, nuestras sufridas señoritas de la clase media, mecidas aún por la dulzura del vals, se ven obligadas a enfrentarse con la ruda síncopa. Así salía ello, naturalmente entre el concepto ibérico del jazz de los compositores y la interpretación libérrima de nuestras señoritas; a la música sincopada no la conocía ni su padre.

En realidad, el ragtime no ha llegado nunca al corazón de nuestro pueblo. Cuando alguno de nuestros compositores de zarzuela más famosos incorpora el nuevo ritmo a su repertorio, el resultado es una melopea que, si tiene algo que ver con el jazz, es por pura coincidencia.

Al definirse la música sincopada como música negra, la opinión se dividió en dos bandos. De un lado los severos, que juzgaban con gesto condenatorio lo que llamaban «estupidez exótica» o «melopea salvaje»; del otro, los sentimentales, defensores de las razas oprimidas y antiesclavistas acérrimos, a quienes el escuchar un rock and roll produce el mismo efecto que la lectura de *La cabaña del Tío Tom*. Lo divertido de todo esto es que parece que unos y otros están equivocados, porque la mayoría de los compositores de música negra son judíos.

No es ésta una opinión mía, ni yo tengo prejuicios raciales. Lo dicen varios críticos musicales ingleses, a los que, como británicos, les fastidia todo lo que sea americano. He aquí la opinión de un señor que se llama Rollo. No es broma. Su nombre completo es Rollo H. Myers, estupendo marchamo para presentarse a un concurso literario.

El señor Rollo es un *highbrow* de pura cepa. Llaman en Inglaterra *highbrows* —cejas levantadas— a esos exquisitos que ponen cara de asco ante todo lo que suene a vulgar. Y el señor Rollo piensa que todo lo que viene de América tiene por fuerza que ser ramplón y pedestre.

«Bajo el nombre genérico de jazz —dice—, este característico producto de nuestro tiempo tiene su origen en América, donde se ha montado una gran industria, en su mayoría de origen semítico, para la explotación de esta música adulterada, derivada de las histéricas improvisaciones de los negros.»

El señor Rollo debe tener aficiones de psicópata, porque luego dice también: «La introducción del jazz en la música de baile representa el alzamiento de la civilización occidental contra las represiones freudianas».

De esto se deduce que Sonny James, cuando toca la guitarra, no toca la guitarra, sino que se rebela contra las represiones freudianas. Oigamos ahora una rebelión de ésas. Y si hay alguna represión entre el público, que se ponga ancha, por favor.

Creo que si le vamos a buscar las vueltas a la música, también podemos encontrar en el folklore represiones bastante gordas. ¿No es una represión de ésas «El cordón de mi corpiño», por ejemplo?

Quiérase o no, aunque se enfaden y se mesen las barbas los severos, la música sincopada es una realidad hoy día. Tiene cuerda para rato. Ya le han dado el espaldarazo, además, algunos compositores de talla, entre ellos Stravinsky. De él es este ragtime que vamos a oír. Bueno, un ragtime a través de la versión de Stravinsky, para ser más exactos.

Uno de los problemas más graves que me ha planteado esta conferencia ha sido el elegir el punto de enfoque. Yo no sabía si hablar totalmente en serio o bien echarle un poco de humor a la cosa.

—¡Ojo! —me decían unos—. La música negra, sobre todo los espirituales, es algo para tomarlo muy en serio.

Yo entonces aseguraba a estos caballeros que, a pesar de mi reconocido humorismo, nada más lejos de mi ánimo que reírme de los espirituales.

—¿Esa musiquilla indecente? —hacían otros un gesto desdeñoso—. ¡De eso no se puede hablar más que en broma!

Y yo alegaba que mi ejecutoria de humorista no me permitía hablar en serio, naturalmente.

Dado que la conferencia está ilustrada con discos, pensé buscar algún disco humorístico para presentárselo a ustedes. Al hacerlo, me he dado cuenta de que es difícil, casi imposible, provocar la carcajada o la sonrisa con la música solamente. Voy a buscar esa sonrisa por varios caminos. Primero, el del disco antiguo que se grabó con ese objeto. Segundo, el que en sus tiempos pretendió emocionar, pero que ahora produce el efecto contrario. Y tercero un disco moderno de humor. Veremos cuál les hace más gracia. Aunque, a lo peor, no les hace gracia ninguno.

El primer disco tiene unos treinta años, pero los lleva muy bien y conserva todos los surcos. Está interpretado por la orquesta Waring Pensilvania y el título plantea un problema bastante gordo: «Quisiera saber la cara que tengo cuando estoy dormido». Es un disco onomatopéyico y, en algún momento, escatológico. Pero, de todas maneras, dada su antigüedad, merece que se le oiga con respeto.

Y ahora pondremos otro disco. Está cantado —o, mejor dicho, llorado— por Al Jhonson, un famoso cantante protagonista de la primera película sonora, *El cantor de jazz*. Bueno, la primera película en que se entendía algo. Antes se había estrenado en Madrid otro filme que era la clásica lucha de negros en un túnel, pero en sonoro. Al Jhonson era uno de los cantantes más cotizados de su época en América, una especie de Bing Crosby, pero más simpático. Cantaba caracterizado de negro y en esta película popularizó al famoso Sonny Boy, que seguramente recordarán los más maduros de la localidad.

Este disco se llama *Mamy*. Así, por las buenas. En sus tiempos fue una especie de serial comprimido y provocaba unos sollozos imponentes. Pero si ustedes no tienen un profundo sentido de lo dramático, a lo mejor van y se ríen. Ya veremos.

Por último, un disco moderno, humorístico en la forma, pero que en el fondo encierra una tragedia al propio tiempo grande y pequeña, la del hombre que no puede saciar su apetito. Se trata de un infeliz negro que entra en un restaurante y no lleva más que quince céntimos en el bolsillo. Por ese precio el camarero no le puede servir más que una albóndiga. Ni pan, ni mantequilla, ni nada; tan sólo una albóndiga. Oigan la lamentable historia.

He dicho en mi libro *Pepe* —¿por qué no voy a hacerme la propaganda, caramba?— que en la literatura de humor, el espejo de la famosa definición de Stendhal tiene una superficie alabeada y deforma las imágenes, convirtiendo a los personajes en seres larguiruchos, macrocéfalos o barrigudos. De ahí viene la risa: en este disco que voy a poner vamos a escuchar a Wagner, el severo teutón, deformado por la síncopa. El efecto es divertido, aunque algún melómano pueda considerarlo como una blasfemia.

Al hablar de música sincopada es obligado mencionar el blues. Y entre éstos, el más fundamental es el «St. Louis Blues». Esta composición es a la música sincopada lo que «La Comparsita» es al tango. Su autor es W. C. Handy, hijo de un pastor metodista enemigo de la música. Le molestaba tanto, que en una ocasión dijo a su hijo:

—Antes de que seas músico, prefiero verte muerto.

Como es natural, al chico le entraron inmediatamente ganas de hacerse músico. En cambio, si el pastor le hubiese comprado una trompeta, W. C. habría terminado por ser perito agrícola, que también tiene bastante porvenir. El primer instrumento que utilizó el muchacho fue la quijada de un caballo, sobre la que repiqueteaba con un clavo. De este sencillo instrumento, de regusto bíblico, pasó a un mango de escoba, y luego a los peroles y sartenes de la cocina. Al final, ya de mocito, se compró una trompa de segunda boca y se echó por el mundo adelante. Y pronto tuvo orquesta propia.

A Handy se le llama «el padre del blues». Entonces nadie se llamaba el número uno «de nada». Luego empiezan a llamárselo los enemigos públicos y es cuando se pone de moda entre los papanatas.

El principal mérito de Handy es el haber introducido en la música sincopada el folklore negro en toda su pureza, hasta el punto de que el «St. Louis Blues» se puede considerar como un auténtico espiritual.

—He tratado de poner en esta canción —decía el autor— todo lo que es característico del negro, desde África hasta Alabama.

Oigamos la versión del famoso blues, por Louis Armstrong.

Además de padre del blues, se le puede considerar a Handy también como padre del charlestón. Como todos ustedes saben, el charlestón es un baile que hizo furor en la anterior posguerra y que no tardará en volver a ponerse de moda como los collares largos y la línea saco. La mujer aún no piensa en ganar premios literarios y su principal preocupación consiste en acortarse la falda y en cortarse el pelo. Con entusiasmo de neófita, se deja la falda por encima de la rodilla y el pelo a la altura del occipucio. En cambio se alarga los collares y se baja el talle, hasta lo que pudiéramos llamar a lo fino «el círculo ecuatorial somático». Pero el hombre tampoco es manco. Lleva una chaqueta ajustada, igual que las que se llevan en el año 1958, cuello bajo, lo mismo que en el año 1958, y pantalón de ancha pernera, lo mismo que se pondrá de moda en el año 1959, porque no hay hombre menos imaginativo, si se exceptúa al productor americano de cine, que el sastre masculino.

El charlestón es recibido con entusiasmo por libertinos y calaveras que siempre están esperando una nueva forma de sofisticación que les permita vivir su vida, como si nuestra vida no la viviéramos incluso los señores corrientes, como ustedes y como yo. En los cines de «gente bien» se proyectan cortometrajes para enseñar a la mocedad el modo correcto de mover los pies en la ardua zapateta.

Ustedes, si recuerdan algo, pueden ensayar ahora con este disco que voy a poner. Tengan en cuenta que este ritmo es una variante del tangana, ritmo creado por Handy inspirándose en la habanera y en el tango. Otra vez, y no son manías mías, nos topamos con la raíz penibética en la música sincopada.

El entusiasmo por el charlestón decae pronto. Aun el bailarín más experto consume en una pieza la energía precisa para ganar una carrera de doscientos metros vallas. Salvo una variante de vida efímera, llamada «jiby», la fiebre del «hot» remite, y la música sincopada vuelve a caer en el comodón «blus» y en el fox apacible. La única diferencia es que la zorra pierde la cola y el foxtrot se queda en fox simplemente.

Han de pasar muchos años y otra guerra más gorda que la anterior para que al ritmo le suba la temperatura de nuevo. Esta vez el nuevo ritmo se llama boogie-woogie y se baila de una forma tan acrobática que no es apto para mayores. El creador del boogie-woogie es Jimmy Yancey, pianista y compositor. Y su definición de este inquieto ritmo es tan estupendamente complicada que no puedo callármela. Es así: «El boogie-woogie tiene la misma estructura armónica que el blues y se caracteriza por una percusión rítmica de la mano izquierda del pianista, que permanece invariable mientras la mano derecha borda sus propias configuraciones melódicas».

Como ustedes seguramente no se habrán enterado de nada, lo mismo que yo, les daré otra definición más clara. El ritmo del boogie-woogie se deriva del ruido que hace la locomotora. Pueden ustedes comprobarlo siguiendo el ritmo de un boogie con las palmas de las manos, golpeándose sucesivamente en el pecho y en las rodillas, la manera más sencilla de imitar la máquina del tren.

Después de Jimmy, Yancey, el hombre que más contribuyó a la expansión del boogie-woogie fue Pine Top Siith, nombre que quiere decir exactamente Smith «Copa de un Pino». Como ven, en *La Codorniz* no se eligen a bulto los términos comparativos. Este pobre hombre murió con el piano puesto en un jaleo que se organizó en cierto *night club*. Una bala perdida le encontró y se le llevó por delante. Sin duda en el *night club* se habían olvidado del clásico letrero: «Se ruega no disparen contra el pianista; el hombre lo hace lo mejor que puede».

Como ejemplo típico de boogie, pondré ahora uno, por Renato Carosone.

No hace muchos años saltó el swing a las pistas de baile. Entre nosotros la palabra tuvo una gran acogida, llegándose a aplicar el nombre de «pollo swing» a esos petronios que, cada vez con nombre distinto, surgen en cada generación.

La distinción entre swing y jazz no está muy clara. En su libro *Swing, that music*, Louis Armstrong dice lo siguiente: «El principio básico del swing es el mismo que el del jazz de Nueva Orleans. La única diferencia consiste en que el swing ha incorporado la técnica ortodoxa de la música europea, orquestando las piezas y utilizando profesores de carrera».

Es decir, que el swing es el jazz que ha estudiado en el conservatorio.

El truco principal del swing consiste en la reiteración de la frase musical, que produce en el oyente una excitación rítmica que va en aumento. Otra nota característica son los solos y la estridencia del metal. Óigase una muestra por el propio Louis Armstrong.

En contra de la opinión de Armstrong, Rudy Blish dice que el swing es totalmente antijazz y además totalmente opuesto a todos los valores que el jazz representa. La única manera de conciliar dos opiniones tan opuestas es la de considerar que el jazz y el swing tienen un origen común pero que, al igual que dos arroyos que nacieran de un mismo collado, parten en direcciones opuestas. La comparación se podría hacer lo mismo poniendo el ejemplo de dos trenes del metro que partieran de la estación de la plaza de Cataluña. Pero esto no hace tan fino ni resulta tan poético.

Al igual que los artistas de circo, he dejado para el final la experiencia más peligrosa, una especie de triple salto mortal conferenciante en el cual me lo juego todo, incluso el tocadiscos, que por fortuna no es mío. Se trata nada menos que de poner un disco del famoso «Rock around the clock». Como ustedes saben muy bien, es ésta una música que entra dentro de la patología psicosomática, puesto que a sus acordes se han quemado las butacas de algunos teatros londinenses e incluso se ha apaleado a los guardias, esos innegables *bobbies* de Scotland Yard. Yo, la verdad, no puedo decir que sienta mucho el que rompan ustedes las butacas, que al fin y al cabo no son mías. Lo malo, lo verdaderamente arriesgado de este número es que aquí no hay guardias y que no tendría nada de particular que les diera a ustedes por apalearme a mí. En fin, oigamos el «Rock around the clock» y a ver qué pasa, que a lo mejor no pasa nada.

Antes de dejar su grata compañía, quiero confesar una cosa: soy un apasionado de la música clásica y me entusiasma el desmelenado romanticismo de Tchaikowsky y de Schuman, así como las arquitectónicas concepciones musicales de Bach, de Mozart y de Haydn. Incluso he llegado a oír óperas en el Teatro Real de Madrid, cuando había Teatro Real y muchas otras cosas que no hay ahora. Pues bien, a pesar de ello, me gusta la música sincopada. Creo que al auténtico melómano le debe gustar la música que se hace con un criterio honrado y sin concesiones, se llame como se llame. El despreciar la música sincopada por sistema y calificarla de ruido insoportable es prueba de cortedad espiritual. Cuando uno llega a alcanzar la cumbre de una montaña, por alta que sea, se da cuenta de que no es la única cordillera existente. Recortándose en el horizonte, se ven los perfiles azulados de otras sierras, quizá más importantes que aquella donde nos encontramos. Bach, Beethoven, Mozart son verdaderos himalayas, de los cuales nosotros somos humildes *sherpas*. Pero sería absurdo decir que los Andes son chatos, simplemente porque no nos son familiares.

Nada más, señoras y señores. Confío en que —en el caso de que esta charla merezca la atención de la prensa— no se publique en algún periódico una reseña de este acto análoga a la que en cierta ocasión dio un crítico con motivo de la actuación de un pianista poco afortunado.

«Ayer, en la sala Tal —decía el crítico— se enfrentó el conocido pianista Manolowsky con un recital de sonatas de Beethoven. Perdió Beethoven por tres sonatas a cero.»

Muchas gracias.

AUTÓFAGO

Rafael Castellano de la Puente

> *Il l'a palpée*
> *D'une main décidée*
> *A la faire mourir.*
> *—Oui, c'est une bouchée*
> *Dont on peut se nourrir.*
> *Il l'a pliée*
> *Il l'a cassée,*
> *Il l'a placée.*
> *Il l'a coupée,*
> *Il l'a lavée,*
> *Il l'a portée,*
> *Il l'a grillée,*
> *Il l'a mangée.*
>
> XAVIER FORNERET

GASP. El saturniano regresaba del éter para habitar de nuevo su caserón del siglo XX que se yergue, en las afueras del pueblo, entre baobabs, buganvillas centenarias y zarzarrosas gigantes de artrítica raíz.

Aquello no constituía un gran acontecimiento en el sentido estricto del término; pero despertó una estimulante curiosidad entre quienes rondábamos los treinta años y no le habíamos conocido. El tedio de las aldeas sometidas al proceso de ecología giroscópica incita, además, al cotilleo como evasión tribal no pecaminosa.

Todos los de la partida de mus pertenecemos, por otra parte, al estrato de las profesiones liberales. Mi actividad concreta consiste en llegar con el alba a la redacción de *Víspera* —el diario que se anticipa a los hechos— y pulsar cinco o seis teclas digitales que reconocen mi huella dactilar y conectan mi escritorio de microondas con los satélites de información deportiva. Algo similar hacían en sus consultas Matt el médico y el practicante Sam. También Oswald en el taller de laminado de mercurio donde ejerce como ingeniero geopolítico.

Muchas tardes de mus, la verdad sea dicha, todos nosotros anhelábamos que el dispositivo de alarma se pusiera en marcha por cualquier causa y nos avisara de que algo iba mal mediante aceleración tecnobiológica de pulsaciones. Nos sacaba de la rutina. Pero las malditas máquinas no se estropean nunca y el flujo de nuestras existencias discurre rítmico y eficiente.

A eso de las cinco de la tarde aparece mi vespertino. Nos enterábamos de las cosas que habían sucedido en el universo en la sección de Macrocosmos, de las trivialidades de nuestra localidad en la de Microcosmos. Yo, particularmente, con un afán que hubiera podido costarme un disgusto de haberse enterado de ello la Policía Psiquiátrica, recorría las páginas de Deportes autorredactadas por mi sección buscando ávidamente una errata o una coma cambiada.

Gasp. Lo del Saturniano tiene enjundia, no poca trascendencia, y significaba un peligro deontológico para todos. Piénsese que para cuando el Saturniano regresa todos nosotros nos hallamos bajo el mandato de una Regiduría Municipal de signo socioeticista (a pesar de sus esfuerzos por parecer lo contrario). En este contexto, pues, la aparición de Efrém Starring nos conmovió, no sólo por la ruptura del tedio aldeano que ello suponía, sino por otros morbosos fenómenos de carácter nostálgico que me apresuro a especificar.

Su heredad del siglo xx, como quedó dicho, envuelve en policromos verdes y azulenca metalización un gran mazacote arquitectónico con cimientos. Es uno de esos edificios pegados a la tierra como un quiste que de vez en vez brotan similares a un cataclismo en medio de nuestras urbanizaciones de palafitos gravitatorios. Se trata de una casona de ladrillo refractario y hormigón cuyas vidrieras aparecen ahumadas por los siglos y cuyos muros se ven cubiertos de vastas placas de musgo. Exhibe un recio peristilo asfixiado de hiedra rojiza y otras trepadoras. Lo contorna un parque selvático de álamos, centifolias, acebos, alcanforeros y caprarias.

Cuando Matt, Sam, Oswald y yo éramos preadolescentes lo utilizábamos, junto con otros zascandiles y chiquillas, como cuartel general para nuestras travesuras. La antigüedad del edificio y la circunstancia de que esté cimentado le concedía romanticismo y accesibilidad. Lo vigilaba un viejo jardinero que no nos hacía gran caso, lo cual es de agradecer. Cuando el Saturniano regresó, este jardinero estaba ciego, empapado en polihormonas, aposentado el hético culo en un poyo, inmóvil como un atlante roto. Una mujer aún más apergaminada que él le cuidaba, ocupándose de dar de comer al gato y de que no faltara el licor de girasoles.

Fui el primero en saberlo. Lo largo en la tertulia. A Matt y a Oswald les entusiasmó el retorno de Efrém Starring. No así a Sam, el practicante, que dice, va y se pone, sin dejar de barajar:

—Viene manco.

—¿Le has visto?

—Sí.

Le interrogábamos con la mirada. Sam deja caer:

—Trae consigo un tipo que...

—¿Qué?

—Pues eso, secretario, gorila o vete a saber.

—Normal—aventura Sam.

—¿Normal? —alza las cejas Sam—: Microrrínico, cráneo pícnico, ojos horizontales, pómulos caucásicos y pelo abundante.

—¿Pelo?

—Pelo —asmática pausa de Sam— y cejas.

—Un indio, vamos —definí.

—Pues mira —negó Sam con la cabeza—: no exactamente. Es mucho más alto que el saturniano medio. Los de su raza suelen ser encanijados, y él pasa de los seis pies. Le saca la cabeza a su amo.

—¿Lo lleva atado con un dogal? —ironiza Oswald.

—Son cosas que se notan —extendió Oswald cartas boca arriba, como haciéndose un horóscopo—. Me paré a echar un vistazo a través de la verja del caserón. Efrém Starring, el Saturniano, no me ha hecho ni caso; pero el nativo se ha parado en seco y me ha disparado una mirada galvánica.

Sam es propenso al chiste corporativista:

—No sólo me heló la sangre en las venas —se pone—, sino también la que tengo centrifugando en el laboratorio. Me alejé —añadió—, y mientras lo hacía notaba su mirada penetrándome el espinazo. Era la mirada de un chamán.

Se interrumpió con un grito de dolor.

—¿Qué haces, majadero? ¿Por qué me pisas?

—¡No te vuelvas! —le ordené en un susurro.

Naturalmente, Sam se volvió.

El aborigen estaba en el umbral de la taberna, mirándonos con sus párpados graves, apáticos. Centelleaban sus ojos entrecerrados bajo las primitivas cejas. Tenía cejas. Sam no exageraba. Estremecía aquel escrutinio a que nos sometía. Porque para mayor arcaísmo tenía también pestañas. ¡Pestañas! Cilios de primate que afilaban aún más las pupilas de fúlgido azabache. Éstas nos consideraban de uno a uno.

—Busco al médico —dijo de pronto con voz lenta y rasposa.

—Yo soy —se levantó Matt, y tendió una mano que el indio no se digna estrechar—. Me llamo Matt.

—Starring te llama —exigió categórico el indio—. Llevarás tu maletín.

Matt, titubeante, las mejillas del color del vino aguado, señala su valija con el mentón, abre la boca vacilante. Habló al fin:

—Cómo le explicaría yo a usted... —no se atrevía a concordar con el tuteo del nativo—. Esto viene a ser un distintivo gremial. Para las urgencias diríjase al Falansterio de Antropometría, Área V, Palafito 6. Los ordenadores diagnostican y curan en un santiamén.

—Starring —insistió el indio, estólido— querer mano directa.

Un sudor frío invadió, es retórica, nuestros espíritus devotos de la Constitución. Matt resopló. Los asuntos más obvios —y él como terapeuta no lo ignora— son los más difíciles de inculcar en las mentes exóticas de casi todos los alienígenas.

—Eso —se armó de parsimonia profesoral— está en desuso. La Ley sólo lo permite en casos inmediatos o inminentes. Un súbito desmayo, un parto que se precipita. Lo demás, hacer curas táctiles a domicilio, para nuestra Civilización representa, no sé si usted lo sabe, usted, claro, parece extranjero, eso equivale a...

—Lo sé —interrumpió tajante el aborigen de Saturno—. Starring querer curanderismo.

Todos nos sobresaltamos. Carraspeamos *a capella*. Lanzamos a las esquinas, al bar, al salón de billares, al petaco, miradas difidentes y torvas. El más asustado, Matt.

—Hable más *bajo*, hombre de *Dios*. La Policía Ética vigila.

Mostró el indígena su dentadura nacarada.

—Starring pagar —va y se pone—. Starring pagar médico. Pagar Policía Ética. Comprar Policía Psiquiátrica. Starring rico. Starring cacique interestelar. Starring *big boss* .Tú venir con maletín.

Y Matt va y busca excusas.

—Yo nunca estuve —balbucea— en contra de la medicina táctil, ni de las prácticas exploratorias. La ciencia —se alzó, requiriendo su maletín de piel de jabalí— debe ser receptiva y cuando menos expectante de cara a los procedimientos paralelos.

—Starring paga mucho —terminó de convencerle el indio.

Giró sobre sus callosos talones descalzos. Y Matt fue a su zaga, hacia la puerta. Nos dirigía muecas de disculpa que nos resbalaban. Granuja.

—Un tipo hermético —comenté.

—No —disiente Oswald—. Nosotros somos los extrovertidos, los patosos, los logorreicos. El indio saturniano es parvo en palabras y profuso en pensamiento. Poseen una vida interior intensísima, un continuo imaginar, un raciocinio nublado por vahos de fantasmagoría que ni la mímica ni la palabra vuelcan al exterior.

Asentimos Sam y yo. Oswald está muy empollado en siderurgia antropológica. La estudió en Saturno.

—Sabido es —discursa— que la esclavitud no existe, al menos en teoría, ni se tolera a nadie la explotación de servidumbre alienígena. Pero de legislación a jurisprudencia hay un largo trecho. Por lo pronto —inclinó hacia nosotros la tersa y confidencial calva que una espesa capa de cera cosmética estofa— esos nativos desconfían del dinero y se ríen de nuestras para ellos supersticiones financieras basadas en lo convencional. Uno de ellos agitó una vez ante mí, burlón, una tarjeta de crédito y sentenció: «Para vosotros esto habla». Prefieren el libre trueque. Con lo cual no puede decirse exactamente que se les extorsione. Porque lo que ocurre es que se conforman con un trozo de glucosa virgen, un cuenco de cereal etéreo y media botella de elixir de algas. Trabajan por necesidad vital. Llamarlos esclavos es excesivo. Han convertido el amor propio, el severo autocontrol, lo que los antiguos llamaron conciencia en toda una religión. Esos fakires...

—Es cierto —interrumpió Sam—. Esos fakires mutilados de Saturno. Seres humanos sin piernas ni brazos.

—Yo los he visto —rememoró Oswald— cuando hacía prácticas de prospección en los riscos volcánicos de la Jungla de la Lava. Resecos y acartonados. Se confundían con la corteza del planeta como los camaleones con la hoja que los sustenta. Tienen el cráneo pícnico, descomunal, la boca rasgada y batracia y las orejas puntiagudas. Al faltarles los pies y manos, los brazos completos, a saber merced a qué salvaje e inescrutable rito, diríaseles gárgolas dormidas, papamoscas soñolientos, plácidas iguanas que buscaran los rayos helados del sol.

Lanza un suspiro. Concluyó:

—El aire salino enrojece sus muñones. Te contemplan con esos párpados perezosos exasperantes. Y si les chillas se alejan con muda docilidad.

—¿No se conoce —inquirí— el porqué de sus rituales de mutilación?

Mi ignorancia excitaba a Oswald.

—¿Rituales? Ellos no aceptarán nunca que lo sean. Lo llaman «la carcoma del Espíritu Sombrío». Algunos curiosos —baja aún más la voz, nos llega con la cercanía de su rostro el perfume de almizcle con que Oswald perfuma su aliento— pretendieron espiarles. Se les halló descuartizados al pie del volcán Kujú. Allí celebran aquelarres.

—¿Nadie los ha presenciado? —insistí.

—Los Gobiernos respetan la zona. De allí proceden los braceros... por así llamarlos. Acarrean con sus poderosos cuellos enormes pesos a cambio de un salario simbólico. Ya sabes, las minas de feldespato radiactivo.

Entró un chiquillo en la taberna. Tira de la manga de la chaqueta a Sam.

—Que de parte de don Matt —dice— que vaya corriendo a casa del señor Starring.

Sam se levantó con inusitada presteza. Es obeso y tiene el síndrome de Pickwick: cuando dormita es cuando más intensamente especula. Ahora le vibra la papada de codicia.

—Habrá que ayudar.

Al desaparecer Sam, Oswald se quedó reflexivo durante

largos segundos. Casi se escuchaban sus cavilaciones. Luego va y se pone:

—En esa casa con cimientos palpita algo nefando. Temo por Matt, temo por Sam. Sospecho que el estipendio que van a percibir está contaminado.

—Aprensiones —refuté. (Pero estoy de acuerdo con Oswald.)

¿Hasta qué punto transgredíamos la Constitución que el cosmos se había dado a sí mismo? Lo dejaré al albedrío del historiador, tal vez del arqueólogo. Sólo el futuro puede juzgar la conducta de Sam, de Matt, de Oswald —que no los denunció— y la mía propia: me abstuve de hacer llegar los hechos, como informador, a la opinión pública.

Al día siguiente, al observar la expresión de Sam y de Matt, Oswald y yo comprendimos que ya nunca nada volvería a ser como antes. Inútil intentar echar unas manos de mus, de subastado o de póquer. Así que lo dejamos para las ocho.

Una cena en un lugar discreto. Que pagarían, por supuesto, Sam y Matt.

Hasta que trajeron la infusión catártica y las tagarninas de hoja de mandrágora, Matt no se arranca.

Luego narró:

—Me condujo al caserón el aborigen saturniano, que dice llamarse Ixligh, pero al que su amo se dirige con el apelativo de Manolo. Nos abrió la vieja, sorguiña desdentada y lúgubre. Me empecé a sentir intranquilo. Más que nada porque el nativo, una vez dentro de la mansión, va y añade a sus ofrecimientos esta coletilla: «Starring también matar».

»Se me introdujo —continúa Matt— en un quirófano. Equipado con el material más moderno y sofisticado que imaginarse pueda. Material obviamente clandestino. Prohibido. Delictivo. El Saturniano, o sea, Efrém Starring, está tumbado en la mesa de operaciones. Sonríe y dice: “Bienvenido, doctor.

Siento haberle arrancado de su tertulia, pero el asunto es de máxima urgencia. Un pequeño detalle. ¿Dispone de algún ayudante sanitario?".

»Le dije que éste —señaló con un ademán a Sam— y supongo que lo mandaría llamar de un modo u otro. Vayamos al caso. Se quita la sábana que le cubre y me enseña la pierna. Una pierna absolutamente sana. La exploración de su cuerpo desnudo me revela su lamentable intimidad. Starring —suspiro hondo de Matt, que es un virilista confeso— está castrado. No hice comentarios. Él señaló la pierna con la única mano que le queda (olvidaba deciros que además de sus partes nobles le falta un brazo), y me exigió que la amputara. Como es natural, le advertí que aquello se me antojaba un despropósito. Pero él insiste, con un pábilo aterrador en la mirada.

»"Haga lo que le ordeno, no sea estúpido. Son cincuenta mil megadólares transferidos mañana mismo por la Banca de Mónaco."

»En éstas —habla cauto Matt— sentí la mano del nativo, de un frío gelatinoso, que se posa sobre mi hombro. Y me dije en mi interior: "No puede llamársele soborno o cohecho a lo que es coacción". (Todos asentimos con pausados movimientos de cabeza.)

»Porque además —prosiguió Matt, vehemente— el indio añade que, o hago lo que se me dice, o me introduce un pildorazo neurodisgregador en el plexo solar. Ya sabéis, lo llaman el infierno sintético: "Estar cien días muriendo por fuego interno y alucinaciones simultáneas". Luego añade solemne: "Starring sufrir".

(Matt imitaba la voz y entonación del aborigen. Es muy buen ventrílocuo.)

—Poco después —mirando al practicante— llegó aquí el amigo Sam.

Hizo Matt una pausa. Describe después:

—La amputación se llevó a cabo por encima de la rótula, donde él había señalado. Cerca aparecía la cicatriz de su emasculación, que me fascina y repugna a un tiempo. Al verla, Sam me interrogó con la mirada y yo le hice una seña de mus pidiendo discreción que él supo captar. Pusimos anestesia local a un Efrém Starring, el Saturniano, que observó todo el proceso, aserrado incluido, con una fruición ávida que me repele. Cuando hubimos desprendido el miembro y suturado el muñón, le mostré la pierna al nativo Ixligh y le pregunté si había por allí algún depósito séptico, o si se iba a sepultar en tierra. Entonces la voz de Starring sonó burlona a mis espaldas: "¿Has oído, Manolo? ¿Has oído? Quieren enterrar la pierna. ¡No entienden nada!".

»El semblante se le demudó. Lanzaba llamas por los ojos.

»"¡Traiga eso, malditos sean todos los dioses!".

»Entretanto, Ixligh me apuntaba con su AK-47 disgregador.

Matt y Sam se contemplan. Sam toma el relevo del relato, tras secarse el sudor de la esférica calva con la servilleta.

—Tal y como exigían —dijo— ofrecimos la pierna recién cortada a un Starring frenético, babeante y tembloroso. Botaba sobre la camilla con brincos convulsos. Lanzaba rugidos agudos, abominables. Luego aferra con su mano ansiosa y engarfiada el macabro pernil y, Matt y yo lo juramos por la Constitución, lo que sigue es cierto. Bien, pues va, lo toma por el tobillo y, furibundo, se lleva la parte más magra, aún sanguinolenta, a las fauces. Mordió con saña lo que había sido parte de su ser. Cerró las mandíbulas en nauseabundo crujido. Estira las fibras con los dientes, voraz; mastica luego a dos carrillos con expresión de celestial placer mientras por el belfo le corre un hilillo de sangre negruzca.

»Aunque teníamos el estómago revuelto —habla Sam como para sí mismo tras breve pausa— se nos hacía imposible separar la vista de tan abyecta escena. Starring le arrancaba dentelladas a su pierna. Roía, con chasquidos glotones de lengua, la rótula blanquecina. Rechupeteaba su única mano, impregnada de humores. Devoró la pantorrilla, escupiendo a lo lejos como único desperdicio los trozos de piel peluda que se le atragantaban. Carcomió el tobillo sin dejar piltrafa. El pie fue, como se dice, visto y no visto, dos bocados y adentro, no sin antes gulusmear los dedos con delicadeza de gourmet. Y me perdonáis si os lo he referido de forma un tanto gráfica.

—Cuando Starring concluyó —relevó Matt a Sam—, lanzó los huesos y tendones por encima del hombro y un lebrel flaco que dormitaba en un rincón se precipitó hacia ellos. El Saturniano irradiaba beatitud, una beatitud letárgica. Luego lanzó un eructo cavernoso, y va y nos explica lo que éste y yo —aludiendo a Sam— empezábamos a comprender. Su brazo manco, su sexualidad extirpada. "Ustedes —dijo—, ya habrán oído hablar de los fakires de la comarca volcánica de Saturno llamada Jungla de la Lava, en torno al volcán Kujú. Sé que acá suelen programar telefilmes y vídeos documentales elaborados por reporteros que jamás alcanzan el fondo de esas ceremonias. Óiganme. Ustedes saben que en casi todos los usos primígenos del ser humano, proceda de la galaxia que proceda, el canibalismo constituye la ritualidad vitalista más fundamental."

»Y sigue discursando: "Mediante ella, la persona adquiere, por intuición del tratamiento homeopático, la destreza, la astucia, el vigor del enemigo. A esto debemos añadir que los aborígenes de la Jungla de la Lava, como contemplativos obstinados que son, sufren de sañudos remordimientos o, por decirlo con una expresión grata a la Ilustración Psicosomática del XX, lacerantes complejos de culpa".

»Tras hurgar sus acerados caninos con un mondadientes, siguió Starring con su explicación: "Un día solicité acudir a un aquelarre. Se me permitió. Yo gozaba de prestigio. Dinero, influencias, 'big boss'. Me asimilaban a ellos más por lo segundo que por lo primero. Uno de los fakires me proporcionó este consejo definitivo, dados mis antecedentes: 'Haz como nosotros, Starring, sé el caníbal de tu propia y despreciable persona y el resto de tus días transcurrirán en perfecta ataraxia. Vivirás y morirás en paz contigo mismo'. Yo me consideraba un hombre curtido, pero tocado de esa incertidumbre que, al llegar cierta edad, hace balance en la mente de la más cínica de las criaturas. Así que acepté de inmediato la insinuación del sacerdote. Mi brazo fue seccionado con hachas de pedernal sin que este pecho —se lo bate con su único puño Starring— exhalara la más mínima queja. Después le di a mi carne un mordisco, y otro, y otro. ¡Una eucaristía! Aquella noche me invadió un cálido sosiego íntimo que se prolongó largo tiempo".

»Quedó meditabundo. Tras un suspiro: "Pero los remordimientos regresan, sombras inagotables y obsesivas, y no tuve más remedio que recurrir al procedimiento iniciático una y otra vez. El electrizante dolor en manos de aquellos que se valen de instrumentos de sílex es insufrible. No resultaba menor el suplicio de la cauterización de los muñones con ácidos de ortigas gigantes. No obstante lo cual, no me cabe duda de que la tortura metafísica trasciende con mucho a la tortura física: suele ser más intensa y agobiante; así que preferí el martirio de la carne a los pavorosos delirios alusivos a mi pútrida perversidad que mi memoria proyecta, implacable, sobre la pantalla de mi insomnio".

»Le escuchábamos ahora con respeto, pese a saber que Ixligh, a la zaga, no bajaba el arma.

»Continuó: "En Saturno sacrifiqué y devoré mis órganos sexuales. Crudos. El efecto apaciguante, espiritual, distanciador, me ha durado dos años. Desde hace unos días, nada más verme en el entorno de mi pueblo de origen, testigo de mi vituperable existencia, el citado remordimiento bulle dentro de la mazmorra de mi calavera, ¡les ruego lo comprendan, nadie puede ingerir su propio cráneo!, en hervor de escenas vergonzantes de mi pubertad, de mi fatua juventud. Los fantasmas inclementes de actitudes y convicciones pretéritas me abruman y, como vindicativos íncubos, me representan como la inmunda alimaña que fui y que no puedo dejar de ser. Por eso he solicitado que me amputaran la pierna, previa anestesia".

»Se secó una lagrimilla: "Ya estoy débil. Tal vez mi corazón no resistiera una vez más el sufrimiento. Y el miedo a la muerte me acosa también, inexorable".

—Dicho lo cual —concluyó Sam la historia—, Efrém Starring, ya en plena digestión de sus propios e inalienables tegumentos, ordenó a Ixligh que nos extendiese sendos talones sellados por las entidades bancarias que administran la fortuna del Saturniano. De lo que de él queda. Luego va y cae en algo similar a una embriaguez estúpida. La última imagen que de su persona conservaré será la de un Buda enteco, la de una deidad envejecida y de sonrisa amodorrada que se deleita en la contemplación de sus múltiples deterioros.

Los cuatro, Sam, Matt, Oswald y yo, permanecimos en silencio, ensimismados.

Una larga sombra hendió la luz amarilla del restaurante. Ninguno de nosotros osaba mirar hacia la puerta. Sonó a nuestras espaldas, húmedas de miedo, una voz gutural y pausada que dice:

—Matt el médico, Sam el practicante. Starring os llama. Starring sufrir mucho.

Sam y Matt se levantaron hieráticos, sonámbulos, como iniciados, y siguieron a Ixligh hacia la salida del local. Me sorprendí comiéndome una uña y la escupí a lo lejos, horripilado. Observé a Oswald, que escrutaba sus manos, sus dedos, con un inquietante fulgor en las pupilas. Un fulgor de gula. Mi lengua se inunda de saliva al percibir mis propios efluvios. No pudimos mirarnos a los ojos.

En la infancia del comercio mundial, pueden observarse sobre poco más o menos crisis de cinco años; de 1847 a 1867, los ciclos son resueltamente de diez años ¿Estaremos tal vez en la fase preparatoria de un nuevo crack mundial de una vehemencia inaudita? Hay algunos indicios de ello. Desde la última crisis general de 1867, se han producido grandes cambios. El gigantesco desarrollo de los medios de comunicación —navegación transoceánica de vapor, ferrocarriles, telégrafo eléctrico, canal de Suez— ha creado por primera vez un mercado mundial. Inglaterra, país que antes monopolizaba la industria, tiene hoy a su lado una serie de países industriales competidores; en todos los continentes se han abierto zonas definitivamente más extensas y variadas a la inversión del capital europeo sobrante, lo que permite distribuirse mucho más y hacer frente con más facilidad a la superespeculación local. Todo esto contribuye a eliminar o amortiguar fuertemente los antiguos focos de crisis y las ocasiones de crisis. Al mismo tiempo, la competencia del mercado interior cede a los cartels y los trusts y en el mercado exterior se ve limitada por los aranceles protectores de que se rodean todos los países a excepción de Inglaterra. Pero a su vez, estos aranceles protectores no son otra cosa que los armamentos para la campaña general y final de la industria que decidirá la hegemonía en el mercado mundial. Por donde cada uno de los elementos con que se hace frente a la repetición de las antiguas crisis lleva dentro de sí el germen de una crisis futura mucho más violenta.

FRIEDRICH ENGELS

Jeffrey Archer nació en 1940 y estudió en Oxford. Es, además de un afamado autor de *best sellers* como *El cuarto poder*, *El undécimo mandamiento*, *Caín y Abel*, *En pocas palabras* o *Juego del destino*, una personalidad política de Gran Bretaña, donde fue el miembro más joven de la Cámara de los Comunes y miembro de los Lores (es lord desde 1992), en tanto dirigente del Partido Conservador.

William Wymark Jacobs (1863-1943), narrador inglés, encuadró casi todas sus obras dentro del género humorístico. De entre sus obras destaca su primera novela, *The Skipper's Wooing* (1897), su siguiente libro de relatos, *Sea Urchins* (1898) y sus novelas cortas *At Sunwich Port* (1902) y *Dialstone Lane* (1904). La sátira y el ingenio de Jacobs le hicieron ganarse la admiración de grandes escritores coetáneos, como Henry James, G. K. Chesterton o Jerome K. Jerome, y el favor del público.

A MITAD DE PRECIO

Jeffrey Archer

Las mujeres son naturalmente superiores a los hombres, y la señora Consuela Rosenheim no era una excepción. Victor Rosenheim, un banquero estadounidense, fue el tercer esposo de Consuela, y en los ecos de sociedad publicados a ambos lados del Atlántico se sugirió que, como una fumadora empedernida, la antigua modelo colombiana ya andaba a la búsqueda de su siguiente marido antes de haber extraído hasta el último aliento del anterior. Sus dos primeros esposos, árabe el uno, judío el otro (Consuela no demostraba tener prejuicios raciales cuando se trataba de firmar contratos matrimoniales), no la habían dejado del todo en una posición que garantizara su seguridad financiera, una vez que se desvaneciera su belleza natural. Pero otras dos sentencias de divorcio, con sus correspondientes acuerdos, se encargarían de solucionar eso. Con esta idea en la cabeza, Consuela calculó que sólo le quedaban cinco años antes de pronunciar los votos finales.

Los Rosenheim volaron a Londres desde su hogar en Nueva York o, más exactamente, desde sus hogares en Nueva York. Consuela había viajado al aeropuerto en un coche conducido por un chófer, desde su mansión en Hampton, mientras que a su esposo lo habían recogido en su despacho de Wall Street, en otro coche conducido por otro chófer. Se encontraron en la sala de espera del Concorde, en el aeropuerto Kennedy. Una vez que aterrizaron en Heathrow, otra limusina los transportó al Ritz, donde fueron acompañados a su suite habitual sin que se les planteara siquiera la necesidad de firmar los formularios de registro.

El propósito de su viaje era doble. El señor Rosenheim confiaba en adquirir un pequeño banco comercial que no se había beneficiado de la recesión, mientras que la señora Rosenheim tenía la intención de ocupar su tiempo buscando un regalo de cumpleaños adecuado... para sí misma. A pesar de mis considerables investigaciones, no he podido descubrir con exactitud cuál es el cumpleaños que Consuela celebraría oficialmente.

Después de una noche de insomnio inducida por las diferencias horarias, Victor Rosenheim tuvo que participar en una reunión en la City, a primera hora de la mañana, mientras Consuela permanecía en la cama y jugueteaba con su desayuno. Se las arregló para llevarse a la boca una delgada tostada sin mantequilla y una cucharada de huevo pasado por agua.

Una vez que retiraron la bandeja del desayuno, Consuela hizo un par de llamadas telefónicas para confirmar citas para almorzar durante los dos días que permanecería en Londres. Luego desapareció en el cuarto de baño.

Cincuenta minutos más tarde salió de la suite vestida con un traje Olaganie de color rosado, con cuello azul oscuro y el cabello rubio rebotándole airosamente sobre los hombros. Pocos de los hombres con los que se cruzó entre el ascensor y las puertas giratorias dejaron de volver la cabeza, así que Consuela juzgó que el empleo de los cincuenta minutos anteriores no había sido una total pérdida de tiempo. Salió del hotel al sol de la mañana e inició la búsqueda de su regalo de cumpleaños.

Consuela empezó por New Bond Street. Tal como solía tener por costumbre en el pasado, no abrigaba la menor intención de caminar más que unas pocas manzanas hacia el norte, el sur, el este o el oeste a partir de aquella cómoda zona, mientras un coche, conducido por un chófer, avanzaba lentamente detrás.

Pasó algún tiempo en Asprey's, entregada a considerar los últimos relojes extraplanos, la estatuilla de oro de un tigre con ojos de jade y un huevo Fabergé, antes de seguir su camino hacia Cartier, donde desechó una bandeja de plata blasonada, un reloj de platino y un reloj de caja estilo Luis XIV. Desde allí caminó unos metros más hasta Tiffany's, de donde volvió a salir con las manos vacías, a pesar de los esfuerzos del vendedor por mostrarle casi todo lo que la tienda tenía que ofrecer.

Consuela se detuvo un momento sobre la acera y consultó su reloj. Eran las 12.52 y a esas alturas tuvo que aceptar que había sido una mañana poco fructífera. Dio instrucciones al chófer para que la llevara al bar de Harry, donde se encontró con la señora Stavros Kleanthis, que la esperaba en su mesa habitual. Consuela saludó a su amiga con un beso en ambas mejillas y se sentó frente a ella.

La señora Kleanthis, esposa de un naviero no del todo desconocido (los griegos prefieren una sola esposa y varios líos), había concentrado su atención en el menú durante los últimos minutos, para asegurarse de que el restaurante servía los pocos platos que le permitiría comer la última dieta que seguía. Entre las dos mujeres habían leído cada libro que alcanzó el primer puesto en las listas de libros más vendidos del *New York Times*, y que incluían en sus títulos palabras como «joven», «orgasmo», «adelgazamiento», «buena forma» o «inmortalidad».

—¿Cómo está Victor? —preguntó Maria una vez que Consuela hubo pedido su comida.

Consuela se detuvo un momento a considerar la respuesta, y decidió decir la verdad.

—Se acerca con rapidez a su edad de saldo —contestó—. ¿Y Stavros?

—Me temo que ya la ha pasado hace tiempo —dijo Maria—. Pero como yo no tengo ni tu aspecto ni tu figura, por no mencionar el hecho de que tengo tres hijos adolescentes, supongo que no podré volver al mercado para seleccionar la última marca que haya aparecido.

Consuela sonrió mientras le ponían delante una ensalada *rucoise*.

—Y bien, ¿qué te trae por Londres, aparte de almorzar con una vieja amiga? —preguntó Maria.

—Victor ha puesto el ojo en otro banco —contestó Consuela, como si hablara de un niño que coleccionara sellos—. Y yo ando a la búsqueda de un regalo de cumpleaños adecuado.

—¿Y qué esperas que Victor te regale esta vez? —preguntó Maria—. ¿Una casa en el campo? ¿Un caballo de carreras de pura raza? ¿O quizá tu propio Learjet?

—Ninguna de esas cosas. —Consuela dejó el tenedor junto a la ensalada a medio terminar—. Necesito algo sobre lo que no se pueda regatear en un futuro, de modo que mi regalo debe ser algo que cualquier tribunal, en cualquier estado, reconozca incuestionablemente como mío.

—¿Has encontrado ya algo apropiado? —preguntó Maria.

—Todavía no —admitió Consuela—. En Asprey's no he visto nada de interés, las estanterías de Cartier estaban casi vacías y lo único atractivo que he visto en Tiffany's ha sido el vendedor, que indudablemente no tenía un penique en el bolsillo. Tendré que proseguir mi búsqueda esta tarde.

Los platos de la ensalada fueron hábilmente retirados por un camarero al que Maria consideró demasiado joven y delgado. Otro camarero con el mismo problema les sirvió una taza de café descafeinado recién preparado. Consuela rechazó la crema y el azúcar que le ofrecieron, aunque su compañera no se mostró tan disciplinada.

Las dos damas se quejaron de los sacrificios que tenían que hacer debido a la recesión, hasta que fueron las únicas comensales que quedaban en la sala. En ese momento, un camarero algo más grueso les presentó la factura, una cuenta extraordinariamente grande teniendo en cuenta que ninguna de las dos había tomado segundo plato y no habían pedido más que una Evian al *sommelier*.

Ya en la acera de South Audley Street volvieron a besarse en ambas mejillas antes de seguir cada una por su camino, una hacia el este, la otra hacia el oeste.

Consuela subió al asiento trasero del coche conducido por el chófer, con la intención de regresar a New Bond Street, que se hallaba a poco más de medio kilómetro de distancia.

Una vez que se encontró de nuevo en territorio familiar, empezó a recorrer meticulosamente la otra acera de la calle; se detuvo en Bentley's, donde parecía que ya lo habían vendido todo desde el año anterior; luego pasó rápidamente a Adler, que parecía sufrir el mismo problema. Maldijo una vez más la recesión y acusó de todo ello a Bill Clinton, quien, según le había asegurado Victor, era la causa de la mayoría de los males actuales que sufría el mundo.

Consuela empezaba a desesperar de encontrar en Bond Street cualquier cosa que valiera la pena, e inició de mala gana el camino de regreso hacia el Ritz, con la sensación de que quizá tuviera que considerar una expedición a Knightsbridge al día siguiente, cuando se detuvo de repente delante de House of Graff. No recordaba haber visto aquella tienda en su última visita a Londres, unos seis meses antes, y puesto que conocía Bond Street mucho mejor de lo que había llegado a conocer a cualquiera de sus tres maridos, llegó a la conclusión de que debía de tratarse de un establecimiento nuevo.

Contempló las asombrosas gemas, en sus magníficos engarces, perfectamente protegidas tras los escaparates con cristales a prueba de balas. Al llegar al tercer escaparate abrió la boca como una recién nacida que exigiera ser alimentada. A partir de ese momento supo que ya no sería necesario hacer más excursiones, pues precisamente allí, colgado alrededor de un cuello de mármol, había un inmaculado collar de diamantes y rubíes. Tuvo la impresión de haber visto antes, en algún lugar, aquella extraordinaria pieza de joyería, pero apartó rápidamente la idea de su mente y se concentró en estudiar los rubíes exquisitamente engarzados, que rodeaban los diamantes perfectamente tallados, lo que hacía que aquel collar tuviera una belleza sin precedentes. Sin pensar ni por un instante cuánto podría costar el objeto, Consuela se dirigió lentamente hacia la gruesa puerta de cristal de la entrada de la tienda y apretó un discreto botón de marfil instalado en la pared. Evidentemente, la House of Graff no tenía el menor interés en los viandantes de paso.

La puerta fue abierta por un guardia de seguridad, que no necesitó más que echar un solo vistazo a la señora Rosenheim para saber que debía hacerla pasar con rapidez por los portales interiores de seguridad, donde se abrió una segunda puerta y Consuela se encontró frente a frente con un hombre alto e imponente, vestido con chaqueta negra y pantalones a rayas.

—Buenos días, señora —dijo con una ligera inclinación de cabeza. Consuela observó que el hombre admiró disimuladamente las sortijas que llevaba—. ¿Puedo servirle en algo?

Aunque la tienda estaba llena de tesoros que, en circunstancias normales, habrían merecido horas de atención, la mente de Consuela se hallaba exclusivamente centrada en un único objeto.

—Sí. Desearía estudiar más de cerca el collar de rubíes y diamantes que tienen en el tercer escaparate.

—Desde luego, señora —replicó el director, que acercó una silla para su clienta.

Dirigió una casi imperceptible señal de asentimiento a un ayudante, que, en silencio, se acercó al escaparate, abrió con llave una pequeña puerta, y extrajo el collar. El director se deslizó tras el mostrador y apretó un botón oculto. Cuatro pisos más arriba sonó un ligero zumbido, en el despacho particular del señor Laurence Graff, lo que advertía al propietario de que un cliente había demostrado interés por una pieza particularmente cara, por si deseaba tratar con él personalmente.

Laurence Graff observó la pantalla de televisión situada en

la pared, a su izquierda, gracias a la cual podía observar lo que sucedía en la planta baja.

—Ah —exclamó al ver a la dama del traje rosado sentada ante la mesa Luis XIV—. La señora Consuela Rosenheim, si no me equivoco.

Del mismo modo que el presidente de la Cámara de los Comunes es capaz de identificar a cada uno de sus 650 miembros, Laurence Graff reconocía a los 650 clientes que podían permitirse la adquisición de algunos de sus tesoros más lujosos. Se levantó rápidamente, rodeó la mesa, salió del despacho y tomó el ascensor que esperaba, para bajar a la planta baja.

Mientras tanto, el director había extendido un paño de terciopelo negro sobre la mesa, delante de la señora Rosenheim, y el ayudante colocó delicadamente el collar sobre el paño. Consuela observó fijamente el objeto de su deseo, como hipnotizada.

—Buenos días, señora Rosenheim —saludó Laurence Graff tras salir del ascensor y dirigirse sobre la mullida alfombra hacia su clienta potencial—. Qué agradable volver a verla por aquí.

En realidad, solo la había visto en otra ocasión, durante un cóctel en Manhattan. Pero después de eso habría podido distinguirla a cien pasos de distancia en una escalera mecánica.

—Buenos días, señor… —Consuela vaciló, insegura de sí misma por primera vez aquel día.

—Laurence Graff —dijo él, al tiempo que le tendía la mano—. Nos conocimos el año pasado en Sotheby Parke Bernet, una función de caridad en beneficio de la Cruz Roja, si recuerdo correctamente.

—Desde luego —asintió la señora Rosenheim, incapaz de recordar quién era y a qué ocasión se refería.

El señor Graff se inclinó casi con reverencia hacia el collar de rubíes y diamantes.

—Es una reliquia de la familia Kanemarra —ronroneó. Luego se detuvo un instante, antes de ocupar el puesto del director ante la mesa—. Creado en 1936 por Silvia di Larchi —continuó—. Todos los rubíes fueron obtenidos de una misma mina en Birmania, durante un período de veinte años. Los diamantes fueron adquiridos a De Beers por un comerciante egipcio, que, después de que se hiciera el collar para él, ofreció esta pieza única al rey Faruk... por los servicios prestados. Cuando el monarca se casó con la princesa Farida, se lo regaló el día de su boda, y ella, a cambio, le ofreció cuatro herederos, ninguno de los cuales estaría destinado finalmente a sucederle en el trono.

Graff levantó la vista de aquel objeto tan hermoso para dirigirla hacia otro no menos hermoso, sentado ante él.

—Desde entonces —continuó el propietario—, ha pasado por diversas manos antes de llegar a House of Graff. Su última propietaria fue una actriz, a cuyo esposo, desgraciadamente, se le agotaron los pozos de petróleo.

Un atisbo de sonrisa cruzó por el rostro de Consuela Rosenheim al recordar finalmente dónde había visto antes el collar.

—Es magnífico —dijo al tiempo que le dirigía una última mirada—. Regresaré —añadió antes de levantarse de la silla.

Graff la acompañó hasta la puerta. Nueve de cada diez clientes que decían lo mismo no tenían la intención de regresar, pero siempre era capaz de percibir quién era el décimo.

—¿Puedo preguntar el precio? —inquirió Consuela casi con indiferencia mientras él le abría la puerta.

—Un millón de libras, señora —contestó Graff con la misma naturalidad que si ella hubiera preguntado por el precio de un llavero de plástico en una tienda de regalos de un centro turístico junto al mar.

Una vez que hubo salido de nuevo a la acera, Consuela despidió al chófer. Ahora, su mente funcionaba a una velocidad que habría podido impresionar a su marido. Cruzó la calle, hizo una visita a The White House, luego a Yves Saint Laurent, y finalmente a Chanel, y salió unas dos horas más tarde provista de todas las armas que necesitaba para afrontar la batalla que le esperaba. No llegó a la suite del Ritz hasta pocos minutos antes de las seis.

Se sintió aliviada al descubrir que su esposo todavía no había regresado del banco. Empleó el tiempo en tomar un prolongado baño y en reflexionar acerca de cómo debía tender la trampa. Una vez que estuvo seca y empolvada se puso un toque de un nuevo perfume en el cuello y se deslizó en algunas de las ropas recientemente adquiridas.

Comprobaba una vez más su aspecto en el espejo de cuerpo entero cuando entró Victor en la habitación. Se detuvo en seco y dejó caer el maletín sobre la alfombra. Consuela se volvió a mirarle.

—Estás arrebatadora —declaró él con aquella misma expresión de deseo que ella había mostrado ante la reliquia de la familia Kanemarra, unas pocas horas antes.

—Gracias, querido. ¿Cómo te ha ido el día?

—Un triunfo. Se ha acordado la adquisición, y por la mitad de precio de lo que me habría costado hace apenas un año.

Consuela sonrió. Aquello representaba un suplemento inesperado.

—Aquellos de nosotros a los que todavía nos queda liquidez no debemos tener ningún miedo de la recesión —añadió Victor con satisfacción.

Durante una tranquila cena en el comedor del Ritz, Victor le describió a su esposa con todo detalle lo que había ocurrido en el banco aquel día. En las ocasionales interrupciones de su monólogo, Consuela halagó a su esposo con comentarios como «Muy inteligente por tu parte, Victor», «Qué extraordinario», «Nunca comprenderé cómo lo conseguiste». Cuando él pidió finalmente un brandy, encendió un puro y se reclinó en la silla, ella empezó a deslizar con suavidad el pie derecho, envuelto en una elegante media, a lo largo de la parte interior del muslo de Victor. Por primera vez durante aquella noche, él dejó de pensar en la adquisición del banco.

Al abandonar el salón comedor y dirigirse hacia el ascensor, Victor colocó un brazo alrededor de la delgada cintura de su esposa. Cuando el ascensor llegó al sexto piso, él ya se había quitado la chaqueta y la mano se había deslizado unos pocos centímetros más hacia abajo. Consuela emitió una ligera risa. Bastante antes de que llegaran a la puerta de la suite, él ya había empezado a deshacerse el nudo de la corbata.

Cuando entraron en la habitación, Consuela colocó sobre el pomo de la puerta el cartel de «No molesten». Durante los minutos siguientes, Victor quedó como transfigurado mientras contemplaba a su delgada esposa quitarse lentamente cada una de las piezas que había adquirido aquella misma tarde. Se quitó rápidamente sus propias ropas y deseó una vez más haber llevado adelante su resolución de Año Nuevo.

Cuarenta minutos más tarde, Victor se encontraba, exhausto, sobre la cama. Tras unos pocos momentos de suspiros, empezó a roncar. Consuela cubrió los cuerpos desnudos con la sábana, pero sus ojos permanecieron completamente abiertos. Acababa de iniciar la siguiente fase de su plan.

A la mañana siguiente, Victor despertó para descubrir que la mano de su esposa le acariciaba con suavidad la parte interior del muslo. Rodó sobre sí mismo, hacia ella, con el recuerdo de la noche anterior todavía muy vivo en su mente. Hicieron el amor por segunda vez, algo que no sucedía desde hacía tanto tiempo que ni siquiera lo recordaba.

No fue hasta después de salir de la ducha cuando Victor recordó que era el cumpleaños de su esposa, y que le había prometido pasar la mañana con ella, para ayudarla a elegir un regalo. Solo confiaba en que ya hubiera decidido lo que deseaba, puesto que necesitaba pasar la mayor parte del día encerrado en la City con sus abogados, para repasar línea por línea el documento de oferta de adquisición del banco.

—Feliz cumpleaños, querida —dijo en cuanto regresó al dormitorio—. Y, a propósito, ¿has tenido la suerte de encontrar un regalo? —añadió mientras ojeaba la primera página del *Financial Times*.

El editor de la City ya especulaba con la posible noticia de la adquisición, que describía como un golpe de mano. Una sonrisa de satisfacción apareció en el rostro de Victor, por segunda vez aquella mañana.

—Sí, querido —contestó Consuela—. He descubierto una pequeña chuchería que me ha gustado bastante. Sólo confío en que no sea demasiado cara para ti.

—¿Y cuánto cuesta esa «pequeña chuchería»? —preguntó Victor.

Consuela se volvió a mirarle. Solo llevaba dos piezas, las dos negras y notablemente escasas de tela.

Victor empezó a preguntarse si todavía le quedaba tiempo, pero entonces recordó a los abogados, que habían permanecido despiertos durante toda la noche y que estarían esperándole impacientes en el banco.

—No pregunté el precio —contestó Consuela—. Tú eres mucho más listo que yo en esa clase de cosas —añadió mientras se ponía una blusa de seda azul marino.

Victor miró su reloj.

—¿Está muy lejos? —preguntó.

—Justo al otro lado de la calle, en Bond Street, querido —contestó Consuela—. No creo que te retrase por mucho tiempo.

Sabía exactamente lo que pasaba por la mente de su esposo.

—Bien. Entonces vayamos enseguida a echar un vistazo a esa pequeña chuchería —dijo al tiempo que se abrochaba los botones de la camisa.

Mientras Victor terminaba de vestirse, Consuela, con ayuda del *Financial Times*, dirigió hábilmente la conversación hacia el triunfo de su esposo el día anterior. Escuchó una vez más los detalles de la adquisición mientras abandonaban el hotel y se dirigían hacia Bond Street, cogidos del brazo.

—Probablemente, me he ahorrado varios millones —volvió a decir Victor.

Consuela le dirigió una encantadora sonrisa y le condujo hacia la puerta de House of...

El guardia de seguridad se apresuró a abrir la puerta y esta vez Consuela descubrió que el señor Graff ya estaba de pie junto a la mesa, esperándola. Se inclinó levemente ante ella y se volvió hacia Victor.

—Me permito ofrecerle mis felicitaciones por su brillante golpe, señor Rosenheim. —Victor sonrió—. ¿En qué puedo servirles?

—Mi esposo quisiera ver la reliquia de la familia Kanemarra —dijo Consuela antes de que Victor tuviera oportunidad de contestar.

—Desde luego, señora —asintió el propietario.

Se situó por detrás de la mesa y extendió el paño de terciopelo negro. Una vez más, el ayudante extrajo el magnífico collar del lugar donde aparecía expuesto en el tercer escaparate, y luego lo extendió cuidadosamente en el centro del paño de terciopelo, para mostrar las joyas de la mejor manera posible. El señor Graff estaba a punto de repetir la historia de la pieza, cuando Victor se limitó a preguntar:

—¿Cuánto vale?

El señor Graff levantó la cabeza.

—No es una joya corriente. Creo que...

—¿Cuánto? —repitió Victor.

—Su procedencia, por sí sola, garantiza...

—¿Cuánto?

—Su extraordinaria belleza, por no hablar de la magnífica artesanía...

—¿Cuánto? —preguntó Victor, que esta vez elevó el tono de voz.

—El calificativo de único sería inapropiado.

—Quizá tenga usted razón, pero necesito saber cuánto va a costarme —dijo Victor, que empezaba a parecer exasperado.

—Un millón de libras, señor —contestó finalmente Graff

en un tono de voz monótono, consciente de que no podía arriesgarse a expresar otro superlativo.

—Lo arreglaría por medio millón, no más —fue la respuesta inmediata.

—Siento mucho decirlo, señor —replicó Graff—, pero en esta pieza en particular no hay lugar para el regateo.

—Siempre hay lugar para el regateo, al margen de lo que se venda —dijo Victor—. Repito mi oferta: medio millón.

—Me temo, señor, que en este caso...

—Estoy convencido de que, si dispone del tiempo suficiente, verá usted las cosas a mi modo —dijo Victor—. Pero esta mañana no tengo tiempo suficiente para eso, así que le extenderé un cheque por medio millón y dejaré que sea usted mismo quien decida si desea cobrarlo o no.

—Me temo que está perdiendo su tiempo, señor —dijo Graff con firmeza—. No puedo desprenderme de la reliquia de la familia Kanemarra por menos de un millón.

Sin hacerle caso, Victor extrajo la chequera del bolsillo interior de la chaqueta, desenroscó la pluma estilográfica y escribió las palabras «Quinientas mil libras esterlinas» bajo el nombre del banco que llevaba su mismo apellido. Su esposa retrocedió un discreto paso.

Graff se disponía a repetir su comentario anterior cuando levantó la mirada y observó el silencioso ruego de la señora Rosenheim para que aceptara el cheque.

Una expresión de curiosidad apareció sobre su rostro mientras Consuela continuaba con su urgente mímica.

Victor arrancó el cheque y lo depositó sobre la mesa.

—Le doy veinticuatro horas para decidirse —dijo—. Regresamos a Nueva York mañana por la mañana... con o sin la reliquia de la familia Kanemarra. La decisión depende de usted.

Graff dejó el cheque sobre la mesa mientras acompañaba al señor y a la señora Rosenheim hasta la puerta, inclinándose ligeramente ante ellos, que salieron a Bond Street.

—Has estado realmente brillante, querido —dijo Consuela mientras el chófer abría la puerta a su jefe.

—Al banco —ordenó Rosenheim tras acomodarse en el asiento posterior—. Tendrás tu pequeña chuchería, Consuela. Ese hombre cobrará el cheque antes de que hayan transcurrido veinticuatro horas, de eso estoy seguro. —El chófer cerró la portezuela de atrás y la ventanilla se deslizó hacia abajo cuando Victor añadió con una sonrisa—: Feliz cumpleaños, querida.

Consuela le devolvió la sonrisa y le lanzó un beso antes de que el coche se introdujera en el tráfico para dirigirse hacia Piccadilly. La mañana no había resultado tal como ella esperaba, porque se sentía incapaz de estar de acuerdo con el juicio de su esposo, pero aún le quedaban veinticuatro horas con las que jugar.

Consuela regresó a la suite del Ritz, se desnudó, se duchó, abrió otro frasco de perfume y empezó a cambiarse lentamente para ponerse el atuendo que había adquirido el día anterior. Antes de abandonar la habitación buscó la sección de materias primas del *Financial Times* y comprobó el precio del café en grano verde.

Salió por la entrada de Arlington Street del Ritz. Llevaba un traje de chaqueta cruzada Yves Saint Laurent, de color azul marino, y un sombrero rojo y blanco de ala ancha. Desdeñó al chófer, detuvo un taxi y dio instrucciones al taxista para que la llevara a un pequeño pero discreto hotel en Knightsbridge. Quince minutos más tarde entró en el vestíbulo, con la cabeza inclinada, y tras haber dado el nombre del huésped al director, fue acompañada a una suite del cuarto piso. Su compañero de almuerzo se levantó en cuanto ella entró en la habitación, se adelantó hacia ella, la besó en ambas mejillas y le deseó un feliz cumpleaños.

Después de un almuerzo íntimo y de otra hora todavía más íntima pasada en el dormitorio contiguo, el acompañante de Consuela escuchó su petición y, tras haber comprobado antes su reloj, estuvo de acuerdo en acompañarla a Mayfair. No le dijo que tendría que estar de regreso en su despacho a las cuatro de la tarde para recibir una importante llamada de América del Sur. Desde la destitución del presidente brasileño, los precios del café se habían puesto por las nubes.

Mientras el coche avanzaba por Brompton Road, el acompañante de Consuela llamó por teléfono para comprobar cuál era el último precio del café en grano verde en Nueva York (únicamente la habilidad de Consuela en la cama le había impedido hacer antes aquella llamada). Se sintió complacido al saber que había subido otros dos centavos de dólar, pero no tanto como ella al enterarse. Once minutos más tarde, el coche los dejó frente a la House of Graff.

Cuando entraron juntos en la tienda, cogidos del brazo, el señor Graff apenas hizo otra cosa que enarcar levemente una ceja.

—Buenas tardes, señor Carvalho —dijo—. Espero que sus propiedades le ofrezcan una buena cosecha este año.

—No me puedo quejar —dijo el señor Carvalho con una sonrisa.

—¿En qué puedo servirle? —preguntó el propietario.

—Quisiéramos ver el collar de diamantes del tercer escaparate —dijo Consuela sin la menor vacilación.

—Desde luego, señora —asintió Graff como si se dirigiera a una completa extraña.

Una vez más se extendió el paño de terciopelo negro sobre la mesa y el ayudante colocó de nuevo la reliquia de la familia Kanemarra en el centro.

Esta vez, el señor Graff se permitió relatar la historia de la pieza, antes de que Carvalho, amablemente, preguntara el precio.

—Un millón de libras —contestó Graff de inmediato.

Tras un momento de vacilación, Carvalho dijo:

—Estaría dispuesto a pagar medio millón.

—No es una pieza corriente —replicó el propietario—. Creo que…

—Es posible que no lo sea, pero medio millón es mi mejor oferta —le interrumpió Carvalho.

—Su extraordinaria belleza, por no hablar de la magnífica artesanía...

—A pesar de todo, no estoy dispuesto a pagar más de medio millón.

—El calificativo de único sería inapropiado.

—Medio millón, y no más —insistió Carvalho.

—Siento mucho decirlo, señor, pero en esta pieza en particular no hay lugar para el regateo.

—Tengo la sospecha de que podría usted pensárselo mejor si dispusiera de su debido tiempo —dijo Carvalho—. Pero, lamentablemente, no dispongo de tiempo esta tarde. Mire, le extenderé un cheque por medio millón de libras y dejaré que sea usted mismo quien decida si prefiere cobrarlo o no.

Carvalho se sacó una chequera del bolsillo interior de la chaqueta, desenroscó la pluma estilográfica y escribió las palabras «Quinientas mil libras esterlinas», mientras Consuela lo miraba en silencio.

Carvalho arrancó el cheque y lo dejó sobre la mesa.

—Le doy veinticuatro horas para que tome una decisión. Salgo para Chicago mañana, en el vuelo de la tarde. Si el cheque no ha sido presentado a su cobro cuando llegue a mi despacho...

Graff inclinó ligeramente la cabeza y dejó el cheque sobre la mesa. Los acompañó hasta la puerta y se inclinó de nuevo antes de que salieran a la acera.

—Estuviste realmente brillante, querido —le dijo Consuela mientras el chófer abría la portezuela del coche ante su jefe.

—A la bolsa —ordenó Carvalho. Se volvió hacia su amante y añadió—: Tendrás tu collar antes de que haya terminado el día, de eso estoy seguro. Feliz cumpleaños, querida.

Consuela sonrió y lo despidió con un saludo de la mano. El coche desapareció en dirección a Piccadilly y en esta ocasión estuvo bastante segura de mostrarse de acuerdo con la opinión de su amante. Una vez que el coche hubo doblado la esquina, regresó de nuevo a la House of Graff.

El propietario le dirigió una afable sonrisa y le entregó el regalo, hábilmente envuelto. Se inclinó ante ella y se limitó a decir:

—Feliz cumpleaños, señora Rosenheim.

LA PATA DE MONO

William Wymark Jacobs

I

Afuera, la noche era fría y húmeda, pero en la pequeña sala de Laburnum Villa las persianas estaban cerradas y el fuego ardía vivamente. Padre e hijo jugaban al ajedrez; el primero, que tenía la idea de que el juego involucraba cambios radicales, ponía a su rey en peligros tan intensos e innecesarios que incluso arrancaba comentarios de la anciana de cabello blanco que tejía plácidamente junto al fuego.

—Escuchen el viento —dijo el señor White, quien, dándose cuenta de un error fatal cuando ya era demasiado tarde, deseaba amistosamente impedir que su hijo lo viera.

—Estoy escuchando —dijo este último, inspeccionando severamente el tablero mientras extendía su mano—. Jaque.

—Me cuesta trabajo creer que vendrá esta noche —dijo su padre, con la mano suspendida sobre el tablero.

—Mate —replicó el hijo.

—Eso es lo peor de vivir tan lejos —gritó el señor White con una repentina e inesperada violencia—. De todos los lugares más detestables, lodosos y solitarios, éste es el peor. El sendero es una ciénega y el camino es un raudal. No sé en qué está pensando la gente. Supongo que porque sólo hay dos casas en el camino creen que carece de importancia.

—No importa, querido —dijo su esposa conciliadoramente—, quizá ganarás la próxima vez.

El señor White levantó los ojos abruptamente, justo a tiempo para interceptar una mirada de entendimiento entre madre e hijo. Las palabras murieron en sus labios, y escondió una mueca de culpabilidad en su delgada y gris barba.

—Ahí está —dijo Herbert White, mientras el portal se cerraba y se acercaban a la puerta unos pasos fuertes y pesados.

El anciano se levantó con hospitalaria presteza, y, al abrir la puerta, se le escuchó dar el pésame al recién llegado, quien también se condolió consigo mismo. La señora White dijo:

—¡Ya, ya! —Y tosió suavemente, mientras su esposo entraba en la habitación, seguido de un hombre alto y corpulento, de ojos pequeños y semblante rubicundo.

—El sargento mayor Morris —dijo, a modo de presentación.

El sargento mayor estrechó sus manos, y, tomando el asiento que le ofrecieron frente al fuego, observaba plácidamente mientras su anfitrión sacaba whisky y vasos, y colocaba una pequeña tetera de cobre sobre el fuego.

Al tercer vaso, sus ojos se volvieron más brillantes Y comenzó a hablar. El pequeño círculo familiar apreciaba con ansioso interés a ese visitante de distantes tierras, que hablaba de escenas salvajes y formidables hazañas, de guerras y plagas, y pueblos extraños.

—Hace veintiún años de eso —dijo el señor White, inclinando la cabeza a su esposa e hijo—. Cuando se fue era un jovenzuelo. Y mírenlo ahora.

—No parece haberle ido tan mal—dijo amablemente la señora White.

—A mí también me gustaría ir a la India —dijo el anciano—, sólo para echar un vistazo.

—Está mejor aquí —dijo el sargento mayor, moviendo la cabeza. Asentó el vaso sin contenido, y, suspirando suavemente, volvió a cabecear.

—Me gustaría ver todos esos antiguos templos y a los faquires y prestidigitadores —dijo el viejo—. ¿Qué era eso que comenzó a contarme el otro día sobre una pata de mono, o algo así, Morris?

—Nada —dijo el soldado rápidamente—. Por lo menos nada que valga la pena escuchar.

—¿Una pata de mono? —dijo la señora White con curiosidad.

—Bueno, es sólo un poco de lo que ustedes llamarían magia —dijo el sargento mayor de forma espontánea.

Sus tres escuchas se inclinaron ansiosamente. Con la mente ausente, el visitante llevó el vaso seco a sus labios y luego lo dejó de nuevo. Su anfitrión lo llenó.

—Algo para verse —dijo el sargento mayor, buscando torpemente en su bolsillo—, es sólo una patita común, momificada.

Sacó algo de su bolsillo y lo mostró. La señora White se apartó con una mueca, pero su hijo la tomó y examinó con curiosidad.

—¿Y qué tiene de especial? —inquirió el señor White al quitársela a su hijo; después de examinarla, la colocó sobre la mesa.

—Un viejo faquir la hechizó —dijo el sargento mayor—. Era un hombre santo. Quería demostrar que el destino rige la vida de las personas, y que los que interfieren en él lo hacen muy a su pesar. La hechizó de manera que tres hombres distintos pudieran pedirle tres deseos cada uno.

Sus gestos eran tan impresionantes que sus interlocutores se dieron cuenta de que su risa ligera no concordaba con la situación.

—Y bien, ¿por qué no pide usted tres deseos? —dijo Herbert astutamente.

El soldado lo miró de la forma en que un hombre de edad madura debe de ver a un jovencito presuntuoso.

—Ya los pedí —dijo quedamente, y su cara enrojecida palideció.

—¿Y en realidad se le cumplieron los tres deseos? —preguntó el señor White.

—Sí —dijo el sargento mayor, y su vaso chocó contra sus fuertes dientes.

—¿Y alguien más ha pedido deseos? —insistió la anciana.

—El primer hombre pidió sus tres deseos. Sí —fue la respuesta—. No sé cuáles fueron los primeros dos, pero el tercero fue la muerte. Así me hice con la pata.

Su tono era tan grave que un silencio se hizo en el grupo.

—Si ya pidió usted sus tres deseos, entonces ya no le sirve para nada, Morris —dijo al fin el anciano—. ¿Para qué la conserva?

El soldado meneó la cabeza.

—Por gusto, supongo —dijo lentamente—. Tenía ganas de venderla, pero creo que no lo haré. Ya ha causado suficiente mal. Además, la gente no la comprará. Algunos piensan que es un cuento de hadas; y los que creen un poco en ella quieren probarla primero y pagarme después.

—Si tuviera tres deseos más —dijo el anciano, mirándolo con perspicacia—, ¿los pediría?

—No lo sé —dijo el otro hombre—, no lo sé.

Tomó la pata, y, balanceándola entre el índice y el pulgar, la arrojó repentinamente al fuego. White, emitiendo un leve gemido, se agachó y la recogió.

—Es mejor dejar que se queme —dijo el soldado solemnemente.

—Morris, si usted no la quiere —dijo el otro—, démela a mí.

—No lo haré —dijo su amigo obstinadamente—. Yo la lancé al fuego. Si la conserva, no me culpe por lo que ocurra. Arrójela de nuevo a las llamas; sea sensato.

El otro movió su cabeza y examinó de cerca su nueva posesión.

—¿Cómo lo hace? —inquirió.

—Levántela con su mano derecha y pida el deseo en voz

alta —dijo el sargento mayor—. Pero le prevengo sobre las consecuencias.

—Suena como *Las mil y una noches* —dijo la señora White, mientras se levantaba y comenzaba a preparar la cena—. ¿Cree usted que podría pedir cuatro pares de manos para mí?

Su esposo sacó de su bolsillo el talismán, y los tres rompieron a reír, mientras el sargento mayor, con expresión de alarma en el rostro, lo tomaba del brazo.

—Si va a pedir un deseo —dijo ásperamente—, pida algo sensato.

El señor White la devolvió a su bolsillo, y, acomodando las sillas, invitó a su amigo a la mesa. Durante la cena, el talismán fue parcialmente olvidado, y luego los tres se sentaron a escuchar encantados una segunda sesión de las aventuras del soldado en la India.

—Si el cuento de la pata de mono no es más veraz que los otros que nos ha contado —dijo Herbert al cerrarse la puerta tras su invitado, apurado por alcanzar el último tren—, no haremos mucho con ella.

—¿Le diste algo por ella, padre? —inquirió la señora White, mirando de cerca a su esposo.

—Una bagatela —dijo él, ruborizándose levemente—. No lo quería, pero lo hice aceptarlo. Y de nuevo me presionó para que la tirara.

—Seguramente —dijo Herbert con fingido horror— seremos ricos, famosos y felices. Para comenzar, padre, pide ser emperador... así tu esposa no te dominará.

Corrió alrededor de la mesa, perseguido por la traviesa señora White, armada con la funda de un cojín.

El señor White extrajo la pata de su bolsillo y la miró dubitativamente.

—No sé qué pedir, eso es un hecho —dijo lentamente—. Me da la impresión de que tengo todo lo que quiero.

—Si tan sólo pagaras la casa, estarías muy feliz, ¿o no?

—dijo Herbert, con la mano en su hombro—. Bueno, entonces pide doscientas libras; eso sería suficiente.

Su padre, sonriendo avergonzado ante su propia credulidad, levantó el talismán, mientras su hijo, con rostro solemne, un tanto desfigurado por el guiño que hacía a su madre, se sentó al piano y tocó unos impresionantes acordes.

—Deseo doscientas libras —dijo claramente el anciano.

Un estrepitoso sonido del piano recibió las palabras, interrumpido por un estremecedor gemido del viejo. Su esposa y su hijo corrieron hacia él.

—Se ha movido —gritó, con una mirada de disgusto hacia el objeto que yacía en el piso—. Al pedir el deseo se ha retorcido en mi mano como una víbora.

—Bien, no veo el dinero —dijo su hijo, al levantarla y ponerla sobre la mesa— y apuesto que nunca lo veré.

—Debe de haber sido tu imaginación —dijo su esposa, mirándolo ansiosamente.

Él movió la cabeza.

—Sin embargo, no importa. No se ha hecho ningún mal, aunque me he llevado una fuerte impresión.

De nuevo se sentaron ante el fuego, mientras los dos hombres terminaban de fumar sus pipas. Afuera, el viento soplaba más que nunca, y el anciano se sobresaltó debido al sonido de una puerta golpeando violentamente en el piso de arriba. Un inusual y depresivo silencio se abatió sobre ellos, y duró hasta que la anciana pareja se levantó para retirarse a dormir.

—Supongo que encontrarán el dinero dentro de una gran bolsa en medio de su cama —dijo Herbert al darles las buenas noches—, y algo horrible agazapado sobre el armario observándolos mientras se guardan su riqueza malhabida.

El señor White se sentó en la oscuridad, contemplando el agonizante fuego, y adivinando rostros en él. El último fue tan espantoso y simiesco que lo miró estupefacto. Se volvió tan vívido que, con una risita intranquila, buscó en la mesa un vaso que tuviera un poco de agua para arrojársela. Su mano se topó con la pata de mono, y, con un ligero estremecimiento, se la frotó en el abrigo y subió a su habitación.

II

A la mañana siguiente, en la claridad del frío sol, que entraba sobre la mesa del desayuno, se rió de sus miedos. Había un aire de integridad en la habitación, ausente la noche anterior, y la sucia y marchita pata estaba abandonada sobre un mueble, con un descuido que no denotaba mucha fe en sus virtudes.

—Supongo que todos los soldados viejos son iguales —dijo la señora White—. ¡Qué idea la de hacernos escuchar tal barbaridad! ¿Cómo podrían concederse deseos en estos días? Y si se pudiera, ¿cómo podrían perjudicarte doscientas libras, padre?

—Podrían caer del cielo sobre su cabeza —dijo el frívolo Herbert.

—Morris dijo que todas las cosas ocurrían con tanta naturalidad —dijo su padre— que podrías, si quisieras, atribuirlas a una coincidencia.

—Bueno, no se lancen sobre el dinero antes de que yo vuelva —dijo Herbert al levantarse de la mesa—. Temo que te conviertas en un hombre ruin y avaro, y tengamos que desconocerte.

Su madre rió, y, siguiéndolo a la puerta, lo miró alejarse por el camino. Al regresar a la mesa del desayuno, se divirtió a costa de la credulidad de su esposo. Todo esto no impidió que corriera a la puerta cuando llamó el cartero, ni que se refiriera bruscamente a los sargentos mayores retirados de hábitos bohemios cuando descubrió que en el correo venía la nota del sastre.

—Me imagino que Herbert hará alguno de sus comentarios graciosos cuando vuelva a casa —dijo mientras se sentaban a comer.

—Así lo creo —dijo el señor White, sirviéndose un poco

de cerveza—. Pero, de cualquier modo, la cosa se movió en mi mano; lo juro.

—Te imaginaste que se movía —dijo la anciana en tono conciliador.

—Te digo que se movió —replicó él—. No me lo imaginé; sólo... ¿qué pasa?

Su esposa no contestó. Estaba observando los misteriosos movimientos de un hombre que estaba afuera, y que, mirando de forma poco decidida hacia la casa, parecía intentar convencerse de entrar. Ella lo asoció con las doscientas libras, cuando notó que el extraño estaba bien vestido, y que llevaba un sombrero de seda, brillante de tan nuevo. Aquel hombre hizo tres veces una pausa ante la cerca, y luego echó a andar otra vez. La cuarta ocasión se detuvo, recargando su mano sobre ella, y con repentina resolución la abrió de par en par y caminó por el sendero. Al mismo tiempo, la señora White se llevó las manos a la espalda, desató apresuradamente las cintas de su delantal, y puso ese útil accesorio debajo del cojín de su silla.

Invitó al extraño, que parecía intranquilo, a la habitación. Él la miró furtivamente, y escuchó preocupado las disculpas de la anciana por la apariencia del lugar y el abrigo de su esposo, prenda que generalmente reservaba para el jardín. Entonces esperó, tan pacientemente como su sumisión se lo permitía, a que él ventilara su asunto, pero al principio él estuvo extrañamente silencioso.

—Me... me pidieron que viniera —dijo al fin, y se agachó a quitarle un trocito de algodón a sus pantalones—. Vengo de Maw y Meggins.

La anciana se sobresaltó.

—¿Pasa algo? —preguntó sin aliento.

—¿Le ha ocurrido algo a Herbert? ¿Qué ha pasado? ¿Qué ha pasado?

Su esposo intervino.

—Calma, calma, madre —dijo apresuradamente—. Siéntate y no saques conclusiones. Estoy seguro de que usted no ha traído malas noticias, señor. —Y miró al otro, anhelante.

—Lo siento… —comenzó el visitante.

—¿Está herido? —preguntó, enloquecida, la madre.

El hombre asintió.

—Muy herido —dijo suavemente—. Pero no está sufriendo.

—¡Gracias a Dios! —dijo la señora White juntando las manos—. ¡Gracias a Dios! ¡Gracias…!

Se interrumpió de pronto, al comprender el siniestro sentido que se escondía en la seguridad que le daban, y vio la terrible confirmación de sus temores en el rostro del hombre. Contuvo la respiración, miró a su marido, que parecía no entender, y le tomó la mano temblorosamente. Hubo un largo silencio.

—Quedó atrapado en las máquinas —dijo finalmente el hombre en voz baja.

—Quedó atrapado en las máquinas —repitió el señor White aturdido—. Sí.

Se sentó, mirando fijamente por la ventana; tomó la mano de la mujer entre las suyas, y la apretó, como lo había hecho desde hacía cuarenta años, en momentos de desesperación.

—Era el único que nos quedaba —dijo volviéndose suavemente hacia el visitante—. Es difícil.

El otro tosió, se levantó y se acercó lentamente a la ventana.

—La compañía me ha encomendado que les exprese sus condolencias por esta gran pérdida —dijo sin volverse—. Les ruego que comprendan que soy tan sólo un empleado y que únicamente obedezco órdenes.

No hubo respuesta. El rostro de la señora White estaba lívido, sus ojos fijos, y su respiración inaudible. El semblante de su esposo reflejaba una expresión que podría haber tenido su amigo el sargento en su primera acción.

—Quería decirles que Maw y Meggins niegan toda responsabilidad —prosiguió—. No admiten ninguna obligación. Pero en consideración a los servicios prestados por su hijo, desean proporcionarles una cantidad como compensación.

El señor White soltó la mano de su mujer, y, levantándose, miró con horror al visitante. Sus secos labios pronunciaron la palabra:

—¿Cuánto?

—Doscientas libras —fue la respuesta.

Sin oír el grito de su mujer, el señor White sonrió lánguidamente, extendió los brazos como un ciego y se desplomó sin sentido.

III

En el inmenso cementerio nuevo, a unos tres kilómetros de distancia, marido y mujer sepultaron a su hijo y volvieron a la casa impregnados de sombra y de silencio. Todo fue tan rápido que al principio casi no se dieron cuenta y quedaron en un estado de expectación, como si fuera a ocurrir algo que aliviara ese peso, demasiado grande para dos corazones viejos.

Pero los días pasaron y la esperanza se transformó en resignación, esa desesperada resignación de los viejos que algunos llaman apatía. En algunas ocasiones apenas se hablaban, porque no tenían nada que decirse; sus días eran largos hasta el cansancio.

Alrededor de una semana después, el señor White, despertándose repentinamente en la noche, estiró la mano y se encontró solo. El cuarto estaba a oscuras y él escuchó, proveniente de la ventana, el sonido de un llanto contenido. Se incorporó en la cama para oír mejor.

—Vuelve —dijo con cierta ternura—. Te vas a enfriar.

—¡Mi hijo tiene frío! —dijo la señora White, y volvió a llorar.

Los sollozos se desvanecieron en los oídos del señor White. La cama estaba tibia, y sus ojos pesados de sueño. Cabeceó de forma intermitente hasta que un salvaje grito de su mujer lo despertó bruscamente.

—¡La pata! —gritaba ferozmente—. ¡La pata de mono!

El señor White se levantó alarmado.

—¿Dónde? ¿Dónde está? ¿Qué pasa?

Ella se acercó a él tambaleante.

—La quiero —dijo en voz baja—. ¿No la has destruido?

—Está en la sala, sobre la repisa —contestó asombrado—. ¿Por qué?

Llorando y riendo al mismo tiempo, se inclinó y lo besó.

—La había olvidado —dijo histéricamente—. ¿Por qué no lo había pensado antes? ¿Por qué no lo habías pensado tú?

—¿Pensar qué? —preguntó.

—En los otros dos deseos —respondió rápidamente—. Sólo hemos pedido uno.

—¿Y no fue suficiente?

—No —gritó ella triunfalmente—. Pediremos uno más. Baja por ella y tráela pronto y pide que nuestro hijo vuelva a la vida.

El hombre se sentó en la cama y alzó las cobijas de sus temblorosos miembros.

—Dios mío, estás loca —gritó horrorizado.

—Tráela —jadeó—. Tráela pronto y pide. ¡Mi hijo! ¡Mi hijo!

El hombre encendió la vela.

—Vuelve a acostarte —dijo inestablemente—. No sabes lo que estás diciendo.

—Nuestro primer deseo se cumplió —dijo la mujer febrilmente—. ¿Por qué no el segundo?

—Fue una coincidencia —balbuceó el anciano.

—Ve por ella y pide el deseo —gritó su esposa temblorosa por la emoción.

El marido se dio vuelta, la miró y dijo con voz trémula:

—Hace diez días que está muerto, y además... no quiero decir más... sólo pude reconocerlo por la ropa. Si ya entonces era demasiado horrible para que lo vieras, ahora...

—Tráemelo —gritó la mujer, arrastrándolo hacia la puerta—. ¿Crees que le tengo miedo al niño que crié?

Él bajó en la oscuridad, entró en la sala y se acercó a la repisa. El talismán estaba en su lugar, y un terrible miedo de que su deseo aún no formulado trajera a su hijo mutilado antes de que él pudiera escapar del cuarto hizo presa de él, y le cortó la respiración antes de que se diera cuenta de que había perdido el rastro de la puerta. Con la frente fría por el sudor, tanteó alrededor de la mesa y a lo largo de la pared hasta que se encontró en el pequeño pasillo con el maligno objeto en la mano.

Cuando entró en el dormitorio, hasta el rostro de su mujer le pareció distinto. Estaba ansiosa y blanca y tenía algo sobrenatural. Tuvo miedo de ella.

—Pídelo —gritó con violencia.

—Es absurdo y perverso —balbuceó.

—Pídelo —repitió su esposa.

El hombre levantó la mano.

—Deseo que mi hijo viva de nuevo.

El talismán cayó al suelo y el señor White lo miró con terror. Luego, temblando, se dejó caer en una silla, mientras la anciana, con ojos febriles, se acercaba a la ventana y levantaba la persiana.

El hombre se quedó sentado inmóvil, aterrado; miraba ocasionalmente la silueta de la anciana que escudriñaba por la ventana. El cabo de la vela, quemado hasta el borde del candelabro de porcelana, lanzaba sombras palpitantes sobre el techo y las paredes, hasta que expiró, con una última oscilación. El anciano, con un inexplicable alivio ante el fracaso del talismán, volvió de nuevo a la cama. Minutos después, ella regresó silenciosa y apática a su lado.

No hablaron. Escuchaban en silencio el pulso del reloj. Crujió un escalón, y un ratón se escurrió por la pared. La oscuridad era opresiva, y, después de pasar un rato reuniendo coraje, el señor White buscó la caja de cerillas, encendió una y bajó a por una vela.

Al pie de la escalera la cerilla se apagó, y él se detuvo para encender otra. Al mismo tiempo, sonó un golpe suave, casi imperceptible, en la puerta de entrada.

Las cerillas se le cayeron y se esparcieron por el pasillo. Él permaneció inmóvil, sin respirar, hasta que se repitió el golpe. Huyó a su cuarto, y rápidamente cerró la puerta. Resonó un tercer golpe por toda la casa.

—¿Qué ha sido eso? —dijo la mujer, levantándose de la cama.

—Un ratón —contestó el hombre, con un estremecimiento—, un ratón. Pasó a mi lado por la escalera.

La mujer se había erguido y escuchaba. Un golpe más fuerte que los anteriores retumbó en el aire.

—¡Es Herbert! —gritó ella—. ¡Es Herbert!

Corrió hacia la puerta, pero su esposo la siguió, la tomó de un brazo, y la mantuvo inmovilizada.

—¿Qué vas a hacer? —susurró entonces, con voz quebrada.

—¡Es mi hijo, es Herbert! —gimió ella, luchando por liberarse—. Olvidé que estaba a tres kilómetros de aquí. ¿Por qué me detienes? Déjame ir. Debo abrirle la puerta.

—¡Por el amor de Dios, no lo dejes entrar! —exclamó el anciano, lleno de terror.

—¿Vas a temer a tu propio hijo? —gritó forzando a su marido a soltarla—. Déjame ir. ¡Ya voy, hijo! ¡Voy a verte, Herbert!

Sonó otro golpe, y otro más. La anciana, con un desesperado tirón, se zafó de su esposo y corrió hacia abajo. Él fue detrás de ella, y la llamó angustiosamente al darse cuenta de que bajaba por la escalera. Escuchó cómo soltaba la cadena y quitaba el pasador de la puerta. Luego, la voz jadeante de la anciana llegó hasta él.

—El cerrojo de arriba —gritó—. Ven pronto. No lo alcanzo.

Pero su esposo estaba a gatas sobre el piso, buscando la pata. Si pudiera encontrarla antes de que aquella *cosa* entrase a la casa. Los golpes eran ahora más frenéticos. Oyó que su esposa se apoderó de una silla y la arrastró hasta colocarla junto a la puerta. Descorrió el cerrojo. En ese momento, el anciano encontró la pata de mono y pidió su tercer y último deseo, cuando casi estaba sin aliento.

Los golpes cesaron abruptamente, aunque su eco se quedó en el aire. Escuchó a su esposa mover la silla y abrir la puerta. Una fría corriente de aire se coló hasta la escalera, y un largo lamento de desaliento y dolor de su esposa le dio fuerzas para correr a su lado. Desde la puerta vio el farol que se balanceaba en la acera de enfrente, iluminando un camino solitario y tranquilo.

Ante nuestros ojos se está produciendo un movimiento análogo. Toda la sociedad burguesa moderna, que ha hecho surgir como por encanto tan potentes medios de producción y de cambio, se asemeja al mago que ya no es capaz de dominar las potencias infernales que ha desencadenado con sus conjuros. Basta mencionar las crisis comerciales que, con su retorno periódico, plantean, en forma cada vez más amenazante, la cuestión de la existencia de toda la sociedad burguesa. Durante las crisis, una epidemia social, que en cualquier época anterior habría parecido absurda, se extiende sobre la sociedad: la epidemia de la superproducción. La sociedad se encuentra súbitamente retrotraída a un estado de súbita barbarie: diríase que el hambre, que una guerra devastadora mundial la han privado de todos sus medios de subsistencia; la industria y el comercio parecen aniquilados. ¿Cómo vence esta crisis la burguesía? De una parte, mediante la destrucción obligada de una masa de fuerzas productivas; de la otra, mediante la conquista de nuevos mercados y la explotación más intensa de los antiguos. ¿De qué modo lo hace, pues? Preparando crisis más extensas y más violentas y disminuyendo los medios de prevenirlas.

KARL MARX Y FRIEDRICH ENGELS

Juan José Arreola (1918-2001) está considerado, junto a Rulfo, uno de los puntales de la literatura mexicana. La aparición, en 1952, de *Confabulario*, título que Arreola utilizó para sucesivas recopilaciones de relatos, significó la consagración de su autor.

Franz Kafka nació en 1883 en Praga, en el seno de una familia judía de habla alemana. En 1903 se licenció en derecho, y a partir de 1908 trabajó en el Instituto de Seguros para Accidentes de Trabajo, un empleo que lo obligaría a realizar numerosos viajes a través del viejo imperio austrohúngaro, por entonces en pleno proceso de desmoronamiento. Formó parte de los círculos literarios e intelectuales de su ciudad, pero en vida apenas llegó a publicar algunos de sus escritos, la mayor parte en revistas. En 1922 obtuvo la jubilación anticipada por causa de la tuberculosis, enfermedad que empezó a padecer en 1917 y que le ocasionaría la muerte, ocurrida en 1924 en el sanatorio de Kierling, en las cercanías de Viena.

EL PRODIGIOSO MILIGRAMO

Juan José Arreola

... moverán prodigiosos miligramos.

CARLOS PELLICER

Una hormiga censurada por la sutileza de sus cargas y por sus frecuentes distracciones encontró una mañana, al desviarse nuevamente del camino, un prodigioso miligramo.

Sin detenerse a meditar en las consecuencias del hallazgo, cogió el miligramo y se lo puso en la espalda. Comprobó con alegría una carga justa para ella. El peso ideal de aquel objeto daba a su cuerpo extraña energía: como el peso de las alas en el cuerpo de los pájaros. En realidad, una de las causas que anticipan la muerte de las hormigas es la ambiciosa desconsideración de sus propias fuerzas. Después de entregar en el depósito de cereales un grano de maíz, la hormiga que lo ha conducido a través de un kilómetro apenas tiene fuerzas para arrastrar al cementerio su propio cadáver.

La hormiga del hallazgo ignoraba su fortuna, pero sus pasos demostraron la prisa ansiosa del que huye llevando un tesoro. Un vago y saludable sentimiento de reivindicación comenzaba a henchir su espíritu. Después de un larguísimo rodeo, hecho con alegre propósito, se unió al hilo de sus compañeras, que regresaban todas, al caer la tarde, con la carga solicitada ese día: pequeños fragmentos de hoja de lechuga cuidadosamente recortados. El camino de las hormigas formaba una delgada y confusa cresterία de diminuto verdor. Era imposible engañar a nadie: el miligramo desentonaba violentamente en aquella perfecta uniformidad.

Ya en el hormiguero, las cosas empezaron a agravarse.

Las guardianas de la puerta, y las inspectoras situadas en todas las galerías, fueron poniendo objeciones cada vez más serias al extraño cargamento. Las palabras «miligramo» y «prodigioso» sonaron aisladamente, aquí y allá, en labios de algunas entendidas. Hasta que la inspectora en jefe, sentada con gravedad ante una mesa imponente, se atrevió a unirlas diciendo con sorna a la hormiga confundida: «Probablemente nos ha traído usted un prodigioso miligramo. La felicito de todo corazón, pero mi deber es dar parte a la policía».

Los funcionarios del orden público son las personas menos aptas para resolver cuestiones de prodigios y de miligramos. Ante aquel caso imprevisto por el código penal, procedieron con apego a las ordenanzas comunes y corrientes, confiscando el miligramo con hormiga y todo. Como los antecedentes de la acusada eran pésimos, se juzgó que era un proceso de trámite legal. Y las autoridades competentes se hicieron cargo del asunto.

La lentitud habitual de los procedimientos judiciales iba en desacuerdo con la ansiedad de la hormiga, cuya extraña conducta la indispuso hasta con sus propios abogados. Obedeciendo al dictado de convicciones cada vez más profundas, respondía con altivez a todas las preguntas que se le hacían. Propagó el rumor de que se cometían en su caso gravísimas injusticias, y anunció que muy pronto sus enemigos tendrían que reconocer forzosamente la importancia del hallazgo. Tales despropósitos atrajeron sobre ella todas las sanciones existentes. En el colmo del orgullo, dijo que lamentaba formar parte de un hormiguero tan imbécil. Al oír semejantes palabras, el fiscal pidió con voz estentórea una sentencia de muerte.

En esa circunstancia vino a salvarla el informe de un célebre alienista, que puso en claro su desequilibrio mental. Por las noches, en vez de dormir, la prisionera se ponía a darle vueltas a su miligramo, lo pulía cuidadosamente, y pasaba largas horas en una especie de éxtasis contemplativo. Durante el día lo llevaba a cuestas, de un lado a otro, en el estrecho y oscuro calabozo. Se acercó al fin de su vida presa de terrible agitación. Tanto, que la enfermera de guardia pidió tres veces que se le cambiara de celda. La celda era cada vez más grande, pero la agitación de la hormiga aumentaba con el espacio disponible. No hizo el menor caso a las curiosas que iban a contemplar, en número creciente, el espectáculo de su desordenada agonía. Dejó de comer, se negó a recibir a los periodistas y guardó un mutismo absoluto.

Las autoridades superiores decidieron finalmente trasladar a un sanatorio a la hormiga enloquecida. Pero las decisiones oficiales adolecen siempre de lentitud.

Un día, al amanecer, la carcelera halló quieta la celda, y llena de un extraño resplandor. El prodigioso miligramo brillaba en el suelo, como un diamante inflamado de luz propia. Cerca de él yacía la hormiga heroica, patas arriba, consumida y transparente.

La noticia de su muerte y la virtud prodigiosa del miligramo se derramaron como inundación por todas las galerías. Caravanas de visitantes recorrían la celda, improvisada en capilla ardiente. Las hormigas se daban contra el suelo en su desesperación. De sus ojos, deslumbrados por la visión del miligramo, corrían lágrimas en tal abundancia que la organización de los funerales se vio complicada con un problema de drenaje. A falta de ofrendas florales suficientes, las hormigas saqueaban los depósitos para cubrir el cadáver de la víctima con pirámides de alimentos.

El hormiguero vivió días indescriptibles, mezcla de admiración, de orgullo y de dolor. Se organizaron exequias suntuosas, colmadas de bailes y banquetes. Rápidamente se inició la construcción de un santuario para el miligramo, y la hormiga incomprendida y asesinada obtuvo el honor de un mausoleo. Las autoridades fueron depuestas y acusadas de inepcia.

A duras penas logró funcionar poco después un consejo de ancianas que puso término a la prolongada etapa de orgiásticos honores. La vida volvió a su curso normal gracias a innumerables fusilamientos. Las ancianas más sagaces derivaron entonces la corriente de admiración devota que despertó el miligramo a una forma cada vez más rígida de religión oficial. Se nombraron guardianas y oficiantes. En torno al santuario fue surgiendo un círculo de grandes edificios, y una extensa burocracia comenzó a ocuparlos en rigurosa jerarquía. La capacidad del floreciente hormiguero se vio seriamente comprometida.

Lo peor de todo fue que el desorden, expulsado de la superficie, prosperaba con vida inquietante y subterránea. Aparentemente, el hormiguero vivía tranquilo y compacto, dedicado al trabajo y al culto, pese al gran número de funcionarias que se pasaban la vida desempeñando tareas cada vez menos estimables. Es imposible decir cuál hormiga albergó en su mente los primeros pensamientos funestos. Tal vez fueron muchas las que pensaron al mismo tiempo, cayendo en la tentación.

En todo caso, se trataba de hormigas ambiciosas y ofuscadas que consideraron, blasfemas, la humilde condición de la hormiga descubridora. Entrevieron la posibilidad de que todos los homenajes tributados a la gloriosa difunta les fueran discernidos a ellas en vida. Empezaron a tomar actitudes sospechosas. Divagadas y melancólicas, se extraviaban adrede del camino y volvían al hormiguero con las manos vacías. Contestaban a las inspectoras sin disimular su arrogancia; frecuentemente se hacían pasar por enfermas y anunciaban para muy pronto un hallazgo sensacional. Y las propias autoridades no podían evitar que una de aquellas lunáticas llegara el día menos pensado con un prodigio sobre sus débiles espaldas.

Las hormigas comprometidas obraban en secreto, y digámoslo así, por cuenta propia. De haber sido posible un interrogatorio general, las autoridades habrían llegado a la conclusión de que un cincuenta por ciento de las hormigas, en lugar de preocuparse por mezquinos cereales y frágiles hortalizas, tenía los ojos puestos en la incorruptible sustancia del miligramo.

Un día ocurrió lo que debía ocurrir. Como si se hubieran puesto de acuerdo, seis hormigas comunes y corrientes, que parecían de las más normales, llegaron al hormiguero con sendos objetos extraños que hicieron pasar, ante la general expectación, por miligramos de prodigio. Naturalmente, no obtuvieron los honores que esperaban, pero fueron exoneradas ese mismo día de todo servicio. En una ceremonia casi privada, se les otorgó el derecho a disfrutar una renta vitalicia.

Acerca de los seis miligramos, fue imposible decir nada en concreto. El recuerdo de la imprudencia anterior apartó a las autoridades de todo propósito judicial. Las ancianas se lavaron las manos en consejo, y dieron a la población una amplia libertad de juicio. Los supuestos miligramos se ofrecieron a la admiración pública en las vitrinas de un modesto recinto, y todas las hormigas opinaron según su leal saber y entender.

Esta debilidad por parte de las autoridades, sumada al silencio culpable de la crítica, precipitó la ruina del hormiguero. De allí en adelante cualquier hormiga, agotada por el trabajo o tentada por la pereza, podía reducir sus ambiciones de gloria a los límites de una pensión vitalicia, libre de obligaciones serviles. Y el hormiguero comenzó a llenarse de falsos miligramos.

En vano algunas hormigas viejas y sensatas recomendaron medidas precautorias, tales como el uso de balanzas y la confrontación minuciosa de cada nuevo miligramo con el modelo original. Nadie les hizo caso. Sus proposiciones, que ni siquiera fueron discutidas en asamblea, hallaron punto final en las palabras de una hormiga flaca y descolorida que proclamó abiertamente y en voz alta sus opiniones personales. Según la irreverente, el famoso miligramo original, por más prodigioso que fuera, no tenía por qué sentar un precedente de calidad. Lo prodigioso no debía ser impuesto en ningún caso como una condición forzosa a los nuevos miligramos encontrados.

El poco de circunspección que les quedaba a las hormigas desapareció en un momento. En adelante las autoridades fueron incapaces de reducir o tasar la cuota de objetos que el hormiguero podía recibir diariamente bajo el título de miligramos. Se negó cualquier derecho de veto, y ni siquiera lograron que cada hormiga cumpliera con sus obligaciones. Todas quisieron eludir su condición de trabajadoras, mediante la búsqueda de miligramos.

El depósito para esta clase de artículos llegó a ocupar las dos terceras partes del hormiguero, sin contar las colecciones particulares, algunas de ellas famosas por la valía de sus piezas. Respecto a los miligramos comunes y corrientes, descendió tanto su precio que en los días de mayor afluencia se podían obtener a cambio de una bicoca. No debe negarse que de cuando en cuando llegaban al hormiguero algunos ejemplares estimables. Pero corrían la suerte de las peores bagatelas. Legiones de aficionadas se dedicaron a exaltar el mérito de los miligramos de más baja calidad, fomentando así un general desconcierto.

En su desesperación de no hallar miligramos auténticos, muchas hormigas acarreaban verdaderas obscenidades e inmundicias. Galerías enteras fueron clausuradas por razones de salubridad. El ejemplo de una hormiga extravagante hallaba al día siguiente millares de imitadoras. A costa de grandes esfuerzos, y empleando todas sus reservas de sentido común, las ancianas del consejo seguían llamándose autoridades y hacían vagos ademanes de gobierno.

Las burócratas y las responsables del culto, no contentas con su holgada situación, abandonaron el templo y las oficinas para echarse a la busca de miligramos, tratando de aumentar gajes y honores. La policía dejó prácticamente de existir, y los motines y las revoluciones eran cotidianos. Bandas de asaltantes profesionales aguardaban en las cercanías del hormiguero para despojar a las afortunadas que volvían con un miligramo valioso. Coleccionistas resentidas denunciaban a sus rivales y promovían largos juicios, buscando la venganza del cateo y la expropiación. Las disputas dentro de las galerías degeneraban fácilmente en riñas, y éstas en asesinatos... El índice de mortalidad alcanzó una cifra pavorosa. Los nacimientos disminuyeron de manera alarmante, y las criaturas, faltas de atención adecuada, morían por centenares.

El santuario que custodiaba el miligramo verdadero se convirtió en tumba olvidada. Las hormigas, ocupadas en la discusión de los hallazgos más escandalosos, ni siquiera acudían a visitarlo. De vez en cuando, las devotas rezagadas llamaban la atención de las autoridades sobre su estado de ruina y de abandono. Lo más que se conseguía era un poco de limpieza. Media docena de irrespetuosas barrenderas daban unos cuantos escobazos, mientras decrépitas ancianas pronunciaban largos discursos y cubrían la tumba de la hormiga con deplorables ofrendas, hechas casi de puros desperdicios.

Sepultado entre nubarrones de desorden, el prodigioso miligramo brillaba en el olvido. Llegó incluso a circular la especie escandalosa de que había sido robado por manos sacrílegas. Una copia de mala calidad suplantaba al miligramo auténtico, que pertenecía ya a la colección de una hormiga criminal, enriquecida en el comercio de miligramos. Rumores sin fundamento, pero nadie se inquietaba ni se conmovía: nadie llevaba a cabo una investigación que les pusiera fin. Y las ancianas del consejo, cada día más débiles y achacosas, se cruzaban de brazos ante el desastre inminente.

El invierno se acercaba, y la amenaza de muerte detuvo el delirio de las imprevisoras hormigas. Ante la crisis alimenticia, las autoridades decidieron ofrecer en venta un gran lote de miligramos a una comunidad vecina, compuesta de acaudaladas hormigas. Todo lo que consiguieron fue deshacerse de unas cuantas piezas de verdadero mérito, por un puñado de hortalizas y cereales. Pero se les hizo una oferta de alimentos suficientes para todo el invierno, a cambio del miligramo original.

El hormiguero en bancarrota se aferró a su miligramo como a una tabla de salvación. Después de interminables conferencias y discusiones, cuando ya el hambre mermaba el número de supervivientes en beneficio de las hormigas ricas, éstas abrieron la puerta de su casa a las dueñas del prodigio. Contrajeron la obligación de alimentarlas hasta el fin de sus días, exentas de todo servicio. Al ocurrir la muerte de la última hormiga extranjera, el miligramo pasaría a ser propiedad de las compradoras.

¿Hay que decir lo que ocurrió poco después en el nuevo hormiguero? Las huéspedes difundieron allí el germen de su contagiosa idolatría.

Actualmente las hormigas afrontan una crisis universal. Olvidando sus costumbres, tradicionalmente prácticas y utilitarias, se entregan en todas partes a una desenfrenada búsqueda de miligramos. Comen fuera del hormiguero, y sólo almacenan sutiles y deslumbrantes objetos. Tal vez muy pronto desaparezcan como especie zoológica, y solamente nos quedará, encerrado en dos o tres fábulas ineficaces, el recuerdo de sus antiguas virtudes.

EL PESO DE MI NEGOCIO RECAE POR COMPLETO SOBRE MÍ

Franz Kafka

El peso de mi negocio recae por completo sobre mí. Dos empleadas en la antesala, con máquinas de escribir y libros de contabilidad, y mi despacho, con el escritorio, la caja, la mesa para las visitas, el sillón orejero y el teléfono, son todo mi equipamiento de trabajo. Como se ve, es fácil de controlar y fácil de dirigir. Soy joven y los negocios me van viento en popa; no me quejo. No me quejo. A principios de año, un joven alquiló sin pensárselo mucho el pequeño piso vacío contiguo al mío, que yo, torpemente, había dudado largo tiempo en alquilar. También un despacho con antesala, pero además con cocina. El despacho y la antesala habría podido aprovecharlos —mis dos empleadas ya se sienten a veces desbordadas—, pero para qué me habría servido la cocina. Por culpa de esa duda cicatera me dejé arrebatar el piso de al lado. Y ahora está instalado en él ese joven. Se llama Harras. No sé exactamente qué es lo que hace allí. En la puerta solo pone «Harras, Oficina». He hecho algunas averiguaciones, y me han comunicado que se trata de un negocio parecido al mío, que no existe motivo alguno para negarle un crédito, ya que se trata de un hombre joven y ambicioso cuyo negocio tiene perspectivas de futuro, pero que tampoco parece aconsejable concedérselo, ya que de momento, según todas las apariencias, carece de patrimonio. La información que suele darse cuando no se sabe nada. A veces me encuentro con Harras en la escalera; hasta ahora no he podido observarlo con detenimiento, pues está visto que siempre lleva muchísima prisa, pasa por mi lado a toda velocidad con la llave de la oficina ya preparada en la mano, y en un abrir y cerrar de ojos abre la puerta y se cuela dentro como la cola de una rata, de modo que yo me encuentro otra vez solo delante de la placa «Harras, Oficina», que ya he leído muchas más veces de las que merece. Unas paredes tan lamentablemente delgadas como las nuestras delatan al hombre activo, pero ocultan al deshonesto. Tengo el teléfono instalado en la pared que me separa de mi vecino, pero esto lo subrayo solo como hecho especialmente irónico, ya que, aunque estuviera en la pared opuesta, en el piso de al lado se oiría todo igualmente. He adquirido la costumbre de no pronunciar nunca en voz alta el nombre del cliente con el que hablo por teléfono; sin embargo no hace falta ser demasiado astuto para adivinar los nombres a partir de ciertos giros característicos pero inevitables de la conversación. A veces, con el auricular al oído, bailo de puntillas en torno al aparato, acuciado por la inquietud, y pese a ello no puedo evitar revelar algún secreto. Por culpa de esto, cuando hablo por teléfono mis decisiones sobre los negocios se vuelven más inseguras y mi voz temblorosa. ¿Qué hace Harras mientras yo hablo por teléfono? Exagerando mucho, lo cual a veces es necesario para ver las cosas con claridad, podría afirmar que Harras no necesita teléfono, pues utiliza el mío; tiene el sofá pegado a la pared y se dedica a escuchar; yo, en cambio, cuando suena el teléfono tengo que echar a correr, anotar las demandas del cliente, tomar decisiones trascendentales, desarrollar minuciosas explicaciones para convencer al cliente, y sobre todo, mientras tanto, rendir involuntariamente cuentas a Harras a través de la pared. Quizá ni siquiera espera hasta el final de la conversación, sino que, en cuanto ha escuchado lo suficiente para saber de qué se trata, se levanta, echa a correr por la ciudad, como es habitual en él, y antes de que yo haya colgado el auricular, quizá ya está trabajando contra mí.

Si examinamos, por ejemplo, el curso de los acontecimientos económicos en Inglaterra desde el principio de las guerras con Francia en 1792, pasando por la suspensión de pagos en metálico, la Paz de Amiens, la guerra comercial con Estados Unidos, hasta la crisis de 1809-10, resulta evidente que podríamos explicar, sin caer en absurdos, como debidas «perturbaciones» políticas, todas las fluctuaciones que observamos en nuestro material de investigación. Por otra parte, si seguimos el curso de la crisis mundial hasta la primavera de 1931, podremos descubrir el origen en una serie de hechos causados por la agitación que provocó la reaparición del problema de la unión de Austria con Alemania, y los movimientos de los saldos a corto plazo que entrañó el hecho mencionado. En otras palabras, para comprender los ciclos económicos debemos adquirir lo que llamaremos experiencia histórica. Ésta es una de las razones de por qué el conocimiento de hechos pasados tiene una importancia práctica trascendental y en algunos aspectos de mayor importancia que al aumentar nuestro acervo de acontecimientos contemporáneos, que acrecientan nuestros conocimientos con el tiempo sólo en forma muy lenta.

JOSEPH A. SCHUMPETER

Francisco Ayala nació en Granada en 1906. Fue catedrático de sociología y ciencias políticas en la Universidad de Madrid, cargo en el que permaneció hasta 1936. Al finalizar la guerra civil se exilió a Buenos Aires, donde publicó algunas de sus obras e impartió clases de sociología en la Universidad de La Plata de 1939 a 1950. Más tarde se trasladó a Puerto Rico y de allí pasó a Princeton, Nueva York y Chicago, donde fue profesor de literatura española. Regresó definitivamente a España en 1980. A lo largo de su extensa vida ha recibido numerosos reconocimientos: es doctor Honoris Causa por varias universidades, es miembro de la Real Academia Española desde 1983 y ha sido propuesto en diversas ocasiones como candidato para el Nobel.

José Maria Eça de Queirós (1845-1900) cursó estudios en la facultad de derecho de la Universidad de Coimbra, donde entró en contacto con las corrientes romántica y positivista. Es el autor de *El crimen del padre Amaro* (1875), *El primo Basilio* (1878), *La reliquia* (1887), *Los Maia* (1888) y *La ciudad y las sierras*, de publicación póstuma.

VIOLACIÓN EN CALIFORNIA

Francisco Ayala

Lo que es en esta dichosa profesión mía —dijo a su mujer en llegando a casa el teniente de policía E. A. Harter— nunca termina uno, la verdad sea dicha, de ver cosas nuevas.

A cuyo exordio, ya ella sabía muy bien que había de seguir el relato, demorado, lleno de circunloquios y plagado de detalles, del caso correspondiente; pero, por supuesto, no antes de que el teniente se hubiera despojado del correaje y pistola, hubiera colgado la guerrera al respaldo de su silla y, sentado ante la mesa, hubiera empezado a comer trocitos de pan con manteca mientras Mabel terminaba de servir la cena e, instalada frente a él, se disponía a escucharlo.

Sólo entonces hizo llegar, en efecto, a sus oídos medio atentos una nueva obertura que, en los términos siguientes, preludiaba un tema de particular interés:

—Los casos de violación son, claro está, plato de cada día —sentenció Harter—; pero ¿a que tú nunca habías oído hablar de la violación de un hombre por mujeres? Pues, hijita, hasta ese extremo hemos llegado, aunque te parezca mentira e imposible.

—¿Un hombre por mujeres?

—Un hombre violado por mujeres.

Después de una pausa, pasó el teniente a relatar lo ocurrido: cierto infeliz muchacho, un alma cándida, viajante de comercio, había sido la víctima del atentado que, sin aliento, acudió enseguida a denunciar en el puesto de policía. Según el denunciante —y su estado de excitación excluía toda probabilidad de una farsa—, dos mujeres a quienes, por imprudente galantería, había accedido a admitir en su coche mientras el de ellas, dizque descompuesto, quedaba abandonado en la carretera, lo obligaron, pistola en mano, a apartarse del camino y, siempre bajo la amenaza de las armas, llegados a lugar propicio, esto es, un descampado y tras de unas matas, lo habían forzado a hacerle eso por orden sucesivo, a una primero y a la otra después. Sólo cuando hubo satisfecho sus libidinosas exigencias lo dejaron libre de regresar a su automóvil y huir despavorido a refugiarse en nuestros brazos.

—¿Y ellas, mientras?

—Eso le pregunté yo enseguida. Le dimos un vaso de agua para que se tranquilizara y, algo repuesto del susto, pudo por fin ofrecer indicaciones precisas acerca de ellas. Indicaciones precisas, detalles: eso es lo que deseábamos todos. ¿Te imaginas la expectación, querida? Yo ya me veía venir la reacción de los muchachos; me los conozco; era inevitable. Siempre que nos cae un caso pintoresco —y no escasean, por Dios— sucede lo mismo en la oficina; cada cual se hace el desentendido, finge ocuparse de alguna otra cosa, y sólo interviene de cuando en cuando con aire desganado y como por casualidad, para volver enseguida a hundir las narices en sus papelotes, dejándole a otro el turno. Una comedia bien urdida para sacarle a la situación todo el jugo posible, sin abusar, y sin perjuicio de nadie, bien entendido; pues para algo estoy ahí yo, que soy el jefe... «¿Y ellas?», preguntó el sargento Candamo, como lo has preguntado tú. «¿Y ellas?», pregunté yo también. Todos teníamos esa pregunta en los labios. El asunto prometía, desde luego, dar mucho juego. ¿Y ellas? Pues ellas, dos jovenzuelas de entre dieciocho y veintitantos años, desaparecieron también echando gas en otro automóvil que tenían escondido un poco más allá, prueba evidente —como yo digo— de su premeditación. «Se largaron por fin aliviadas», comentó Lange; pero esta frase le valió una mirada severa, no sólo mía, sino de sus propios compañeros: no había llegado aún el momento; bien podía guardarse sus chuscadas, el majadero. Lo que procedía ahora era fijar bien las circunstancias para procurar, dentro de su cuadro, la identificación de aquellas palomas torcaces. No había duda, por lo pronto, de que el lance lo habían premeditado cuidadosamente. En primer lugar, las dos amigas, cada una en su respectivo automóvil, se dirigen al punto previamente elegido como escenario de su hazaña, y allí dejan, medio oculto entre los arbustos, el de una de ellas, volviendo ambas con el otro a la carretera. Se detienen, simulan una avería del motor, y cuando ven aparecer a un hombre solo en su máquina le hacen señas de que se detenga, piden su ayuda y consiguen que las suba para acercarlas siquiera hasta la primera estación de servicio. ¿Cómo podía negarse a complacerlas nuestro galante joven? Charlan, ríen. Y la que está sentada junto a él le dice de improviso con la mayor naturalidad del mundo: «Mire, amigazo; la señorita, ahí detrás, tiene una pistola igual que ésta (y le enseña una que ella misma acaba de extraer de su bolso) para volarle a usted los sesos si no obedece enseguida cuanto voy a decirle». Hace una pausa para permitir al pobre tipo que, aterrado, compruebe mediante el espejito retrovisor cómo, en efecto, el contacto frío que está sintiendo en la nuca proviene de la boca de una pistola; y acto seguido le ordena tomar la primera sendita a la derecha, ésta, sí, por acá, eso es, y seguir hasta el lugar previsto. Allí, una vez consumada la violación, las dos damiselas abordan el automóvil que antes se habían dejado oculto, y regresan al punto donde abandonaron el otro con la supuesta avería para desaparecer cada cual por su lado.

—¿Y no les hubiera sido mucho más fácil, y más seguro, me pregunto yo, en vez de tanta complicación, usar un solo coche y volverse a buscarlo luego en el de la víctima; digo, en el del muchacho, dejándolo así a pie al pobre gato?

—Sin duda; pero lo que hicieron fue eso otro, tal como te lo cuento. ¡Váyase a saber por qué!

—De cualquier modo eso facilitará, supongo, la tarea de dar con ellas, ¿no? Los datos de dos automóviles...

—¿Qué datos, si el muy bobo no se fijó en nada? Primero, encandilado con las bellezas de carretera, apenas puede indicar que se trataba de un Plymouth no muy nuevo, azul oscuro, cree; ni número de matrícula, ni nada. Y respecto del segundo auto, con la nerviosidad de la situación, cuando quiso reparar ya ellas habían transpuesto.

—¡Qué bobo!

«Y ¿por qué no las seguiste, siquiera a la distancia!», va y le pregunta el sargento Candamo. «Hasta que no me metí los pantalones y pude reaccionar, ya ellas se habían perdido de vista.» También, hay que ponerse en el caso del infeliz. Él temía que no iban a dejarlo escapar así; se temía que, después de haber abusado de él, irían a matarlo. Se comprende: estaba azorado. En cambio, sí nos ha podido suministrar con bastante exactitud las señas personales de esas forajidas. Sobre este punto, figúrate, los muchachos lo han exprimido como limón.

—Y tú, que lo permitiste.

—Por la conveniencia del servicio. Podrán ellos haberse regodeado (discretamente), no digo que no; pero es lo cierto que a los fines de la investigación cualquier insignificancia resulta en ocasiones inapreciable. Nadie sabe. De manera que los dejé estrujar el limón, apurarlo hasta el último detalle. Hojas y hojas han llenado con los datos; ahora, claro, será menester resumirlos para confeccionar un prontuario manejable. Al parecer, la que subió al lado suyo junto al volante era quien domina y manda. Y también la más bonita de las dos, para su gusto: una rubia pequeñita, muy blanca, ojos azules, y con tal vocecita de nena que cuando, pistola en mano, empezó a darle instrucciones, creyó él al principio que estaba de broma. ¡Menuda broma! Hasta ese instante, la encantadora criatura había empleado un lenguaje mimosón, con mucho meneo de ojos. Ahora, afirma él, se le puso cruel y fría la mirada. Él tiene que dramatizarlo, qué remedio. Aunque todo el personal a mis órdenes supo guardar la debida compostura, el denunciante quizás comenzaba a sentirse ridículo... En cuanto a la otra prójima, que apenas había hablado y apenas lo había mirado, era más alta (en fin, no mucho: estatura corriente) y algo más recia, tirando también a rubia, pero con los ojos oscuros, y uñas muy pintadas. Las dos, más o menos bien vestidas, sin que el imbécil haya sido capaz tampoco de agregar grandes particularidades sobre su vestimenta.

—¡Qué imbécil!

—Hay que ponerse en su pellejo. En realidad, no da la impresión de tonto, ni mucho menos. Es todavía un chiquillo, veinticuatro años. Y como viajante de comercio parece desempeñarse bien. Pero las circunstancias, hay que reconocerlo... «Y usted, un hombre como un castillo, en la flor de la edad, ¿necesita que ninfas semejantes lo obliguen por la fuerza a hacerles un favorcito?», le reprochó, medio indignado, medio burlesco, el barbarote de Lange, que hasta entonces no había vuelto a meter cuchara. Ante salida tan indiscreta (pero ya sabes cómo es Lange), nuestro joven denunciante se ruborizó un poco, tuvo una sonrisita de turbación, y terminó por protestar, sacando el pecho, de que él hubiera cumplido con mil amores y sin necesidad de coacción alguna lo que le exigían sus asaltantes. Confesó, incluso, que al recogerlas de la carretera contraviniendo los consejos oficiales contra el llamado autoestop (consejos cuya prudencia reconocía ahora demasiado tarde), no dejó de hacerse algunas ilusiones sobre los eventuales frutos que su gentileza pudiera rendirle. No: ¿qué había de necesitar él intimidaciones para una cosa por el estilo? Sólo que aquel par de arpías lo que por lo visto querían era precisamente eso, la violencia, sin la cual (por lo visto) no le encontraban gracia al asunto. Más de una vez y más de dos les había pedido él que depusieran las inútiles armas, pues estaba muy dispuesto a complacerlas en cuanto desearan, pero que debían comprender cuán difícil le resultaría hacerlo bajo condiciones tales. De nada valieron, sin embargo, súplicas ni promesas, que sólo parecían excitar su rigor. Así, pues, una vez en el lugar previsto, y siempre bajo la amenaza de las dos pistolas, oyó que la rubita le ordenaba perentoriamente que procediera a actuar en beneficio suyo; para cuyo efecto pasó a su compañera la embarazosa pistola con instrucciones de disparar, diestra y siniestra, sobre el inerme joven si éste remoloneaba en cumplir dicho cometido, al tiempo que, por su parte, lo facilitaba, tendiéndose a la expectativa sobre la arena caliente. Es de saber que ninguna de las dos socias (dicho sea entre paréntesis) llevaba nada bajo la falda: más que evidente resulta, pues, la premeditación. Pero ¿cómo hubiera podido él ejecutar lo que se le pedía bajo intimidación tan grave? Te imaginarás, Mabel, que, por razones técnicas, forzar a un hombre es mucho más difícil que forzar a una mujer; y el pobre muchacho, que se apresuró a mostrar sus buenas disposiciones despojándose de la ropa, procuraba ganar tiempo e insistía en convencer a sus raptoras de que, para lo demás, aun con la mejor voluntad del mundo, y aunque lo mataran, no conseguiría hacer lo mandado si antes no lo exoneraban del mortal apremio. Hasta que, por fin, la rubita, alzándose del suelo, desgajó una rama y empezó a golpearle con fría furia sobre el flojo miembro, mientras que la otra se reía odiosamente. ¡Santo remedio! No hay duda de que el castigo, por triste que resulte admitirlo, hace marchar a los renuentes y perezosos. Ahora, el joven (a la vista estaba) podía responder ya a lo que se esperaba de él; y, en efecto, no dejó de aplicarse con ahínco a la obra, a pesar de que, entretanto, la otra pájara, insultándolo y llamándole cagón, empezó a propinarle puntapiés y taconazos en el desnudo trasero, de los cuales (afirmó el denunciante) le quedaba todavía el dolor y, seguramente, la huella...

»Con eso y todo (fíjate, mujer, cómo es la gente), aún presume el majadero (porque la presunción humana carece de límites), aún alardea y se jacta de sus viriles rendimientos, «no obstante lo adverso de la situación», dice él, tanto durante esa primera prueba como en la segunda, cuando, cambiando de papeles, la saciada rubita se hizo cargo de las pistolas para dar ocasión a que su compinche se echara también sobre la arena... Cuando todo se hubo consumado, «entonces (declaraba el joven) fue que me entró el verdadero terror. Ahorita me matan, pensé». Y lo cierto es que no le faltaban motivos para temerlo. Pero, ya ves lo que son las cosas, no ocurrió así. Ellas se marcharon tan tranquilas, después de darle las gracias por todo con fina sorna. Y él, desgraciado, corrió a refugiarse en los brazos de mamá, es decir, en el puesto de policía, donde apenas si lograba explicarse cuando, como una tromba, entró por aquellas puertas.

—Y ahora, ¿qué?

—Ahora habrá que hacer toda clase de diligencias para buscar a las dos tipas. Por supuesto, yo no he consentido (ya me conoces), no he permitido ni por un momento que al pobre inocente se le tome el pelo, como empezaban a hacerlo poco a poco los muchachos, no bien hubo soltado hasta el último detalle del lamentable episodio, con preguntas acerca de si en tal ocasión había perdido la virginidad o de qué castigo creía él que merecían sus violadoras. Pero la verdad es que no veo yo lo que pueda adelantar el cuitado con su denuncia, ni qué pensará sacar en limpio de todo esto. Si se las encuentra, y no dudo que daremos con ellas, presentarán su propia versión del asunto, date cuenta la especie de percantas que han de ser; afirmarán que todo fue una broma, que él tuvo la culpa, que las pistolas eran de juguete, o que no había tales, o quién sabe qué. Y la gente, cuando se entere, no hay duda que va a tomarlo en pura chanza... Pero yo estoy convencido, como te digo, de que cuanto ha contado el muchacho es rigurosamente exacto; y en manera alguna me parece que sea motivo de chanza. No, de ninguna manera. Muy al contrario, de la mayor preocupación. Encuentro en ello un signo de los tiempos y un signo demasiado alarmante. Para mí, qué quieres que te diga, Mabel: eso es todo lo que me faltaba por ver en este mundo: mujeres violando a un hombre.

Mabel se quedó callada, y luego de un rato dijo a su marido, que parecía absorto en la operación de pelar un durazno sobre el plato, vacío ya, de su rosbif:

—¿Sabes de qué me estoy acordando? Me estoy acordando de lo ocurrido con las hermanas López, allá en Santa Cecilia.

—¿Qué hermanas López?

—¿Cómo que qué hermanas López? Las López, ¿no te acuerdas? En Santa Cecilia.

Mabel era de Santa Cecilia, Nuevo México; allí la había conocido su futuro marido, el entonces cabo Harter.

—¿Cómo no vas a acordarte, hombre; si fue un escándalo tremendo?

Pero fue ella quien se acordó ahora de que el caso había sucedido durante los años de la guerra, cuando todavía Harter, incorporado a la Marina, estaba peleando en las islas del Pacífico.

—De todas maneras, raro sería que yo no te lo hubiera referido en alguna carta; durante aquellas semanas se habló más de eso en Santa Cecilia que de la guerra misma o de cualquier otro asunto. Bueno, poco importa.

Lo ocurrido era, en pocas palabras, que a las hermanas López, unas señoritas aburridas —«ya tú sabes cómo esas gentes son»—, les vino la idea, para distraer su pesado encierro, de llamar por la ventana a Martín, el tonto del pueblo —¿tampoco se acordaba Harter del tonto Martín, irrisión de cuanto vago...?—. Habían llamado, pues, a Martín bajo pretexto de darle un traje desechado de su padre, pero con el sano propósito de estudiar *in anima vili* las peculiaridades anatómicas del macho humano, apagando mediante una exploración a mansalva la sed de conocimiento que torturaba a sus caldeadas imaginaciones. Pero sí; ¡fíese usted de los deficientes mentales! *Anima vili*, quizás; pero no desde luego cuerpo muerto; el caso es que, tonto y todo, Martín se aficionó a los ávidos toqueteos de las señoritas, y pronto pudo vérsele en permanente centinela frente a su ventana. Allí, hilando baba de la mañana a la noche, pasaba el bobo su vida ociosa; impaciente, exigente, y nunca satisfecho con platos de comida ni con monedas. Tampoco parece que las amenazas lo ahuyentaran; y seguramente alguna otra ocasional concesión, lejos de calmarlo, aumentaba sus apetitos bestiales. Desde luego, los malpensados lo sonsacaban y los malintencionados lo empujaban. Gruñidos, risotadas y ademanes, y el brillo idiota de sus ojuelos («pero ¿no te acuerdas de él, hombre?»), el resultado es que se descubrió el pastel, o, por lo menos, amenazaba descubrirse; y se comprenderá el pánico que debió de apoderarse de las pudibundas vestales... Finalmente, el día menos pensado, amaneció muerto Martín, y la autopsia pudo descubrir en su estómago e intestinos pedacitos de vidrio. No hay que decir cuánto se murmuró, dando por hecho que las señoritas López lo habrían obsequiado con algún manjar confeccionado especialmente para él por sus manos primorosas; pero ¿cómo probar nada? Ni ¿quién iba a acusarlas?, ¿sobre qué base? Nada impedía tampoco que el tonto se hubiera tragado una de esas mortales albóndigas que se echan a los perros para exterminarlos; o cualquier otra cosa: de un pobre idiota puede suponerse todo. Y por lo demás, la historia con las López no había pasado nunca de habladurías, chisme y soeces maledicencias. Con que todo se quedó ahí.

—¿Y tú crees...?

—Pues ¿quién sabe? Hoy día estarán hechas unas viejas beatas, las famosas hermanas López.

—Tú te has acordado de esa historia añeja a propósito de la violación de hoy.

—Ya ves: tu joven viajante de comercio ha salido mejor librado que aquel pobre Martín.

—Lo que tú quieres decirme con eso es que, después de todo, no hay nada nuevo bajo el sol de California.

EL TESORO

José Maria Eça de Queirós

I

Los tres hermanos de Medranhos, Rui, Guanes y Rostabal, eran entonces, en todo el reino de Asturias, los hidalgos más hambrientos y los más remendados.

En los pazos de Medranhos, a los que el viento de la sierra había llevado vidrios y tejas, pasaban ellos las tardes de ese invierno, encogidos en sus pellizas de camelote, golpeando las suelas rotas sobre las lajas de la cocina, delante de la vasta chimenea negra, en la que, desde hacía mucho tiempo, no estallaba lumbre ni hervía la cazuela de hierro. Al oscurecer, devoraban una corteza de pan negro untada con ajo. Después, sin candela, a través del patio, hendiendo la nieve, iban a dormir a la caballeriza, para aprovechar el calor de las tres yeguas lazarosas que, famélicas como ellos, roían las vigas del pesebre. Y la miseria había vuelto a estos señores más bravíos que lobos.

Pero, en primavera, una silenciosa mañana de domingo, andando los tres por la mata de Roquelanes, espiando pisadas de caza y cogiendo setas entre los robles, mientras las tres yeguas pastaban la hierba fresca de abril, los hermanos de Medranhos encontraron, detrás de un matorral de espinos, en una cueva excavada en la roca, un viejo cofre de hierro. Como si lo resguardase una torre segura, había conservado sus tres llaves en sus tres cerraduras. Sobre la tapa, difícil de descifrar a través de la herrumbre, corría un dístico en letras árabes. Y dentro, hasta los bordes, ¡estaba lleno de doblones de oro!

Entre el terror y el esplendor de la emoción, los tres señores se quedaron más pálidos que cirios. Después, enterrando furiosamente las manos en el oro, reventaron a reír, con una risa de tal ímpetu que las hojas tiernas de los olmos, alrededor, temblaban... Y de nuevo retrocedieron, bruscamente se encararon, con los ojos llameantes, con una desconfianza tan desabrida que Guanes y Rostabal palpaban en sus cinturones los mangos de las grandes facas. Entonces, Rui, que era gordo y pelirrojo y el más despabilado, levantó los brazos, como un árbitro, y empezó por decidir que el tesoro, viniese de Dios o del demonio, pertenecía a los tres, y entre ellos se repartiría, escrupulosamente, pesándose el oro en balanzas. Pero ¿cómo podrían cargar hasta Medranhos, en la cima de la sierra, aquel cofre tan lleno? Tampoco convenía que saliesen de la mata con su bien, antes de que cerrase la oscuridad. Por eso él entendía que el hermano Guanes, como más ligero, debía trotar hasta la villa vecina de Retortilho, llevando ya oro en la bolsilla, para comprar tres alforjas de cuero, tres maquilas de cebada, tres empanadas de carne y tres botellas de vino. Vino y carne eran para ellos, que no comían desde la víspera; la cebada era para las yeguas. Y, así repuestos, señores y cabalgaduras ensacarían el oro en las alforjas y subirían para Medranhos, bajo la seguridad de la noche sin luna.

—¡Bien tramado! —gritó Rostabal, hombre más alto que un pino, con largas guedejas y una barba que le caía desde los ojos entreverados de sangre hasta la hebilla del cinturón.

Pero Guanes no se separaba del cofre, arrugado, desconfiado, estirando entre los dedos la piel negra de su cuello de grulla. Por fin, brutalmente:

—¡Hermanitos! El cofre tiene tres llaves... ¡Yo quiero cerrar mi cerradura y llevar mi llave!

—¡También yo quiero la mía, qué rayos! —rugió enseguida Rostabal.

Rui se sonrió. ¡Claro, claro! A cada dueño del oro le cabía una de las llaves que lo guardaban. Y cada uno en silencio, agachado ante el cofre, cerró su cerradura con fuerza. Inmediatamente, Guanes, despejado, saltó en la yegua, enfiló por la vereda de olmos, camino de Retortilho, lanzando a las ramas su cantiga acostumbrada y doliente:

¡Olé! ¡Olé!
Sale la cruz de la iglesia,
vestida de negro luto...

II

En el claro, frente al matorral que encubría el tesoro (y que los tres habían desbastado a cuchilladas), un hilo de agua, brotando entre rocas, caía sobre una vasta laja excavada, en la que hacía como un estanque, claro y quieto, antes de filtrarse hacia los herbajes altos. Y al lado, en la sombra de una haya, yacía un viejo pilar de granito, tumbado y musgoso. Allí fueron a sentarse Rui y Rostabal, con sus tremendos espadones entre las rodillas. Las dos yeguas mordisqueaban la buena hierba pintarrajeada de ranúnculos y amapolas. Por el enramado silbaba un mirlo. Un olor errante de violetas endulzaba el aire luminoso. Y Rostabal, mirando al sol, bostezaba con hambre.

Entonces, Rui, que se había quitado el *sombrero* y le atusaba las viejas plumas de color morado, empezó a considerar, con su habla discreta y mansa, que Guanes, esa mañana, no había querido bajar con ellos a la mata de Roquelanes. ¡Y así era la suerte ruin! ¡Porque si Guanes se hubiese quedado en Medranhos, tan sólo ellos dos habrían descubierto el cofre, y tan sólo entre ellos dos se repartiría el oro! ¡Qué pena! Tanto más que la parte de Guanes sería en breve disipada con rufianes, a los dados, por las tabernas.

—¡Ah, Rostabal, Rostabal! ¡Si Guanes, paseando por aquí él solito, hubiese encontrado este oro, no lo dividiría con nosotros, Rostabal!

El otro refunfuñó sordamente y con furor, tirando de sus barbas negras:

—¡No, qué rayos! Guanes es ambicioso… ¡Cuando el año pasado, si te acuerdas, le ganó los cien ducados al espadero de Fresno, ni siquiera quiso prestarme tres para comprarme un jubón nuevo!

—¿Lo ves? —gritó Rui, resplandeciendo.

Ambos se habían levantado del pilar de granito, como llevados por la misma idea, que los deslumbraba. Y, a través de sus largas pisadas, las hierbas altas silbaban.

—¿Y para qué? —proseguía Rui—. ¿Para qué le sirve todo el oro que nos lleva? ¿Tú no lo oyes de noche, cómo tose? Alrededor de la paja en que duerme, todo el suelo está negro de la sangre que escupe. ¡No dura hasta las otras nieves, Rostabal! Pero hasta entonces habrá dilapidado unos buenos doblones que deberían ser nuestros, para que levantásemos nuestra casa, y para que tú tuvieses caballos, y armas, y trajes nobles, y tu tercio de solariegos, como compete a quien es, como tú, el mayor de los de Medranhos…

—¡Pues que muera, y muera hoy! —gritó Rostabal.

—¿Quieres?

Vivamente, Rui había sujetado el brazo de su hermano y apuntaba hacia la vereda de olmos, por donde Guanes había partido canturreando.

—Más adelante, al final del sendero, hay un buen sitio, en los zarzales. Y has de ser tú, Rostabal, que eres el más fuerte y el más diestro. Un golpe de punta por la espalda. Y es justicia de Dios que seas tú, que muchas veces, en las tabernas, sin pudor, Guanes te llamaba «cerdo» y «torpe», porque no sabías de letras ni de números.

—¡Malvado!

—¡Ven!

Fueron. Ambos se emboscaron por detrás de un zarzal que dominaba el atajo, estrecho y pedregoso como un lecho de torrente. Rostabal, agazapado en la valla, ya tenía la espada desnuda. Un viento leve pasó un escalofrío en la cuesta a las hojas de los álamos, y sintieron el leve repicar de las campanas de Retortilho. Rui, rascándose la barba, calculaba las horas por el sol, que ya se inclinaba hacia las sierras. Una bandada de cuervos pasó sobre ellos, graznando. Y Rostabal, que les había seguido el vuelo, volvió a bostezar de nuevo, con hambre, pensando en las empanadas y en el vino que el otro traía en las alforjas.

¡En fin! ¡Alerta! Era, en la vereda, la cantiga doliente y ronca lanzada a las ramas:

¡Olé! ¡Olé!
Sale la cruz de la iglesia,
toda vestida de negro...

Rui murmuró:

—¡En la ijada! ¡En cuanto pase!

El trote menudo de la yegua golpeaba el cascajo, la pluma de un *sombrero* flameó roja sobre la punta de las zarzas.

Rostabal irrumpió de entre la zarza por una brecha, sacó el brazo, la larga espada, y toda la lámina se embebió blandamente en la ijada de Guanes, cuando, al rumor, bruscamente, él se había girado en la montura. Con un ímpetu sordo, cayó de lado sobre las piedras. Ya Rui se lanzaba a los frenos de la yegua; Rostabal, cayendo sobre Guanes, que jadeaba, le clavó de nuevo la espada, agarrada por la hoja como un puñal, en el pecho y en la garganta.

—¡La llave! —gritó Rui.

Y, arrancada la llave del cofre al seno del muerto, ambos se largaron por la vereda: Rostabal delante, huyendo, con la pluma del *sombrero* rota y torcida, la espada todavía desnuda apretada bajo el brazo, todo encogido, horripilado con el sabor de la sangre que le había llegado a la boca; Rui, detrás, tiraba desesperadamente de los frenos de la yegua, que, con las patas hincadas en el suelo pedregoso, mostrando su larga dentadura amarilla y saliente, no quería dejar a su amo así, estirado, abandonado, a lo largo de los setos.

Tuvo que espolearle las ancas escuálidas con la punta de la espada, y corriendo sobre ella, la lámina alta, como si persiguiese a un moro, desembocó en el claro donde el sol ya no doraba las hojas. Rostabal había tirado a la hierba el *sombrero* y la espada; e, inclinado sobre la laja excavada en tanque, arremangado, lavaba ruidosamente la cara y las barbas.

La yegua, quieta, empezó a pastar otra vez, cargada con las alforjas nuevas que Guanes había comprado en Retortilho. De la más ancha, abarrotada, surgían dos cuellos de botella. Entonces, Rui sacó, lentamente, del cinto su gran navaja. Sin un rumor en la hierba espesa, se deslizó hasta Rostabal, que resollaba, con sus largas barbas pingando. Y, serenamente, como si clavase una estaca en un macizo, enterró toda la hoja en el ancho dorso doblado, certera sobre el corazón.

Rostabal cayó sobre el estanque, sin un gemido, con el rostro en el agua, los largos cabellos flotando en el agua. Su vieja escarcela de cuero se había quedado presa bajo su muslo. Para sacar de dentro la tercera llave del cofre, Rui levantó el cuerpo, y una sangre más gruesa chorreó, escurrió por el borde del estanque, humeando.

III

¡Ahora eran suyas, sólo suyas, las tres llaves del cofre...! Y Rui, estirando los brazos, respiró deliciosamente. Apenas cayese la noche, con el oro metido en las alforjas, guiando la fila de las yeguas por los caminos de la sierra, subiría a Medranhos y enterraría su tesoro en la bodega. Y cuando, allí en la fuente, y allá junto a los zarzales, sólo quedasen, bajo las nieves de diciembre, algunos huesos sin nombre, él sería el magnífico señor de Medranhos, y en la capilla nueva del solar renacido mandaría decir ricas misas por sus dos hermanos muertos... ¿Muertos cómo? Como deben morir los de Medranhos: ¡luchando contra el Turco!

Abrió las tres cerraduras, cogió un puñado de doblones y los hizo tintinear sobre las piedras. ¡Qué oro tan puro, de finos quilates! ¡Y era *su oro*! Después fue a comprobar la capacidad de las alforjas, y, encontrando las dos botellas de vino y un gordo capón asado, sintió un hambre atroz. Desde la víspera sólo había comido una tajada de pescado seco. ¡Y cuánto tiempo sin probar un capón!

¡Con qué gusto se sentó en la hierba, con las piernas abiertas, y entre ellas el ave dorada, que olía a gloria, y el vino de color ámbar! ¡Ah! Guanes había sido buen mayordomo, ni siquiera se había olvidado de las aceitunas. Pero ¿por qué había traído, para tres comensales, sólo dos botellas? Cortó un ala del capón: la devoraba a grandes dentelladas. La tarde caía, pensativa y dulce, con pequeñas nubes de color rosa. Más allá, en la vereda, graznaba una bandada de cuervos. Las yeguas, hartas, dormitaban, con el hocico pendido. Y la fuente cantaba, lavando al muerto.

Rui elevó a la luz la botella de vino. Con aquel color viejo y caliente, no habría costado menos de tres maravedíes. Y, llevando el cuello a la boca, bebió con sorbos lentos, que hacían ondular su pescuezo peludo. ¡Oh, vino bendito, que tan prontamente calentaba la sangre! Tiró la botella vacía, destapó otra. Pero, como era prudente, no bebió, porque la jornada en la sierra, como el tesoro, requería firmeza y acierto. Extendido sobre un codo, descansando, pensaba en Medranhos cubierto de teja nueva, en las altas llamas de la chimenea en noches de nieve, y en su lecho con brocados, en el que siempre tendría mujeres.

De repente, tomado de una ansiedad, tuvo prisa en cargar las alforjas. Entre los troncos, la sombra se hacía más densa. Acercó una de las yeguas junto al cofre, levantó la tapa, tomó un puñado de oro... Pero osciló, soltando los doblones, que tintinearon en el suelo, y llevó las dos manos angustiadas al pecho. ¿Qué ocurre, don Rui? ¡Rayos de Dios! Era un fuego, un fuego vivo, que se le había encendido dentro, subiéndole hasta la garganta. Ya se había rasgado el jubón, sus pasos eran inciertos, y, jadeante, con la lengua colgando, limpiaba las gruesas gotas de un sudor horrendo que lo dejaba helado como la nieve. ¡Oh, madre mía! ¡Otra vez el fuego, más fuerte, que lo lastraba, que lo roía! Gritó:

—¡Socorro! ¡Alguien! ¡Guanes! ¡Rostabal!

Sus brazos torcidos golpeaban el aire desesperadamente. Y la llama, dentro, trepaba: sentía los huesos estallarle como las vigas de una casa ardiendo.

Se tambaleó hasta la fuente para apagar aquella llamarada, tropezó sobre Rostabal, y con la rodilla apoyada en el muerto, arañando la roca, entre aullidos, buscaba el hilo de agua, que recibía sobre los ojos, sobre el cabello. Pero el agua lo quemaba más, como si fuese un metal derretido. Retrocedió, cayó encima del césped, que arrancaba a puñados y que mordía, mordiéndose los dedos, para chupar su frescura. Aún se levantó, con una baba densa escurriéndosele por las barbas; y, de repente, desencajando pavorosamente los ojos, berreó como si comprendiese al fin la traición, todo el horror:

—¡Es veneno!

¡Oh! Don Rui, el listo, ¡era veneno! Porque Guanes, tan pronto como había llegado a Retortilho, antes incluso de comprar las alforjas, a toda prisa, y cantando, se dirigió a una callejuela, por detrás de la catedral, para comprarle al viejo droguero judío el veneno que, mezclado con el vino, lo convertiría a él, y solamente a él, en dueño de todo el tesoro.

Anocheció. Dos cuervos, de entre la bandada que graznaba allá en los zarzales, ya se habían posado sobre el cuerpo de

Guanes. La fuente, cantando, lavaba al otro muerto. Medio enterrado en la hierba negra, todo el rostro de Rui se había vuelto negro. Una estrellita centelleaba en el cielo.

El tesoro todavía se encuentra allí, en la mata de Roquelanes.

Creedme, como alguien que ha visto de primera mano un considerable número de crisis internacionales, no pueden ser manejadas sin un conocimiento de la historia.

PIERRE SALINGER

Arturo Barea (1897-1957), escritor autodidacta de honda raíz popular y periodista, es el autor de *La forja de un rebelde* (primera edición inglesa de 1941-1944; versión española de 1951), una autobiografía novelada en tres partes que ha sido reconocida universalmente como uno de los testimonios más estremecedores que se hayan escrito sobre la guerra civil española y sus antecedentes inmediatos. Parte de sus numerosos escritos inéditos fueron recogidos en el libro *Palabras recobradas. Textos inéditos* (2000), así como sus *Cuentos completos* (2001), junto a *La forja de un rebelde*, son sus obras más conocidas.

Robert Louis Stevenson (1850-1984) fue uno de los autores más populares de su época. Su literatura, que incluye poesía, narración y ensayo, pero también el sermón, la plegaria y el género epistolar, es de un estilo espléndido, notable por su perfección y discreción, además de entretenida.

CLEPTOMANÍA

Arturo Barea

Aquel día el negocio estaba flojo en el Mercado de Diamantes de Madrid. Es éste una especie de mercado informal; su sede es el Café de Madrid y entre los mismos madrileños hay pocos que sepan de él. Pero cada tarde, entre las dos y las tres, pasa por él un chorro de joyeros y de tratantes de diamantes de todos los países, porque en Madrid es donde confluyen los dos grandes mercados de Europa y Latinoamérica. Los grandes joyeros de la ciudad solían sentarse a las mesas redondas de ese café lleno de humo, cada uno con su propia camarilla de seguidores y clientes. Pero ese día había habido muy pocas transacciones y la mayoría de los hombres se arremolinaban alrededor de la mesa del gran Sanz, que estaba contando ampulosamente una historia:

—Es el cliente más curioso de todos los que he tenido. Hoy ha venido por segunda vez y yo ya estaba en el ajo, pero la primera vez fue realmente divertida. Imagínense a un joven que cruza mi puerta un día del mes pasado: muy elegante, de tipo aristocrático, absolutamente correcto. Tiene un ligero acento extranjero y pide ver algunas joyas; quiere comprar un regalo a su novia. Después de poner la tienda patas arriba no compra más que un simple anillito de quinientas pesetas. Saca un cartera llena de billetes de mil pesetas, paga y se marcha por la carrera de San Jerónimo como si nunca hubiera matado una mosca. Después, Joaquín, mi ayudante, vuelve a colocar las bandejas y, justo cuando vuelvo de acompañar al cliente a la puerta, me dice, pálido como un muerto: «¡Don Luis, ha desaparecido un solitario!».

»Empiezo a correr detrás del tipo. Y en ese mismo momento entra un caballero mayor, también de punta en blanco; me agarra del brazo y grita muy alterado:

»—¡Se lo ruego, no monte un escándalo! Le falta algo, ¿verdad? Yo lo pagaré todo.

»—Señor —le digo—, discúlpeme pero acaban de robarme y ahora no puedo entretenerme.

»—Ya lo sé, ya lo sé —contesta, y se me aferra al brazo— o, en realidad, me lo imagino, pero no se preocupe. Le explicaré. ¿Qué se ha llevado?

»—Un solitario, señor, valorado en dos mil pesetas —le digo.

»—Muy bien, muy bien, aquí está, tome esto —y me pone dos billetes de mil pesetas en el mostrador.

»Estoy asombrado. Pero el caballero se quita el sombrero y se seca la frente, jadeando como si hubiera estado corriendo. Entonces me dice:

»—Escuche, ese joven que acaba de irse es mi hijo. Al pobre chico le mandé a Inglaterra a estudiar ingeniería civil, pero el exceso de estudio y el clima inglés le han producido una grave depresión y la consiguiente debilidad mental. Uno de los síntomas es la cleptomanía, y no puede usted imaginarse las preocupaciones que esto me causa. En el hotel (nos alojamos en el Ritz, hasta que esté lista la legación de mi país en Málaga y podamos quedarnos allí un par de meses), en el hotel Ritz se guarda en el bolsillo las cucharas y los cuchillos, intenta llevarse abrigos, sombreros y guantes de los guardarropas, y dondequiera que va visita las joyerías y se lleva lo que puede. Y es imposible reprenderle porque eso podría producirle un ataque de melancolía y entonces intentaría suicidarse. Por fortuna, tengo medios suficientes para evitar que le metan en chirona.

»—Pero, señor —le dije—, si cada día su hijo se lleva un artículo de joyería valorado en dos mil pesetas, en tres meses estará arruinado, aunque sea usted un Creso.

»—Bueno, ya he pensado algo de lo que me gustaría hablar también con usted. Mire, después de robar algo pierde interés en ello y al día siguiente ni siquiera se da cuenta de que se lo llevan de su cuarto. He llegado a un acuerdo con varios hombres de negocios como usted: si devuelvo un objeto, ellos me reembolsan el importe de lo que he pagado por él, menos el diez por ciento, como compensación por las molestias. Comprenda mi situación y verá usted que mi propuesta nos protege a todos.

»Le dije que lo pensaría. Y cuando, dos días después, volvió el viejo con mi solitario, acepté el acuerdo. Después de todo, no puede decirse que perdiera con él. Hoy el chico ha estado de nuevo en mi tienda e inmediatamente he llamado a su padre. Vino en taxi y padre e hijo se encontraron en el mostrador.

»—¿Qué haces aquí? —le dijo el viejo.

»—Nada, sólo estoy echando un vistazo. ¿Me estás espiando?

»Fue una escena bastante penosa; al final, el padre tranquilizando al chico diciéndole que había entrado en mi tienda sólo por casualidad y el joven llorando y gritando que ya era mayorcito para hacer lo que quisiera. Después salió precipitadamente y el pobre viejo me dijo:

»—Ahora ve usted por qué tengo miedo de que en una de estas ocasiones pueda quitarse la vida.»

»Nos faltaba un colgante valorado en tres mil pesetas. El padre me dio un cheque del Crédit Lyonnais y se quedó conmigo mientras Joaquín lo llevaba al banco; después de todo, nunca se sabe. No hubo problema, pero cuando el caballero se había ido, yo también salí y vi a algunos amigos del banco y del Ritz. En el banco me dijeron (iba por completo contra sus normas) que el nombre del viejo era don Luis Pérez del Var y que había abierto una cuenta con ellos por valor de cien mil pesetas. Y en el Ritz me contaron todo sobre los hurtos del muchacho y que los camareros se tomaban a broma cómo vigilaba todos sus movimientos.

—Yo tuve otra aventura con él —terció Inchausti, un joyero de la competencia—. Pero no conté la historia antes porque no era muy interesante. El hijo entró en mi tienda e hizo lo mismo que contigo, Sanz; se llevó un anillo. Con el pretexto de tener que sonarse la nariz se metió el anillo en el bolsillo junto con el pañuelo. Pero yo le había visto. Entonces eligió otro anillo y preguntó el precio. Le dije con mucha tranquilidad: «Éste vale setecientas cincuenta pesetas, el que se ha metido en el bolsillo tres mil». Para ser francos, sólo valía quinientas, pero el negocio es el negocio. Se puso rojo, se metió la mano en el bolsillo y sacó el anillo.

»—Estaba distraído —dijo tartamudeando.

»—Pensé que le gustaba —le dije, y no tuvo más remedio que pagar las tres mil setecientas cincuenta pesetas.

»Poco después de que se fuera entró el viejo caballero y me preguntó si un joven con estas características y las de más allá había estado aquí y qué había pasado. Me contó la misma historia y también acepté el reembolso, menos el diez por ciento de comisión, pero sólo para los siguientes casos. Aquel anillito lo había pagado el chico en metálico, y ahí estaba. Menudo cliente.

En el Ritz —mármol y alfombras persas (¡claro está que todo esto era antes de la guerra!)— nunca había habido tal escándalo. Don Luis Pérez del Var y su hijo, el joven don Luis Pérez del Var, estaban armando un jaleo tremendo en su suite. Con discreción, el servicio escuchaba fuera, en el pasillo, para poder entrar todos corriendo cuando el padre pidiera auxilio. Llegaron a tiempo de impedir que el muchacho se arrojara por la ventana. Estaba sentado a horcajadas en el alféizar de la ventana, con un pie fuera y otro agarrado por el viejo, del que intentaba zafarse a golpes. Parecía que la pelea había comenzado porque el día había sido inusitadamente prolífico para los robos de joyas del hijo. El padre había tenido que pagar más de cincuenta mil pesetas de su cuenta en el banco y, en el Ritz, dos joyeros más ansiosos de lo habitual no dejaron de acosarle hasta que sus cheques fueron aceptados. Cuando el hijo volvió de su excursión, el padre cerró la puerta con llave y le llamó al orden con un terrible escándalo.

—¡No puede ser, no puede ser! —decía el viejo don Luis al director del hotel. El médico del hotel inyectó morfina al chico y le dejó en su habitación durmiendo bajo sus efectos.

—Tendré que recluirle en algún sitio. En sólo un mes mi casa de Málaga estará lista; podríamos ir allí y quedarnos en el campo donde no haya piedras preciosas que tienten a mi pobre hijo. Pero mientras, durante este mes, puede que tengamos las más desagradables dificultades. ¿Qué me aconseja usted? —Se volvió hacia el médico.

—Mire, señor, si yo tuviera medios, me llevaría al muchacho al campo lo antes posible. No tiene una dolencia crónica; sus problemas desaparecerán tan pronto como su organismo recupere el vigor. Después de que usted abandonara la habitación, se arrojó en mis brazos y lloró como un niño. Sólo tiene un problema de debilidad nerviosa. Pero tendrá usted que tener mucho cuidado mientras dure.

—No puedo llevarme al chico a todas partes. Tengo que atender mis negocios. Pero, por otra parte, no me atrevería a encerrarle en su habitación. ¡Dios sabe lo que podría hacer entonces!

—Señor, no se lo tome usted tan a pecho. Todos los joyeros le conocen ya y confían en usted. Un poco de vigilancia y mucha resignación; sí señor, resignación. Los padres tenemos que cumplir con nuestra obligación aunque sea dura y amarga —dijo el médico; y el director meneó la cabeza. Hasta entonces, el Ritz sólo había cosechado beneficios a costa de la locura del muchacho: el padre se afanaba por complacer a todo el mundo y por echar tierra sobre cualquier escándalo. Era un cliente estupendo.

Así lo pensaban también en el Mercado de Diamantes, todos ellos. Los hurtos del joven don Luis se habían convertido en algo habitual. Sólo Sanz comentó una noche:

—Hoy ese joven lunático se ha llevado un broche valorado en diez mil pesetas y el viejo tuvo que mandarme a un botones del Ritz con su cheque. Me da pena, no puedo evitarlo. Esta vez, la aficioncita de su vástago le va a costar mil pesetas. Yo le curaría con una buena paliza. ¡Allá ellos!

Cuando el viejo don Luis volvió al Ritz, tres de los joyeros más importantes de Madrid se levantaron de sus butacones en la recepción: esta vez su hijo no había elegido algo tan desorbitado; eran unas pequeñas baratijas valoradas en total en cinco mil pesetas. Don Luis abrió mecánicamente su chequera, después se lo pensó mejor:

—Prefiero pagarles en metálico, ya que sólo son pequeñas cantidades. Sin duda el director me dará el equivalente en un cheque para los tres, así será menos molesto.

El director estaba encantado de complacerle. Cuando los tres tratantes se fueron, don Luis le dijo en confianza:

—Don Carlos, mañana tengo que ir a Barcelona por vía aérea. Volveré el lunes. Es sólo un pequeño viaje de negocios. Mi hijo se quedará aquí. Si ocurre algo, usted le ayudará, ¿verdad? Le llevaría conmigo, pero no soporta estar encerrado en una cabina. Tiene eso que llaman claustrofobia, ya sabe; me han dicho que es uno de los síntomas de su debilidad mental. Con el tren le pasa casi lo mismo (el viaje desde Londres a Madrid fue un auténtico suplicio), pero los aviones le vuelven loco. Usted cuidará de él, ¿verdad, don Carlos? De todos modos, mañana es domingo y todas las tiendas están cerradas.

Pero el joven utilizó tan bien las horas que le quedaban de la tarde del sábado que a las siete su padre ya había firmado cinco cheques a cinco joyeros. En la cena ambos, padre e hijo, no dijeron palabra. Comieron uno frente al otro, pero no levantaron los ojos del plato, con los rostros sombríos y taciturnos. Don Carlos, el director del hotel, comenzó a compadecerse de sí mismo y a desear que acabara el domingo. Los camareros se hacían guiños de complicidad unos a otros.

A las nueve de la mañana del domingo salió don Luis padre sólo con un maletín. Su hijo le siguió hasta el vestíbulo y entonces cambió de opinión de repente.

—Iré contigo al aeropuerto, me vendrá bien. Hace una mañana tan agradable...

Los dos se fueron en el coche del Ritz. En el aeródromo, el chófer esperaba para llevar de vuelta al muchacho, pero al poco tiempo éste volvió y le dijo:

—No hace falta que me espere, gracias. Nos hemos encontrado a unos amigos y uno de ellos me llevará a la ciudad en su coche.

El coche del hotel se fue. El joven Pérez del Var volvió al campo de aterrizaje y se subió tranquilamente al aeroplano con su padre. En Barcelona, ya les esperaba el avión para París con las hélices zumbando. Esa noche padre e hijo durmieron en Bruselas.

El lunes por la mañana, el Crédit Lyonnais rechazó los seis cheques emitidos contra la cuenta de don Luis Pérez del Var, porque esa cuenta ya no tenía fondos. Cinco joyeros tuvieron que aceptar el hecho de que los pájaros habían volado con piedras preciosas valoradas en medio millón de pesetas. Y el hotel Ritz canceló una deuda impagada de cinco mil pesetas.

—Bueno —dijo el jefe de policía de Madrid a cinco acalorados joyeros reunidos en su despacho—, no tienen por qué refunfuñar tanto. En América lo hacen con ametralladoras.

EL DIABLO DE LA BOTELLA

Robert Louis Stevenson

Había un hombre en la isla de Hawai al que llamaré Keawe; porque la verdad es que aún vive y que su nombre debe permanecer secreto; pero su lugar de nacimiento no estaba lejos de Honaunau, donde los huesos de Keawe el Grande yacen escondidos en una cueva. Aquel hombre era pobre, valiente y activo; leía y escribía tan bien como un maestro de escuela; era además un marinero de primera clase, que había trabajado durante algún tiempo en los vapores de la isla y pilotado un ballenero en la costa de Hamakua. Finalmente, a Keawe se le ocurrió que le gustaría ver mundo y las ciudades extranjeras y se embarcó con rumbo a San Francisco.

San Francisco es una hermosa ciudad, con un excelente puerto y muchas personas adineradas; y, más en concreto, existe en esa ciudad una colina que está cubierta de palacios. Un día, Keawe paseaba por allí con mucho dinero en el bolsillo, contemplando con evidente placer las elegantes mansiones que se alzaban a ambos lados de la calle. «¡Qué casas tan hermosas! —iba pensando—, y ¡qué felices deben de ser las personas que viven en ellas, que no necesitan preocuparse del mañana!» Seguía aún reflexionando sobre aquello cuando llegó a la altura de una casa más pequeña que algunas de las otras, pero muy bien acabada y tan bonita como un juguete; los escalones de la entrada brillaban como plata, los arriates del jardín florecían como guirnaldas y las ventanas resplandecían como diamantes. Keawe se detuvo, maravillándose de la excelencia de todo lo que veía. Al pararse se dio cuenta de que un hombre lo estaba mirando a través de una ventana tan transparente que Keawe lo veía como se ve a un pez en una cala junto a los arrecifes. Era un hombre maduro, calvo y de barba negra; su rostro tenía una expresión pesarosa y suspiraba amargamente. Lo cierto es que mientras Keawe contemplaba al hombre y el hombre observaba a Keawe, cada uno de ellos envidiaba al otro.

De repente, el hombre sonrió moviendo la cabeza, hizo un gesto a Keawe para que entrara y se reunió con él en la puerta de la casa.

—Es muy hermosa esta casa mía —dijo el hombre, suspirando amargamente—. ¿No le gustaría ver las habitaciones?

Y así fue como Keawe recorrió con él la casa, desde el sótano hasta el tejado; todo lo que había en ella era perfecto en su estilo y Keawe no pudo ocultar su asombro.

—Esta casa —dijo Keawe— es en verdad muy hermosa; si yo viviera en otra parecida, me pasaría el día riendo. ¿Cómo es posible, entonces, que no haga usted más que suspirar?

—No hay ninguna razón —dijo el hombre— para que no tenga usted una casa en todo semejante a ésta, y aún más hermosa, si así lo desea. Posee algún dinero, ¿no es cierto?

—Tengo cincuenta dólares —dijo Keawe—, pero una casa como ésta costará más de cincuenta dólares.

El hombre hizo un cálculo.

—Siento que no tenga más —dijo—, porque eso podría causarle problemas en el futuro, pero será suya por cincuenta dólares.

—¿La casa? —preguntó Keawe.

—No, la casa no —replicó el hombre—; la botella. Porque debo decirle que aunque le parezca una persona muy rica y afortunada, todo lo que poseo, y esta casa misma y el jardín, proceden de una botella en la que no cabe mucho más de medio litro. Aquí la tiene usted.

Y abriendo un mueble cerrado con llave, sacó una botella de panza redonda con un cuello muy largo; el cristal era de un color blanco como la leche, con cambiantes destellos irisados en su textura. En el interior había algo que se movía confusamente, algo así como una sombra y un fuego.

—Aquí está la botella —dijo el hombre; y, cuando Keawe se echó a reír, añadió—: ¿No me cree? Pruebe usted mismo. Trate de romperla.

De manera que Keawe cogió la botella y la estuvo tirando contra el suelo hasta que se cansó; porque rebotaba como una pelota y nada le sucedía.

—Es una cosa bien extraña —dijo Keawe—, porque tanto por su aspecto como al tacto se diría que es de cristal.

—Es de cristal —replicó el hombre, suspirando más hondamente que nunca—, pero de un cristal templado en las llamas del infierno. Dentro vive un diablo, y la sombra que vemos moverse es la suya; al menos eso creo yo. Cuando alguien compra la botella el diablo se pone a su servicio; todo lo que esa persona desee, amor, fama, dinero, casas como ésta o una ciudad como San Francisco, será suyo con sólo pedirlo. Napoleón la tuvo, y gracias a su virtud llegó a ser el rey del mundo; pero al final la vendió y fracasó. El capitán Cook fue su dueño, y gracias a ella descubrió tantas islas; pero también él la vendió, y por eso lo asesinaron en Hawai. Porque al vender la botella desaparecen el poder y la protección; y a no ser que un hombre esté contento con lo que tiene, acaba por sucederle algo.

—Y sin embargo, ¿habla usted de venderla? —dijo Keawe.

—Tengo todo lo que quiero y me estoy haciendo viejo —respondió el hombre—. Hay una cosa que el diablo de la botella no puede hacer..., y es prolongar la vida; y, no sería justo ocultárselo a usted, la botella tiene un inconveniente; porque si un hombre muere antes de venderla, arderá para siempre en el infierno.

—Sí que es un inconveniente, no cabe duda —exclamó

Keawe—. Y no quisiera verme mezclado en ese asunto. No estoy tan interesado en tener una casa, gracias a Dios; pero hay una cosa que sí me importa muchísimo, y es no condenarme.

—No vaya usted tan deprisa, amigo mío —contestó su interlocutor—. Todo lo que tiene que hacer es usar el poder de la botella con moderación, venderla después a alguna otra persona como estoy haciendo yo ahora y terminar su vida cómodamente.

—Pues yo observo dos cosas —dijo Keawe—. Una es que se pasa usted todo el tiempo suspirando como una doncella enamorada; y la otra que vende la botella demasiado barata.

—Ya le he explicado por qué suspiro —dijo el otro—. Temo que mi salud está empeorando; y, como ha dicho usted mismo, morir e irse al infierno es una desgracia para cualquiera. En cuanto a venderla tan barata, he de explicarle una peculiaridad de la botella. Hace mucho tiempo, cuando Satanás la trajo a la tierra, era extraordinariamente cara, y fue el Preste Juan quien primero la compró por muchos millones de dólares; pero sólo se puede vender si se pierde dinero en la transacción. Si se vende al mismo precio que se ha pagado por ella, vuelve al anterior propietario como si se tratara de una paloma mensajera. De ahí que el precio haya ido disminuyendo con el paso de los siglos y que ahora resulte francamente barata. Yo se la compré a uno de los ricos propietarios que viven en esta colina y sólo pagué noventa dólares. Podría venderla hasta por ochenta y nueve dólares y noventa centavos, pero ni un céntimo más; de lo contrario la botella volvería a mí. Ahora bien, esto trae consigo dos problemas. Primero, que cuando se ofrece una botella tan singular por ochenta dólares y pico, la gente piensa que es una broma. Y segundo..., pero como eso no corre prisa que lo sepa, no hace falta que se lo explique ahora. Recuerde tan sólo que tiene que venderla por moneda acuñada.

—¿Cómo sabré que todo eso es verdad? —preguntó Keawe.

—Hay algo que puede comprobar de inmediato —replicó el otro—. Deme sus cincuenta dólares, coja la botella y pida que los cincuenta dólares vuelvan a su bolsillo. Si no sucede así, le doy mi palabra de honor de que consideraré inválido el trato y le devolveré el dinero.

—¿No me está engañando? —dijo Keawe.

El hombre confirmó sus palabras con un juramento solemne.

—Bueno; me arriesgaré a eso —dijo Keawe—, porque no puede pasarme nada malo.

Acto seguido entregó el dinero y recibió la botella.

—Diablo de la botella —dijo Keawe—, quiero recobrar mis cincuenta dólares.

Y, efectivamente, cuando apenas había terminado de pronunciar la frase, su bolsillo pesaba ya lo mismo que antes.

—No hay duda de que es una botella maravillosa —dijo Keawe.

—Y ahora muy buenos días, mi querido amigo, ¡que el diablo lo acompañe! —dijo el hombre.

—Un momento —dijo Keawe—, yo ya me he divertido bastante. Tenga su botella.

—La ha comprado por menos de lo que yo pagué —replicó el hombre, frotándose las manos—. La botella es suya; y, por mi parte, lo único que deseo es perderlo de vista cuanto antes.

Llamó de inmediato a su criado chino e hizo que acompañara a Keawe hasta la puerta.

Cuando Keawe se encontró en la calle con la botella bajo el brazo, empezó a pensar. «Si es verdad todo lo que me han contado de esta botella, puede que haya hecho un pésimo negocio —se dijo—. Pero quizá su antiguo dueño me haya engañado.» Lo primero que hizo fue contar el dinero; la suma era exacta: cuarenta y nueve dólares en moneda americana y una pieza de Chile. «Parece que eso es verdad —se dijo Keawe—. Veamos otra cuestión.»

Las calles de aquella parte de la ciudad estaban tan limpias como las cubiertas de un barco, y aunque era mediodía, tampoco se veía ningún pasajero. Keawe dejó la botella en una alcantarilla y se alejó. Dos veces miró para atrás, y allí estaba la botella de color lechoso y panza redonda, todavía en el mismo sitio. Miró por tercera vez y después dobló una esquina; pero al hacerlo algo le golpeó en el codo, y ¡no era otra cosa que el largo cuello de la botella! En cuanto a la redonda panza, estaba bien encajada en el bolsillo de su chaqueta de piloto.

—Parece que también eso es verdad —dijo Keawe.

La siguiente cosa que hizo fue comprar un sacacorchos en una tienda y retirarse a un sitio oculto en medio del campo. Una vez allí intentó sacar el corcho, pero cada vez que lo intentaba la espiral salía otra vez y el corcho seguía tan entero como al empezar.

—Este corcho es distinto de todos los demás —dijo Keawe, y empezó a temblar y a sudar porque la botella le daba miedo.

Camino del puerto vio una tienda donde un hombre vendía conchas y mazas de islas salvajes, viejas imágenes de dioses paganos, monedas antiguas, pinturas de China y Japón y todas esas cosas que los marineros llevan en sus baúles. Enseguida se le ocurrió una idea. Entró y ofreció la botella al dueño por cien dólares. El otro se rió de él al principio, y le ofreció cinco; pero, en realidad, la botella era muy curiosa: ninguna boca humana había soplado nunca un vidrio como aquél, ni cabía imaginar unos colores más bonitos que los que brillaban bajo su blanco lechoso, ni una sombra más extraña que la que daba vueltas en su centro; de manera que, después de regatear durante un rato a la manera de los de su profesión, el dueño de la tienda compró la botella por sesenta dólares y la colocó en un estante en el centro del escaparate.

—Ahora —dijo Keawe— he vendido por sesenta dólares lo que compré por cincuenta o, para ser más exactos, por un poco menos, porque uno de mis dólares venía de Chile. Enseguida averiguaré la verdad sobre ese punto.

Así que volvió a su barco y, cuando abrió su baúl, allí estaba la botella, que había llegado antes que él.

Keawe tenía un compañero en aquel barco que se llamaba Lopaka.

—¿Qué te sucede —le preguntó Lopaka— que miras el baúl tan fijamente?

Estaban solos en el castillo de proa. Keawe le hizo prometer que guardaría el secreto y se lo contó todo.

—Es un asunto muy extraño —dijo Lopaka—; y me temo que vas a tener dificultades con esa botella. Pero una cosa está bien clara: puesto que tienes asegurados los problemas, más valdrá que obtengas también los beneficios. Decide qué es lo que deseas; da la orden y, si resulta tal como quieres, yo mismo te compraré la botella; porque a mí me gustaría tener un velero y dedicarme a comerciar entre las islas.

—No es eso lo que me interesa —dijo Keawe—. Mi deseo es tener una hermosa casa y un jardín en la costa de Kona, donde nací; quiero que brille el sol sobre la puerta, que haya flores en el jardín, cristales en las ventanas, cuadros en las paredes, y adornos y tapetes de telas primorosas sobre las mesas; exactamente igual que en la casa donde estuve hoy; sólo que ha de tener un piso más y balcones alrededor, como en el palacio del rey; y quiero vivir allí sin preocupaciones de ninguna clase y divertirme con mis amigos y parientes.

—Bien —dijo Lopaka—, volvamos con la botella a Hawai; y si todo resulta verdad, como tú supones, te compraré la botella, como ya he dicho, y pediré una goleta.

Quedaron de acuerdo en aquello, y antes de que pasara mucho tiempo el barco regresó a Honolulu, llevando consigo a Keawe, a Lopaka y a la botella. Apenas habían desembarcado cuando encontraron en la playa a un amigo que dio el pésame a Keawe.

—No sé por qué me das el pésame —dijo Keawe.

—¿Es posible que no te hayas enterado —dijo el amigo— de que tu tío, aquel hombre tan bueno, ha muerto; y de que tu primo, aquel muchacho tan bien parecido, se ha ahogado en el mar?

Keawe lo sintió mucho y empezó a llorar y a lamentarse, olvidado de la botella. Pero Lopaka estuvo reflexionando y cuando su amigo se calmó un poco, le habló así:

—¿No es cierto que tu tío tenía tierras en Hawai, en el distrito de Kaü?

—No —dijo Keawe—; en Kaü no: están en la zona de las montañas, un poco al sur de Hookena.

—Esas tierras, ¿pasarán a ser tuyas? —preguntó Lopaka.

—Así es —respondió Keawe, y empezó otra vez a llorar la muerte de sus familiares.

—No —dijo Lopaka—; no te lamentes ahora. Se me ocurre una cosa. ¿Y si todo eso fuera obra de la botella? Porque ya tienes preparado el sitio para hacer la casa.

—Si es así —exclamó Keawe—, la botella me hace un flaco servicio matando a mis parientes. Pero puede que sea cierto, porque fue en un sitio así donde vi la casa con la imaginación.

—La casa, sin embargo, todavía no está construida —dijo Lopaka.

—¡Y probablemente no lo estará nunca! —dijo Keawe—, porque si bien mi tío tenía algo de café, ava y plátanos, será lo justo para que yo viva cómodamente; el resto de su tierra es lava negra.

—Vayamos al abogado —dijo Lopaka—. Porque yo sigo pensando lo mismo.

Al hablar con el abogado se enteraron de que el tío de Keawe se había hecho enormemente rico en los últimos tiempos y le dejaba dinero en abundancia.

—¡Ya tienes el dinero para la casa! —exclamó Lopaka.

—Si está usted pensando en construir una casa —dijo el abogado—, aquí tiene la tarjeta de un arquitecto nuevo del que me cuentan grandes cosas.

—¡Cada vez mejor! —exclamó Lopaka—. Está todo muy claro. Sigamos obedeciendo órdenes.

De manera que fueron a ver al arquitecto, que tenía diferentes proyectos de casas sobre la mesa.

—Usted desea algo fuera de lo corriente —dijo el arquitecto—. ¿Qué le parece esto?

Y le pasó a Keawe uno de los dibujos.

Cuando Keawe lo vio, dejó escapar una exclamación, porque representaba exactamente lo que él había visto con la imaginación.

«Ésa es la casa que quiero —pensó Keawe—. A pesar de lo poco que me gusta cómo llega a mis manos, es ésa, y más valdrá que acepte lo bueno junto con lo malo.»

De manera que le dijo al arquitecto todo lo que quería, y cómo deseaba amueblar la casa, y los cuadros que había que poner en las paredes y las figuritas para las mesas; y luego le preguntó sin rodeos cuánto le llevaría por hacerlo todo.

El arquitecto le hizo muchas preguntas, cogió la pluma e hizo un cálculo; y al terminar pidió exactamente la suma que Keawe había heredado.

Los dos amigos se miraron y asintieron con la cabeza.

«Está bien claro —pensó Keawe— que voy a ser dueño de esa casa, tanto si quiero como si no. Viene del diablo y temo que nada bueno salga de ello; y si de algo estoy seguro es de que no formularé más deseos mientras siga teniendo la botella. Pero de la casa ya no puedo librarme, y más valdrá que acepte lo bueno junto con lo malo.»

Así que llegó a un acuerdo con el arquitecto y firmaron un documento. Keawe y Lopaka se embarcaron otra vez camino de Australia; porque habían decidido no intervenir en absoluto, y dejar que el arquitecto y el diablo de la botella construyeran y decoraran aquella casa como mejor les pareciese.

El viaje fue bueno, aunque Keawe estuvo todo el tiempo conteniendo la respiración, porque había jurado que no formularía más deseos, ni recibiría más favores del diablo. Se había cumplido ya el plazo cuando regresaron. El arquitecto les dijo que la casa estaba lista y Keawe y Lopaka tomaron pasaje en el *Hall* camino de Kona para ver la casa y comprobar si todo se había hecho exactamente de acuerdo con la idea que Keawe tenía en la cabeza.

La casa se alzaba en la falda del monte y era visible desde el mar. Por encima, el bosque seguía subiendo hasta las nubes que traían la lluvia; por debajo, la lava negra descendía formando los riscos donde estaban enterrados los reyes de antaño. Un jardín florecía alrededor de la casa con flores de todos los colores; había un huerto de papayas a un lado y otro de árboles del pan en el lado opuesto; por delante, mirando al mar, se había colocado el mástil de un barco con una bandera. En cuanto a la casa, era de tres pisos, con amplias habitaciones y balcones muy anchos en los tres. Las ventanas eran de un cristal excelente, tan claro como el agua y tan brillante como un día soleado. Muebles de todas clases adornaban las habitaciones. De las paredes colgaban cuadros con marcos dorados: pinturas de barcos, de hombres luchando, de las mujeres más hermosas y de los sitios más singulares; no hay en ningún lugar del mundo pinturas con colores tan brillantes como las que Keawe encontró colgadas de las paredes de su casa. En cuanto a los otros objetos de adorno, eran de extraordinaria calidad; relojes con carillón y cajas de música, hombrecillos que movían la cabeza, libros con muchas ilustraciones, armas muy valiosas de todos los rincones del mundo, y los rompecabezas más elegantes para entretener los ocios de un hombre solitario. Y como nadie querría vivir en semejantes habitaciones, tan sólo pasar por ellas y contemplarlas, los balcones eran tan amplios que un pueblo entero habría podido vivir en ellos sin el menor agobio; y Keawe no sabía qué era lo que más le gustaba: si la terraza trasera, adonde llegaba la brisa procedente de tierra y se podían ver los huertos y las flores, o la de delante, donde se podía beber el viento del mar, contemplar la empinada ladera de la montaña y ver al *Hall* que pasaba una vez a la semana entre Hookena y las colinas de Pele, o a las goletas siguiendo la costa para recoger cargamentos de madera, de ava y de plátanos.

Después de verlo todo, Keawe y Lopaka se sentaron en la terraza.

—Bien —preguntó Lopaka—, ¿está todo tal como lo habías planeado?

—No hay palabras para expresarlo —contestó Keawe—. Es mejor de lo que había soñado y estoy que reviento de satisfacción.

—Sólo queda una cosa por considerar —dijo Lopaka—; todo esto puede haber sucedido de manera natural, sin que el diablo de la botella haya tenido nada que ver. Si comprara la botella y me quedara sin la goleta, habría puesto la mano en el fuego para nada. Te di mi palabra, lo sé; pero creo que no debes negarme una prueba más.

—Juré que no aceptaría más favores —dijo Keawe—. Ya he llegado bastante lejos.

—No pensaba en un favor —replicó Lopaka—. Quisiera ver al diablo de la botella. No hay ninguna ventaja en ello y por tanto tampoco hay nada de qué avergonzarse; sin embargo, si llego a verlo una vez, quedaré convencido. Accede a mi deseo y déjame ver al diablo; el dinero lo tengo aquí mismo y después de eso te compraré la botella.

—Sólo hay una cosa que me da miedo —dijo Keawe—. El diablo puede ser una cosa horrible de ver; y si le pones la vista encima quizá no tengas ya ninguna gana de quedarte con la botella.

—Soy una persona de palabra —dijo Lopaka—. Y aquí dejo el dinero, entre los dos.

—Muy bien —replicó Keawe—. Yo también siento curiosidad. De manera que, vamos a ver: déjenos mirarlo, señor diablo.

Tan pronto como lo dijo, el demonio salió de la botella y volvió a meterse, tan rápido como un lagarto; Keawe y Lopaka quedaron petrificados. Se hizo completamente de noche antes de que a ninguno de los dos se le ocurriera algo que decir o hallaran la voz con que decirlo; luego Lopaka empujó el dinero hacia Keawe y recogió la botella.

—Soy hombre de palabra —dijo—, y bien puedes creerlo, porque de lo contrario no tocaría esta botella ni borracho. Pero conseguiré mi goleta y unos dólares para el bolsillo; luego me desharé de este demonio tan pronto como pueda. Porque, si tengo que decirte la verdad, verlo me ha dejado muy abatido.

—Lopaka —dijo Keawe—, procura no pensar demasiado mal de mí; sé que es de noche, que los caminos están mal y que el desfiladero junto a las tumbas no es un buen sitio para cruzarlo tan tarde, pero confieso que desde que he visto el rostro de ese diablo, no podré comer ni dormir ni rezar hasta que te lo hayas llevado. Voy a darte una linterna, una cesta para poner la botella y cualquier cuadro o adorno de la casa que te guste; pero después quiero que te marches de inmediato y vayas a dormir a Hookena con Nahinu.

—Keawe —respondió Lopaka—, muchas personas se enfadarían al oír lo que acabas de decirme; sobre todo después de hacerte un favor tan grande como mantener la palabra dada y comprarte la botella; y si vamos a eso, la noche, la oscuridad y el camino junto a las tumbas han de representar mayor peligro para un hombre con semejante pecado sobre su conciencia y una botella como ésta bajo el brazo. Pero como yo también estoy muy asustado, no me siento capaz de juzgarte. Me iré ahora mismo; y le pido a Dios que seas feliz en tu casa y yo afortunado con mi goleta, y que los dos vayamos al cielo al final a pesar del demonio y de su botella.

De manera que Lopaka bajó de la montaña; Keawe, por su parte, salió a la terraza y estuvo escuchando el ruido de las herraduras y vio la luz de la linterna cuando Lopaka pasaba junto al risco donde están las tumbas de otras épocas; durante todo aquel tiempo Keawe temblaba, se retorcía las manos y rezaba por su amigo, dando gracias a Dios por haber escapado a aquel peligro.

Pero al día siguiente hizo un tiempo muy hermoso y la casa nueva era tan agradable que Keawe se olvidó de sus terrores. Fueron pasando los días y su vida allí era de perpetua alegría. Le gustaba sentarse en la terraza trasera; allí comía, reposaba y leía las historias que contaban los periódicos de Honolulu; pero cuando llegaba alguien a verlo, entraba en la casa para enseñarle las habitaciones y los cuadros. Y su fama se extendió por todas partes; la llamaban *Ka-Hale Nui* —la Casa Grande— en todo Kona; y a veces la Casa Resplandeciente, porque Keawe tenía a su servicio a un chino que se pasaba el día limpiando el polvo y bruñendo los metales; y el cristal, y los dorados, y las telas finas y los cuadros brillaban como una mañana de sol. A Keawe, por otra parte, se le ensanchaba tanto el corazón con la casa que no podía pasear por las habitaciones sin ponerse a cantar; y cuando aparecía algún barco en el mar, izaba su estandarte en el mástil.

Así fue pasando el tiempo, hasta que un día Keawe se trasladó a Kailua para visitar a uno de sus amigos. Le hicieron un gran agasajo, pero él se marchó lo antes que pudo a la mañana siguiente y cabalgó muy deprisa, porque estaba impaciente por ver de nuevo su hermosa casa; además, la noche de aquel día era la noche en que los muertos de antaño salían por los alrededores de Kona; y el hecho de haber tenido tratos con el demonio hacía que Keawe no deseara en absoluto tropezarse con los muertos. Un poco más allá de Honaunau, al mirar a lo lejos, advirtió la presencia de una mujer que se bañaba a la orilla del mar; parecía una muchacha bien desarrollada, pero Keawe no pensó mucho en ello. Luego vio ondear su camisa blanca mientras se la ponía, y después su *holoku* rojo; cuando Keawe llegó a su altura la joven había terminado de arreglarse y, alejándose del mar, se colocó junto al camino con su *holoku* rojo; el baño la había refrescado, y le brillaban los ojos, llenos de amabilidad. Nada más verla, Keawe tiró de las riendas a su caballo.

—Creía conocer a todo el mundo en esta zona —dijo—. ¿Cómo es que a ti no te conozco?

—Soy Kokua, hija de Kiano —respondió la muchacha—, y acabo de regresar de Oahu. ¿Quién eres tú?

—Te lo diré enseguida —dijo Keawe, desmontando del caballo—, pero todavía no. Porque estoy pensando una cosa, y si te dijera quién soy, como es posible que hayas oído hablar de mí, quizá no dieras una respuesta sincera a mi pregunta. Pero antes de nada dime una cosa: ¿estás casada?

Al oír aquello Kokua se echó a reír.

—Parece que eres tú quien hace todas las preguntas —dijo ella—. ¿Estás casado tú?

—No, Kokua, desde luego que no —replicó Keawe—, y nunca he pensado en casarme hasta este momento. Pero voy a decirte la verdad. Te he encontrado aquí junto al camino y al ver tus ojos que son como estrellas mi corazón te ha seguido tan veloz como un pájaro. De manera que si no quieres saber nada de mí, dilo, y me iré a mi casa; pero si no te parezco peor que cualquier otro joven, dilo también, y me desviaré para pasar la noche en casa de tu padre y mañana hablaré con él.

Kokua no contestó, pero miró al mar y se echó a reír.

—Kokua —prosiguió Keawe—, si no dices nada, consideraré que tu silencio es una respuesta favorable; así que pongámonos en camino hacia la casa de tu padre.

Kokua fue delante sin decir nada; sólo de vez en cuando miraba para atrás y luego apartaba la vista; y todo el tiempo llevaba en la boca las cintas del sombrero.

Cuando llegaron a la puerta, Kiano salió a su terraza y dio la bienvenida a Keawe llamándolo por su nombre. Al oírlo la muchacha se quedó mirándolo, porque la fama de la gran casa había llegado a sus oídos; y no hace falta decir que era una gran tentación. Juntos pasaron la velada muy alegremente; y la muchacha, que tenía un ingenio muy vivo, se mostró muy descarada en presencia de sus padres y estuvo burlándose de

Keawe. Al día siguiente Keawe habló con Kiano y después estuvo a solas con la muchacha.

—Kokua —dijo él—, ayer te burlaste de mí durante toda la noche; y todavía estás a tiempo de despedirme. No quise decirte quién era porque tengo una casa muy hermosa y temía que pensaras demasiado en la casa y muy poco en la persona que te ama. Ahora ya lo sabes todo, y si no quieres volver a verme, dilo cuanto antes.

—No —dijo Kokua; pero en aquella ocasión no se echó a reír y Keawe no le preguntó nada más.

Así fue el noviazgo de Keawe; todo sucedió muy deprisa; pero aunque una flecha vaya muy veloz y la bala de un rifle todavía más rápida, las dos pueden dar en el blanco. Las cosas habían ido deprisa pero también habían ido lejos y el recuerdo de Keawe llenaba la imaginación de la muchacha; Kokua escuchaba su voz al romperse las olas contra la lava de la playa, y por aquel joven que sólo había visto dos veces habría dejado padre y madre y sus islas nativas. En cuanto a Keawe, su caballo voló por el camino de la montaña bajo el risco donde estaban las tumbas, y el sonido de los cascos y la voz de Keawe cantando, lleno de alegría, despertaban al eco en las cavernas de los muertos. Cuando llegó a la Casa Resplandeciente aún seguía cantando. Se sentó y comió en la terraza y el chino se admiró de que su amo continuara cantando entre bocado y bocado. El sol se ocultó tras el mar y llegó la noche; y Keawe, en lo alto de la montaña, se paseó por las terrazas a la luz de las lámparas y sus cantos sobresaltaban a las tripulaciones de los barcos que cruzaban por el mar.

«Aquí estoy, en este sitio mío tan elevado —se dijo a sí mismo—. La vida me sonríe; me hallo en lo alto de la montaña; a mi alrededor desciende todo lo demás. Por primera vez iluminaré todas las habitaciones, usaré la bañera con agua caliente y fría y dormiré solo en el lecho de la cámara nupcial.»

De manera que el criado chino tuvo que levantarse y encender las calderas; y mientras trabajaba en el sótano oía a su amo cantando alegremente en las habitaciones iluminadas. Cuando el agua estuvo caliente el criado chino advirtió a Keawe con un grito. Keawe entró en el cuarto de baño; y el criado chino le oyó cantar mientras la bañera de mármol se llenaba de agua; y también le oyó cantar mientras se desnudaba; hasta que, de repente, el canto cesó. El criado chino estuvo escuchando largo rato; luego alzó la voz para preguntar a Keawe si toda iba bien, y Keawe le respondió «sí», y le mandó que se fuera a la cama; pero ya no se oyó cantar más en la Casa Resplandeciente; y, durante toda la noche, el criado chino oyó a su amo pasear sin descanso por las terrazas.

Lo que había ocurrido era esto: mientras Keawe se desnudaba para bañarse, descubrió en su cuerpo una mancha semejante a la sombra del liquen sobre una roca, y fue entonces cuando dejó de cantar. Porque había visto otras manchas parecidas y supo que estaba atacado del Mal Chino: la lepra.

Es bien triste para cualquiera padecer esa enfermedad. Y aún sería más triste para cualquiera abandonar una casa tan hermosa y tan cómoda y separarse de todos sus amigos para irse al norte de Molokai, entre enormes farallones y rompientes. Pero ¿qué es eso comparado con la situación de Keawe, que había encontrado el amor un día antes y lo había conquistado aquella misma mañana, y veía ahora desmoronarse todas sus esperanzas en un momento, como se desmorona una estatua de arena?

Estuvo un rato sentado en el borde de la bañera; luego se levantó de un salto dejando escapar un grito, corrió afuera y empezó a andar por la terraza, de un lado a otro, presa de la desesperación.

«No me importaría dejar Hawai, el hogar de mis antepasados —se decía Keawe—. Sin gran pesar abandonaría mi casa, la de las muchas ventanas, situada tan en lo alto, aquí en las montañas. No me faltaría valor para ir a Molokai, a Kalaupapa junto a los farallones, para vivir con los leprosos y dormir allí, lejos de mis antepasados. Pero ¿qué agravio he cometido, qué pecado pesa sobre mi alma, para que haya tenido que encontrar a Kokua cuando salía del mar a la caída de la tarde? ¡Kokua, la que me ha robado el alma! ¡Kokua, la luz de mi vida! Quizá nunca llegue a casarme con ella, quizá nunca más vuelva a verla ni a acariciarla con mano amorosa; ésa es la razón, Kokua, ¡por ti me lamento!»

Reparen ustedes en la clase de hombre que era Keawe, ya que podría haber vivido durante años en la Casa Resplandeciente sin que nadie llegara a sospechar que estaba enfermo; pero eso carecía de importancia si significaba perder a Kokua. Habría podido incluso casarse con Kokua y muchos lo habría hecho, porque tienen alma de cerdos; pero Keawe amaba a la doncella con amor varonil, y no estaba dispuesto a causarle ningún daño ni a exponerla a ningún peligro.

Algo después de la medianoche se acordó de la botella. Salió a la terraza y recordó el día en que había visto al diablo con sus ojos; y aquel pensamiento le heló la sangre en las venas.

«Esa botella es una cosa horrible —pensó Keawe—, el diablo también lo es, y aún más horrible es la posibilidad de arder para siempre en las llamas del infierno. Pero ¿qué otra cosa puedo hacer para curarme o casarme con Kokua? ¡Cómo! ¿Fui capaz de desafiar al demonio para conseguir una casa y no voy a enfrentarme a él para recobrar a Kokua?»

Entonces recordó que al día siguiente el *Hall* iniciaba su viaje de regreso a Honolulu. «Primero tengo que ir allí —pensó—, y ver a Lopaka. Porque lo mejor que puede sucederme ahora es que encuentre la botella que tantas ganas tenía de perder de vista.»

No pudo dormir ni un solo momento; también la comida se le atragantaba; pero mandó una carta a Kiano, y cuando se acercaba la hora de la llegada del vapor, se puso en camino y cruzó por delante del risco donde estaban las tumbas. Llovía; su caballo avanzaba con dificultad; Keawe contempló las negras bocas de las cuevas y envidió a los muertos que dormían en su interior, libres ya de dificultades; y recordó cómo había pasado por allí al galope el día anterior y se sintió lleno de asombro. Finalmente llegó a Hookena y, como de costumbre, todo el mundo se había reunido para esperar la llegada del vapor. En el cobertizo delante del almacén estaban todos sentados, bromeando y contándose las novedades; pero Keawe no sentía el menor deseo de hablar y permaneció en medio de ellos contemplando la lluvia que caía sobre las casas, y las olas que estallaban entre las rocas, mientras los suspiros se le acumulaban en la garganta.

—Keawe, el de la Casa Resplandeciente, está muy abatido —se decían unos a otros. Así era, en efecto, y no tenía nada de extraordinario.

Luego llegó el *Hall* y la gasolinera lo llevó a bordo. La parte posterior del barco estaba llena de *haoles* (blancos) que habían ido a visitar el volcán como tienen por costumbre; en el centro se amontonaban los *kanakas*, y en la parte delantera viajaban toros de Hilo y caballos de Kaü; pero Keawe se sentó lejos de todos, hundido en su dolor, con la esperanza de ver desde el barco la casa de Kiano. Finalmente la divisó, junto a la orilla, sobre las rocas negras, a la sombra de las palmeras; cerca de la puerta se veía un *holoku* rojo no mayor que una mosca y que revoloteaba tan atareado como una mosca. «¡Ah, reina de mi corazón —exclamó Keawe para sí—, arriesgaré mi alma para recobrarte!»

Poco después, al caer la noche, se encendieron las luces de las cabinas y los *haoles* se reunieron para jugar a las cartas y beber whisky como tienen por costumbre; pero Keawe paseó por cubierta toda la noche. Y durante todo el día siguiente, mientras navegaban a sotavento de Maui y de Molokai, Keawe siguió dando vueltas de aquí para allá como un animal salvaje dentro de una jaula.

Al caer la tarde pasaron Diamond Head y llegaron al muelle de Honolulu. Keawe bajó enseguida a tierra y empezó a preguntar por Lopaka. Al parecer, después de convertirse en propietario de una goleta —no había otra mejor en las islas—, se había marchado muy lejos en busca de aventuras, quizá hasta Pola-Pola, de manera que no cabía esperar ayuda por ese lado. Keawe se acordó de un amigo de Lopaka, un abogado que vivía en la ciudad (no debo decir su nombre), y preguntó por él. Le dijeron que se había hecho rico de repente y que tenía una casa nueva y muy hermosa en la orilla de Waikiki; aquello dio que pensar a Keawe, y de inmediato alquiló un coche y se dirigió a donde vivía el abogado.

La casa era muy nueva, y los árboles del jardín apenas mayores que bastones; el abogado, cuando salió a recibirlo, parecía un hombre satisfecho de la vida.

—¿Qué puedo hacer por usted? —dijo el abogado.

—Usted es amigo de Lopaka —replicó Keawe—, y Lopaka me compró un objeto que quizá usted pueda ayudarme a localizar.

El rostro del abogado se ensombreció.

—No voy a fingir que ignoro de qué me habla, señor Keawe —dijo—, aunque se trata de un asunto muy desagradable que no conviene remover. No puedo darle ninguna seguridad, pero me imagino que si va usted a ver a cierta persona quizá consiga averiguar algo.

A continuación le dio un nombre que también en este caso será mejor no repetir. En días sucesivos Keawe conoció a diferentes personas y encontró en todas partes ropas y coches recién estrenados, hermosas casas nuevas y hombres muy satisfechos, aunque, claro está, cuando aludía al motivo de su visita, el rostro de sus interlocutores se ensombrecía.

«No hay duda de que estoy en el buen camino —pensaba Keawe—. Los trajes nuevos y los coches son otros tantos regalos del demonio de la botella, y los rostros satisfechos son los de personas que han conseguido lo que deseaban y han podido librarse después de ese maldito recipiente. Cuando vea mejillas sin color y oiga suspiros, sabré que estoy cerca de la botella.»

Sucedió que finalmente le recomendaron que fuese a ver a

un *haole* en Beritania Street. Cuando llegó a la puerta, alrededor de la hora de la cena, Keawe se encontró con los típicos indicios: nueva casa, jardín recién plantado y luz eléctrica tras las ventanas; y cuando apareció el dueño, un escalofrío de esperanza y de miedo recorrió el cuerpo de Keawe, porque tenía delante a un joven tan pálido como un cadáver, ojeras marcadísimas, calvicie prematura y la expresión de un condenado a muerte.

«Tiene que estar aquí, no hay duda», pensó Keawe, y a aquel hombre no le ocultó cuál era el verdadero propósito de su visita.

—He venido a comprar la botella —dijo. Al oír aquellas palabras, el joven *haole* de Beritania Street tuvo que apoyarse en la pared.

—¡La botella! —susurró—. ¡Comprar la botella!

Dio la impresión de que estaba a punto de desmayarse y, cogiendo a Keawe por el brazo, lo llevó a una habitación y escanció dos vasos de vino.

—A su salud —dijo Keawe, que había pasado mucho tiempo con *haoles* en su época de marinero—. Sí —añadió—, he venido a comprar la botella. ¿Qué precio tiene ahora?

Al oír aquello al joven se le escapó el vaso de entre los dedos y miró a Keawe como si fuera un fantasma.

—El precio —dijo—. ¡El precio! ¿No sabe cuál es el precio?

—Por eso lo pregunto —replicó Keawe—. Pero ¿qué es lo que tanto le preocupa? ¿Qué sucede con el precio?

—La botella ha disminuido mucho de valor desde que usted la compró, señor Keawe —dijo el joven tartamudeando.

—Bien, bien; así tendré que pagar menos por ella —dijo Keawe—. ¿Cuánto le costó a usted?

El joven estaba tan blanco como el papel.

—Dos centavos —dijo.

—¿Cómo? —exclamó Keawe—, ¿dos centavos? Entonces, usted sólo puede venderla por uno. Y el que la compre... —Keawe no pudo terminar la frase; el que comprara la botella no podría venderla nunca y la botella y el diablo seguirían con él hasta su muerte, y después se encargarían de llevarlo a las llamas del infierno.

El joven de Beritania Street se puso de rodillas.

—¡Cómprela, por el amor de Dios! —exclamó—. Puede quedarse también con toda mi fortuna. Estaba loco cuando la compré a ese precio. Había malversado fondos en el almacén donde trabajaba; de lo contrario estaba perdido, habría acabado en la cárcel.

—Pobre criatura —dijo Keawe—; fue usted capaz de arriesgar su alma en una aventura tan desesperada, para evitar el castigo por su deshonra, ¿y cree que yo voy a dudar cuando es el amor lo que me empuja? Tráigame la botella y el cambio que sin duda tiene preparado. Es preciso que me dé la vuelta de estos cinco centavos.

Keawe no se había equivocado; el joven tenía el cambio en un cajón; la botella cambió de manos, y tan pronto como los dedos de Keawe rodearon su cuello, le susurró que deseaba quedar limpio de la enfermedad. Y, en efecto, cuando se desnudó delante de un espejo en la habitación del hotel, su piel estaba tan sonrosada como la de un niño. Pero lo más extraño fue que al instante se operó una transformación en su interior, el Mal Chino dejó de importarle y perdió todo interés por Kokua; no pensaba más que en una cosa: que estaba ligado al diablo de la botella para toda la eternidad y no le quedaba otra esperanza que ser para siempre una pavesa en las llamas del infierno. En cualquier caso, las veía ya brillar con los ojos de la imaginación; su alma se encogió y la luz se convirtió en tinieblas.

Cuando Keawe se recuperó un poco, se dio cuenta de que era la noche en que tocaba la orquesta en el hotel. Bajó a oírla porque temía estar solo; y allí, entre caras alegres, mientras paseaba de aquí para allá, escuchó las melodías y vio a Berger, el autor del himno nacional, marcando el compás; pero lo que oía en realidad era el crepitar de las llamas y lo que veía era un fuego muy vivo ardiendo en el pozo sin fondo del infierno. De repente la orquesta tocó «*Hiki-ao-ao*», una canción que Keawe había cantado con Kokua, y aquellos acordes le devolvieron el valor.

«Ya está hecho —pensó—, y una vez más tendré que aceptar lo bueno junto con lo malo.»

Keawe regresó a Hawai en el primer vapor y tan pronto como fue posible se casó con Kokua y se la llevó a la Casa Resplandeciente en la ladera de la montaña.

Cuando los dos estaban juntos, el corazón de Keawe se tranquilizaba; pero tan pronto como se quedaba solo empezaba a cavilar sobre su horrible destino, y oía crepitar las llamas y veía el fuego abrasador en el pozo sin fondo. Era cierto que la muchacha se había entregado a él por completo; su corazón le latía más deprisa al verlo, y su mano buscaba siempre la de Keawe; y estaba hecha de tal manera, desde los rizos de la cabeza hasta las uñas de los pies, que nadie la veía sin alegrarse. Kokua era afable por naturaleza. De sus labios salían siempre palabras cariñosas. Le gustaba mucho cantar y cuando recorría la Casa Resplandeciente gorjeando como los pájaros era el objeto más hermoso que había en los tres pisos. Keawe la contemplaba y la oía embelesado, y luego iba a esconderse en un rincón y lloraba y gemía pensando en el precio que había pagado por ella; después tenía que secarse los ojos y lavarse la cara e ir a sentarse con ella en una de las terrazas, acompañándola en sus canciones y correspondiendo a sus sonrisas con el alma llena de angustia.

Pero llegó un día en que Kokua empezó a arrastrar los pies y sus canciones se hicieron menos frecuentes; y ya no era sólo Keawe el que lloraba a solas, sino que los dos se retiraban a dos terrazas en lados opuestos, con toda la anchura de la Casa Resplandeciente entre ellos. Keawe estaba tan hundido en la desesperación que apenas notó el cambio, alegrándose tan sólo de tener más horas de soledad durante las que cavilar sobre su destino y de no verse condenado con tanta frecuencia a ocultar un corazón enfermo bajo una cara sonriente. Pero un día, andando por la casa sin hacer ruido, escuchó unos sollozos como de niño, y vio a Kokua restregando el rostro contra el suelo de la terraza y llorando como los que están perdidos.

—Haces bien lamentándote en esta casa, Kokua —dijo Keawe—. Y, sin embargo, daría media vida para que pudieras ser feliz.

—¡Feliz! —exclamó ella—. Keawe, cuando vivías solo en la Casa Resplandeciente, toda la gente de la isla se hacía lenguas de tu felicidad; tu boca estaba siempre llena de risas y de canciones y tu rostro resplandecía como la aurora. Después te casaste con la pobre Kokua; y el buen Dios sabrá qué es lo que no tiene, porque desde aquel día no has vuelto a sonreír. ¿Qué es lo que me pasa? Creía ser bonita y sabía que amaba a mi marido. ¿Qué es lo que me pasa que arrojo esta nube sobre él?

—Pobre Kokua —dijo Keawe. Se sentó a su lado y trató de cogerle la mano; pero ella la apartó—. Pobre Kokua —dijo de nuevo—. ¡Pobre niñita mía! ¡Y yo que creía ahorrarte sufrimientos durante todo este tiempo! Pero lo sabrás todo. Así, al menos, te compadecerás del pobre Keawe; comprenderás lo mucho que te amaba cuando sepas que prefirió el infierno a perderte; y lo mucho que aún te ama, puesto que todavía es capaz de sonreír al contemplarte.

Y a continuación le contó toda su historia desde el principio.

—¿Has hecho eso por mí? —exclamó Kokua—. Entonces, ¡qué me importa nada! —y, abrazándolo, se echó a llorar.

—¡Querida mía! —dijo Keawe—; sin embargo, cuando pienso en el fuego del infierno, ¡a mí sí que me importa!

—No digas eso —respondió ella—; nadie puede condenarse por amar a Kokua si no ha cometido alguna otra falta. Desde ahora te digo, Keawe, que te salvaré con estas manos o pereceré contigo. ¿Has dado tu alma por mi amor y crees que yo no moriría por salvarte?

—¡Querida mía! Aunque murieras cien veces, ¿cuál sería la

diferencia? —exclamó él—. Serviría únicamente para que tuviera que esperar solo el día de mi condenación.

—Estás muy equivocado —dijo ella—. Yo me eduqué en un colegio de Honolulu; no soy una chica corriente. Y desde ahora te digo que salvaré a mi amante. ¿No me has hablado de un centavo? ¿Ignoras que no todos los países tienen dinero americano? En Inglaterra existe una moneda que vale alrededor de medio centavo. ¡Qué lástima! —exclamó enseguida—; eso no mejora mucho las cosas, porque el que comprara la botella se condenaría y ¡no vamos a encontrar a nadie tan valiente como mi Keawe! Pero también está Francia; allí tienen una moneda a la que llaman céntimo y de ésos se necesitan aproximadamente cinco para hacer un centavo. No encontraremos nada mejor. Vámonos a las islas del Viento; salgamos para Tahití en el primer barco que zarpe. Allí tendremos cuatro céntimos, tres céntimos, dos céntimos y un céntimo: cuatro posibles ventas y nosotros dos para convencer a los compradores. ¡Vamos, Keawe mío! Bésame y no te preocupes más. Kokua te defenderá.

—¡Regalo de Dios! —exclamó Keawe—. ¡No creo que el Señor me castigue por desear algo tan bueno! Sea como tú dices; llévame a donde quieras: pongo mi vida y mi salvación en tus manos.

Muy de mañana al día siguiente, Kokua estaba ya haciendo sus preparativos. Buscó el baúl de marinero de Keawe; primero puso la botella en una esquina; luego colocó sus mejores ropas y los adornos más bonitos que había en la casa.

—Porque —dijo— si no parecemos gente rica, ¿quién va a creer en la botella?

Durante todo el tiempo que duraron los preparativos estuvo tan alegre como un pájaro; sólo cuando miraba en dirección a Keawe los ojos se le llenaban de lágrimas y tenía que ir a besarlo. En cuanto a Keawe, se le había quitado un gran peso de encima; ahora que alguien compartía su secreto y había vislumbrado una esperanza, parecía un hombre distinto: caminaba otra vez con paso ligero y respirar ya no era una obligación penosa. El terror sin embargo no andaba muy lejos; y de vez en cuando, de la misma manera que el viento apaga una vela, la esperanza moría dentro de él y veía otra vez agitarse las llamas y el fuego abrasador del infierno.

Anunciaron que iban a hacer un viaje de placer por Estados Unidos: a todo el mundo le pareció una cosa extraña, pero más extraña les habría parecido la verdad si hubieran podido adivinarla. De manera que se trasladaron a Honolulu en el *Hall* y de allí a San Francisco en el *Umatilla* con muchos *haoles*; y en San Francisco se embarcaron en el bergantín correo, el *Tropic Bird*, camino de Papeete, la ciudad francesa más importante de las islas del sur. Llegaron allí, después de un agradable viaje, cuando los vientos alisios soplaban suavemente, y vieron los arrecifes en los que van a estrellarse las olas, y Motuiti con sus palmeras, y cómo el bergantín se adentraba en el puerto, y las casas blancas de la ciudad a lo largo de la costa entre árboles verdes, y, por encima, las montañas y las nubes de Tahití, la isla prudente.

Consideraron que lo más conveniente era alquilar una casa, y eligieron una situada frente a la del cónsul británico; se trataba de hacer gran ostentación de su riqueza y de que se los viera por todas partes bien provistos de coches y caballos. Todo aquello resultaba fácil con la botella en su poder, porque Kokua era más atrevida que Keawe y, siempre que se le ocurría, llamaba al diablo para que le proporcionase veinte o cien dólares. De esa forma pronto se hicieron notar en la ciudad; y aquellos extranjeros procedentes de Hawai, así como sus paseos a caballo y en coche, y los elegantes *holokus* y los delicados encajes de Kokua fueron tema de muchas conversaciones.

Se acostumbraron a la lengua de Tahití, que es en realidad semejante a la de Hawai, aunque con cambios en ciertas letras; y cuando estuvieron en condiciones de comunicarse, trataron de vender la botella. Hay que tener en cuenta que no era un tema fácil de abordar; no era sencillo convencer a la gente de que hablaban en serio cuando les ofrecían por cuatro céntimos una fuente de salud y de inagotables riquezas. Era necesario además explicar los peligros de la botella; y, o bien los posibles compradores no creían nada en absoluto y se echaban a reír, o se percataban sobre todo de los aspectos más sombríos y, adoptando un aire muy solemne, se alejaban de Keawe y de Kokua, considerándolos personas en tratos con el demonio. De manera que en lugar de hacer progresos, los esposos descubrieron al cabo de poco tiempo que todo el mundo les evitaba; los niños se alejaban de ellos corriendo y chillando, cosa que a Kokua le resultaba insoportable; los católicos hacían la señal de la cruz al pasar a su lado y todos los habitantes de la isla parecían estar de acuerdo en rechazar sus proposiciones.

Con el paso de los días se fueron sintiendo cada vez más deprimidos. Por la noche, cuando se sentaban en su nueva casa después de un día agotador, no intercambiaban una sola palabra, y si se rompía el silencio era porque Kokua no podía reprimir los sollozos. Algunas veces rezaban juntos; otras colocaban la botella en el suelo y se pasaban la velada contemplando los movimientos de la sombra en su interior. En tales ocasiones tenían miedo de acostarse. Tardaba mucho en llegarles el sueño, y si uno de ellos se adormilaba, al despertarse hallaba al otro llorando en silencio a oscuras, o descubría que estaba solo, porque el otro había huido de la casa y de la proximidad de la botella para pasear bajo los bananos del jardincito o para vagar por la playa a la luz de la luna.

Así fue como Kokua se despertó una noche y encontró que Keawe se había marchado. Tocó la cama y la otra mitad estaba fría. Entonces se asustó, y se incorporó. Un poco de luz de luna se filtraba entre las persianas. Había suficiente claridad en la habitación para distinguir la botella en el suelo. Afuera soplaba el viento y hacía gemir los grandes árboles de la avenida mientras las hojas secas restallaban en la terraza. En medio de todo aquello Kokua reconoció un sonido distinto; difícilmente habría podido decir si se trataba de un animal o de un hombre, pero sí que era tan triste como la muerte y que le desgarraba el alma. Se levantó sin hacer ruido, entreabrió la puerta y contempló el jardín iluminado por la luna. Allí, bajo los bananos, yacía Keawe con la boca pegada a la tierra, y eran sus labios los que dejaban escapar aquellos gemidos.

La primera idea de Kokua fue correr a consolarlo; pero enseguida comprendió que no debía hacerlo. Keawe se había comportado ante su esposa como un hombre valiente; no estaba bien que se inmiscuyera en aquel momento de debilidad. Ante aquel pensamiento Kokua retrocedió, volviendo otra vez al interior de la casa.

«¡Qué negligente he sido, Dios mío! —pensó—. ¡Qué débil! Es él, y no yo, quien se enfrenta con la condenación eterna; la maldición recayó sobre su alma y no sobre la mía. Su preocupación por mi bien y su amor por una criatura tan poco digna y tan incapaz de ayudarlo son las causas de que ahora vea tan cerca las llamas del infierno y hasta huela el humo mientras yace ahí fuera, iluminado por la luna y azotado por el viento. ¿Soy tan torpe que nunca se me ha ocurrido considerar cuál es mi deber, o quizá viéndolo he preferido ignorarlo? Pero ahora, por fin, ofrezco mi alma en las manos del amor; digo adiós a la blanca escalinata del paraíso y a los rostros de mis amigos que están allí esperando. ¡Amor por amor y que el mío sea capaz de igualar al de Keawe! ¡Alma por alma y que la mía perezca!»

Kokua era una mujer con gran destreza manual y enseguida estuvo preparada. Cogió el cambio, los preciosos céntimos que siempre tenían al alcance de la mano, porque era una moneda muy poco usada, y habían ido a aprovisionarse a una oficina del Gobierno. Cuando Kokua avanzaba ya por la avenida, el viento trajo unas nubes que ocultaron la luna. La ciudad dormía y la muchacha no sabía hacia dónde dirigirse hasta que oyó una tos que salía de debajo de un árbol.

—Buen hombre —dijo Kokua—, ¿qué hace usted aquí solo en una noche tan fría?

El anciano apenas podía expresarse a causa de la tos, pero Kokua logró averiguar que era viejo y pobre y extranjero en la isla.

—¿Me haría usted un favor? —dijo Kokua—. De extranjero a extranjera y de anciano a muchacha, ¿no querrá usted ayudar a una hija de Hawai?

—Ah —dijo el anciano—. Ya veo que eres la bruja de las Ocho Islas y que también quieres perder mi alma. Pero he oído hablar de ti y te aseguro que tu perversidad nada conseguirá contra mí.

—Siéntese aquí —le dijo Kokua—, y déjeme que le cuente una historia.

Y le contó la historia de Keawe desde el principio hasta el fin.

—Y yo soy su esposa —dijo Kokua al terminar—; la esposa que Keawe compró a cambio de su alma. ¿Qué debo hacer? Si fuera yo misma a comprar la botella, no me aceptaría. Pero si va usted, se la dará gustosísimo; me quedaré aquí esperándole: usted la comprará por cuatro céntimos y yo volveré a comprársela por tres. ¡Y que el Señor dé fortaleza a una pobre muchacha!

—Si trataras de engañarme —dijo el anciano—, creo que Dios te fulminaría.

—¡Sí que lo haría! —exclamó Kokua—. No le quepa duda. No podría ser tan malvada. Dios no lo consentiría.

—Dame los cuatro céntimos y espérame aquí —dijo el anciano.

Ahora bien, cuando Kokua se quedó sola en la calle, todo su valor desapareció. El viento rugía entre los árboles y a ella le parecía que las llamas del infierno estaban ya a punto de acometerla; las sombras que se agitaban bajo la luz del farol se le antojaban las manos como garfios de los mensajeros del maligno. Si hubiera tenido fuerzas, habría echado a correr, y de no faltarle el aliento habría gritado; pero fue incapaz de hacer nada y se quedó temblando en la avenida como una niñita muy asustada.

Luego vio al anciano que regresaba trayendo la botella.

—He hecho lo que me pediste —dijo al llegar junto a ella—. Tu marido se ha quedado llorando como un niño; dormirá en paz el resto de la noche.

Y extendió la mano, ofreciendo la botella a Kokua.

—Antes de dármela —jadeó Kokua— aprovéchese también de lo bueno: pida verse libre de su tos.

—Soy muy viejo —replicó el otro—, y estoy demasiado cerca de la tumba para aceptar favores del demonio. Pero ¿qué sucede? ¿Por qué no coges la botella? ¿Acaso dudas?

—¡No, no dudo! —exclamó Kokua—. Pero me faltan las fuerzas. Espere un momento. Es mi mano la que se resiste y mi carne la que se encoge en presencia de ese objeto maldito. ¡Un momento tan sólo!

El anciano miró a Kokua con afecto.

—¡Pobre niña! —dijo—; tienes miedo; tu alma te hace dudar. Bueno, me quedaré yo con ella. Soy viejo y nunca más conoceré la felicidad en este mundo, y, en cuanto al otro...

—¡Démela! —jadeó Kokua—. Aquí tiene el dinero. ¿Cree que soy tan vil como para eso? Deme la botella.

—Que Dios te bendiga, hija mía —dijo el anciano.

Kokua ocultó la botella bajo su *holoku*, se despidió del anciano y echó a andar por la avenida sin preocuparse de saber en qué dirección. Porque ahora todos los caminos le daban lo mismo; todos llevaban igualmente al infierno. Unas veces caminaba y otras corría; unas veces gritaba y otras se tumbaba en el polvo junto al camino y lloraba. Todo lo que había oído sobre el infierno le volvía ahora a la imaginación; contemplaba el brillo de las llamas, se asfixiaba con el acre olor del humo y sentía deshacerse su carne sobre los carbones encendidos.

Poco antes del amanecer consiguió serenarse y volver a casa. Keawe dormía con la serenidad de un niño, como el anciano le había asegurado. Kokua se detuvo a contemplar su rostro.

—Ahora, esposo mío —dijo—, te toca a ti descansar.

Cuando despiertes podrás cantar y reír. Pero la pobre Kokua, que nunca quiso hacer mal a nadie, no volverá a dormir tranquila, ni a cantar ni a divertirse.

Después se tumbó en la cama al lado de Keawe y su dolor era tan grande que cayó al instante en un sopor profundísimo.

Su esposo se despertó ya avanzada la mañana y le dio la buena noticia. Era como si la alegría lo hubiera trastornado, porque no se dio cuenta de la aflicción de Kokua, a pesar de lo mal que ella la disimulaba. Aunque las palabras se le atragantaran, no tenía importancia; Keawe se encargaba de decirlo todo. A la hora de comer no probó bocado, pero ¿quién iba a darse cuenta?, porque Keawe no dejó nada en su plato. Kokua lo veía y le oía como si se tratara de un mal sueño; había veces en que se olvidaba o dudaba y se llevaba las manos a la frente; porque saberse condenada y escuchar a su marido hablando sin parar de aquella manera le resultaba demasiado monstruoso.

Mientras tanto Keawe comía y charlaba, hacía planes para su regreso a Hawai, daba las gracias a Kokua por haberlo salvado, la acariciaba y le decía que en realidad el milagro era obra suya. Luego empezó a reírse del viejo que había sido lo bastante estúpido para comprar la botella.

—Parecía un anciano respetable —dijo Keawe—. Pero no se puede juzgar por las apariencias, porque ¿para qué necesitaría la botella ese viejo réprobo?

—Esposo mío —dijo Kokua humildemente—, su intención puede haber sido buena.

Keawe se echó a reír muy enfadado.

—¡Tonterías! —exclamó—. Un viejo pícaro, te lo digo yo; y estúpido por añadidura. Ya era bien difícil vender la botella por cuatro céntimos, pero por tres será imposible. Apenas queda margen y todo el asunto empieza a oler a chamusquina... —dijo Keawe, estremeciéndose—. Es cierto que yo la compré por un centavo cuando no sabía que hubiera monedas de menos valor. Pero es absurdo hacer una cosa así; nunca aparecerá otra persona que haga lo mismo, y quien tenga ahora esa botella se la llevará consigo a la tumba.

—¿No es una cosa terrible, esposo mío —dijo Kokua—, que la salvación propia signifique la condenación eterna de otra persona? Creo que yo no podría tomarlo a broma. Me sentiría abatida y llena de melancolía. Rezaría por el dueño de la botella.

Keawe se enfadó aún más al darse cuenta de la verdad que encerraban las palabras de Kokua.

—¡Tonterías! —exclamó—. Llénate de melancolía si así lo deseas. Pero no me parece la actitud lógica de una buena esposa. Si pensaras un poco en mí, tendría que darte vergüenza.

Luego salió y Kokua se quedó sola.

¿Qué posibilidades tenía de vender la botella por dos céntimos? Kokua se daba cuenta de que ninguna. Y en el caso de que tuviera alguna, allí estaba su marido, empeñado en devolverla cuanto antes a un país donde no había ninguna moneda inferior al centavo. Y, por si fuera poco, a la mañana siguiente después de su sacrificio, su marido se enfadaba con ella y la dejaba sola.

Ni siquiera trató de aprovechar el poco tiempo disponible: se limitó a quedarse en casa, y unas veces sacaba la botella y la contemplaba con indecible horror y otras volvía a esconderla llena de aborrecimiento.

A la larga Keawe terminó por volver y la invitó a dar un paseo en coche.

—Estoy enferma, esposo mío —dijo ella—. No tengo ganas de nada. Perdóname, pero no me divertiría.

Aquello hizo que Keawe se enfadara aún más con ella, porque creía que a Kokua le entristecía el destino del anciano, y también consigo mismo, porque pensaba que su esposa tenía razón y se avergonzaba de ser tan feliz.

—¡Eso es lo que piensas en realidad —exclamó—, y ése es el afecto que me profesas! Tu marido se ha salvado de la condenación eterna a la que se arriesgó por amor y ¡tú no tienes ganas de nada! Kokua, tu corazón es un corazón desleal.

Keawe volvió a marcharse muy furioso y estuvo vagabundeando todo el día por la ciudad. Se encontró con unos amigos y bebieron juntos; luego alquilaron un coche para ir al campo y allí siguieron bebiendo.

Uno de los que bebían con Keawe era un brutal *haole* ya viejo que había sido contramaestre de un ballenero, además de prófugo, buscador de oro y presidiario en varias cárceles. Era un hombre rastrero; le gustaba beber y emborrachar a los demás; y se empeñaba en que Keawe tomara una copa tras otra. Muy pronto, a ninguno de ellos le quedaba más dinero.

—¡Eh, tú! —dijo el contramaestre—, siempre estás diciendo que eres rico. Que tienes una botella o alguna tontería parecida.

—Sí —dijo Keawe—, soy rico; volveré a la ciudad y le pediré algo de dinero a mi mujer, que es la que lo guarda.

—Ése no es un buen sistema, compañero —dijo el contramaestre—. Nunca confíes tu dinero a una mujer. Son todas tan falsas como Judas; no la pierdas de vista.

Aquellas palabras impresionaron mucho a Keawe porque la bebida le había enturbiado el cerebro.

«No me extrañaría que fuera falsa —pensó—. ¿Por qué tendría que entristecerla tanto mi liberación? Pero voy a demostrarle que a mí no se me engaña tan fácilmente. La pillaré *in fraganti.*»

De manera que cuando regresaron a la ciudad, Keawe pidió al contramaestre que le esperase en la esquina, junto a la cárcel vieja, y él siguió solo por la avenida hasta la puerta de su casa. Era otra vez de noche; dentro había una luz, pero no se oía ningún ruido. Keawe dio la vuelta a la casa, abrió con mucho cuidado la puerta de atrás y miró dentro.

Kokua estaba sentada en el suelo con la lámpara a su lado; delante tenía una botella de color lechoso, con una panza muy redonda y un cuello muy largo; y mientras la contemplaba, se retorcía las manos.

Keawe se quedó mucho tiempo en la puerta, mirando. Al

principio fue incapaz de reaccionar; luego tuvo miedo de que la venta no hubiera sido válida y de que la botella hubiera vuelto a sus manos como le sucediera en San Francisco; y ante aquella posibilidad notó que se le doblaban las rodillas y los vapores del vino se esfumaron de su cabeza como la neblina desaparece de un río con los primeros rayos del sol. Después se le ocurrió otra idea. Era una idea muy extraña e hizo que le ardieran las mejillas.

«Tengo que asegurarme de esto», pensó.

De manera que cerró la puerta, dio la vuelta a la casa y entró de nuevo haciendo mucho ruido, como si acabara de llegar. Pero cuando abrió la puerta principal ya no se veía la botella por ninguna parte; y Kokua estaba sentada en una silla y se sobresaltó como alguien que se despierta.

—He estado bebiendo y divirtiéndome todo el día —dijo Keawe—. He encontrado unos camaradas muy simpáticos y vengo sólo a por más dinero para seguir bebiendo y corriéndonos la gran juerga.

Tanto su rostro como su voz eran tan severos como los de un juez, pero Kokua estaba demasiado preocupada para darse cuenta.

—Haces muy bien en disfrutar de tu dinero, esposo mío —dijo ella con voz temblorosa.

—Ya sé que hago bien en todo —dijo Keawe, yendo directamente hacia el baúl y cogiendo el dinero. También miró detrás, en el rincón donde guardaba la botella, pero no estaba.

Entonces el baúl empezó a moverse como un alga marina y la casa a dilatarse como una espiral de humo, porque Keawe comprendió que estaba perdido, y que no le quedaba escapatoria alguna. «Es lo que me temía —pensó—; es ella quien ha comprado la botella.»

Luego se recobró un poco, alzándose de nuevo; pero el sudor le corría por la cara tan abundante como si se tratara de gotas de lluvia y tan frío como si fuera agua de pozo.

—Kokua —dijo Keawe—, esta mañana me he enfadado contigo sin razón alguna. Ahora voy otra vez a divertirme con mis compañeros —añadió, riendo sin mucho entusiasmo—. Pero sé que lo pasaré mejor si me perdonas antes de marcharme.

Un momento después Kokua, agarrada a sus rodillas, se las besaba mientras ríos de lágrimas le corrían por las mejillas.

—¡Sólo quería que me dijeras una palabra amable! —exclamó.

—Ojalá que nunca volvamos a pensar mal el uno del otro —dijo Keawe; acto seguido volvió a marcharse.

Keawe no había cogido otro dinero que parte de la provisión de monedas de un céntimo que consiguieran nada más llegar. Sabía muy bien que no tenía ningún deseo de seguir bebiendo. Puesto que su mujer había dado su alma por él, Keawe tenía ahora que dar la suya por Kokua; no era posible pensar en otra cosa.

En la esquina, junto a la cárcel vieja, le esperaba el contramaestre.

—Mi mujer tiene la botella —dijo Keawe—, y si no me ayudas a recuperarla, se habrán acabado el dinero y la bebida por esta noche.

—¿No querrás decirme que esa historia de la botella va en serio? —exclamó el otro.

—Mírame bien a la luz de ese farol —dijo Keawe—. ¿Tengo aspecto de estar bromeando?

—Debe de ser cierto —dijo el contramaestre—, porque estás tan serio como si vinieras de un entierro.

—Escúchame, entonces —dijo Keawe—; aquí tienes dos céntimos; entra en la casa y ofréceselos a mi mujer por la botella, y (si no estoy equivocado) te la entregará al instante. Tráemela y yo volveré a comprártela por un céntimo; porque tal es la ley con esa botella: es preciso venderla por una suma inferior a la de la compra. Pero no se te ocurra decirle que soy yo quien te envía.

—Compañero, ¿no te estarás burlando de mí? —quiso saber el contramaestre.

—Nada malo te sucedería aunque fuera así —respondió Keawe.

—Tienes razón —dijo el contramaestre.

—Y si dudas de mí —añadió Keawe— puedes hacer la prueba. Tan pronto como salgas de la casa, te bastará con desear que se te llene el bolsillo de dinero, o una botella del mejor ron o cualquier otra cosa que se te ocurra y comprobarás enseguida el poder de la botella.

—Muy bien, *kanaka* —dijo el contramaestre—. Haré la prueba; pero si te estás divirtiendo a costa mía, te aseguro que yo me divertiré después a la tuya con una barra de hierro.

De manera que el ballenero se alejó por la avenida; y Keawe se quedó esperándolo. Era muy cerca del sitio donde Kokua había esperado la noche anterior; pero Keawe estaba más decidido y no tuvo un solo momento de vacilación; sólo su alma estaba llena con la amargura de la desesperación.

Le pareció que llevaba ya mucho rato esperando cuando oyó que alguien se acercaba, cantando por la avenida todavía a oscuras. Reconoció enseguida la voz del contramaestre; pero era extraño que diera de pronto la sensación de estar mucho más borracho que antes. Poco después apareció, tambaleándose, bajo la luz del farol.

Llevaba la botella del diablo dentro de la chaqueta y otra en la mano; y aún tuvo tiempo de llevarse esta última a la boca y de echar un trago mientras cruzaba el círculo iluminado.

—Ya veo que la has conseguido —dijo Keawe.

—¡Quietas las manos! —gritó el contramaestre, dando un salto hacia atrás—. Si te acercas un paso más te rompo la crisma. Creías poder utilizarme, ¿no es cierto?

—¿Qué quieres decir? —exclamó Keawe.

—¿Qué quiero decir? —repitió el contramaestre—. Que esta botella es una cosa extraordinaria, ya lo creo que sí; eso es lo que quiero decir. Cómo la he conseguido por dos céntimos es algo que no sabría explicar; pero sí estoy seguro de que no voy a dártela por uno.

—¿Significa eso que no me la vendes? —jadeó Keawe.

—¡Claro que no! —exclamó el contramaestre—. Pero te dejaré echar un trago de ron, si quieres.

—Has de saber —dijo Keawe— que el dueño de esa botella acabará en el infierno.

—Calculo que voy a ir a parar allí de todos modos —replicó el marinero—; y esta botella es la mejor compañía que he encontrado para ese viaje. ¡No, señor! —exclamó de nuevo—; ahora es mía y ya puedes ir buscándote otra.

—¿No estaré soñando? —exclamó Keawe—. ¡Por tu propio bien, te lo ruego, véndemela!

—No malgastes el aliento —replicó el contramaestre—. Me tomaste por tonto y ya ves que no lo soy; eso es todo. Si no quieres un trago de ron me lo tomaré yo. ¡A tu salud y que pases buena noche!

Y acto seguido echó a andar, camino de la ciudad; y con él también desaparece la botella de esta historia.

Pero Keawe corrió a reunirse con Kokua a la velocidad del viento; y grande fue su alegría aquella noche; y grande, desde entonces, ha sido la paz que colma todos sus días en la Casa Resplandeciente.

Apia, Upolu, islas de Samoa, 1889

En Alemania, en 1923, el valor de la moneda se redujo a una millonésima parte respecto a 1913, lo que equivale a decir que la moneda perdió completamente su valor. Incluso en casos extremos las consecuencias fueron realmente dramáticas. El abuelo del autor, cuya póliza de seguros venció durante el período de la inflación austríaca, contaba que cobró esa gran suma en moneda devaluada y que solamente le sirvió para pagar una bebida en un bar al que acudía habitualmente.

ERIC HOBSBAWM

Mario Benedetti nació en el Paso de los Toros (Uruguay) en 1920. Se educó en un colegio alemán y se ganó la vida como taquígrafo, vendedor, cajero, contable, funcionario público y periodista. Es autor de novelas, relatos, poesía, teatro y crítica literaria. Ha publicado más de cincuenta libros y ha sido traducido a veintitrés idiomas. Reparte su tiempo entre Montevideo y Madrid. Ha sido galardonado con, entre otros, el premio Reina Sofía de Poesía 1999 y el premio iberoamericano José Martí 2000.

Emilia, condesa de Pardo Bazán, nació en La Coruña en 1851 y murió en Madrid en mayo de 1921. Está considerada la introductora del naturalismo en España. Cultivó con éxito la novela, el cuento, el ensayo y el periodismo. De entre sus obras cabe destacar *Los pazos de Ulloa*, *El tesoro de Gastón* o *Cuentos sacroprofanos*.

EL PRESUPUESTO

Mario Benedetti

En nuestra oficina regía el mismo presupuesto desde el año mil novecientos veintitantos, o sea, desde una época en que la mayoría de nosotros estábamos luchando con la geografía y con los quebrados. Sin embargo, el jefe se acordaba del acontecimiento y a veces, cuando el trabajo disminuía, se sentaba familiarmente sobre uno de nuestros escritorios, y así, con las piernas colgantes que mostraban después del pantalón unos inmaculados calcetines blancos, nos relataba con su vieja emoción y las quinientas noventa y ocho palabras de costumbre, el lejano y magnífico día en que su jefe —él era entonces oficial primero— le había palmeado el hombro y le había dicho: «Muchacho, tenemos presupuesto nuevo», con la sonrisa amplia y satisfecha del que ya ha calculado cuántas camisas podrá comprar con el aumento.

Un nuevo presupuesto es la ambición máxima de una oficina pública. Nosotros sabíamos que otras dependencias de personal más numeroso que la nuestra habían obtenido presupuesto cada dos o tres años. Y las mirábamos desde nuestra pequeña isla administrativa con la misma desesperada resignación con que Robinson veía desfilar los barcos por el horizonte sabiendo que era tan inútil hacer señales como sentir envidia. Nuestra envidia o nuestras señales hubieran servido de poco, pues ni en los mejores tiempos pasamos de nueve empleados, y era lógico que nadie se preocupara de una oficina así de reducida.

Como sabíamos que nada ni nadie en el mundo mejoraría nuestros gajes, limitábamos nuestra esperanza a una progresiva reducción de las salidas, y, en base a un cooperativismo harto elemental, lo habíamos logrado en buena parte. Yo, por ejemplo, pagaba la yerba; el auxiliar primero, el té de la tarde; el auxiliar segundo, el azúcar; las tostadas el oficial primero, y el oficial segundo la manteca. Las dos dactilógrafas y el portero estaban exonerados, pero el jefe, como ganaba un poco más, pagaba el diario que leíamos todos.

Nuestras diversiones particulares se habían también achicado al mínimo. Íbamos al cine una vez por mes teniendo buen cuidado de ver todos diferentes películas, de modo que relatándolas luego en la oficina, estuviéramos al tanto de lo que se estrenaba. Habíamos fomentado el culto de juegos de atención, tales como las damas y el ajedrez, que costaban poco y mantenían el tiempo sin bostezos. Jugábamos de cinco a seis, cuando ya era imposible que llegaran nuevos expedientes, ya que el letrero de la ventanilla advertía que después de las cinco no se recibían «asuntos». Tantas veces lo habíamos leído, que al final no sabíamos quién lo había inventado; ni siquiera qué concepto respondía exactamente a la palabra «asunto». A veces alguien venía y preguntaba el número de su «asunto». Nosotros le dábamos el del expediente y el hombre se iba satisfecho. De modo que un «asunto» podía ser, por ejemplo, un expediente.

En realidad, la vida que pasábamos allí no era mala. De vez en cuando el jefe se creía en la obligación de mostrarnos las ventajas de la administración pública sobre el comercio, y algunos de nosotros pensábamos que ya era un poco tarde para que opinara diferente.

Uno de sus argumentos era la seguridad. La seguridad de que no nos dejarían cesantes. Para que ello pudiera acontecer, era preciso que se reuniesen los senadores, y nosotros sabíamos que los senadores apenas si se reunían cuando tenían que interpelar a un ministro. De modo que por ese lado el jefe tenía razón. La seguridad existía. Claro que también existía la otra seguridad, la de que nunca tendríamos un aumento que nos permitiera comprar un sobretodo al contado. Pero el jefe, que tampoco podía comprarlo, consideraba que no era ése el momento de ponerse a criticar su empleo ni tampoco el nuestro. Y —como siempre— tenía razón.

Esa paz ya resuelta y casi definitiva que pesaba en nuestra oficina, dejándonos conformes con nuestro pequeño destino y un poco torpes debido a nuestra falta de insomnios, se vio un día alterada por la noticia que trajo el oficial segundo. Era sobrino de un oficial primero del ministerio y resulta que ese tío —dicho sea sin desprecio y con propiedad— había sabido que allí se hablaba de un presupuesto nuevo para nuestra oficina. Como en el primer momento no supimos quién o quiénes eran los que hablaban de nuestro presupuesto, sonreímos con la ironía de lujo que reservábamos para algunas ocasiones, como si el oficial segundo estuviera un poco loco o como si nosotros pensáramos que él nos tomaba por un poco tontos. Pero cuando nos agregó que, según el tío, el que había hablado de ello había sido el mismo secretario, o sea el *alma parens* del ministerio, sentimos de pronto que en nuestras vidas de setenta pesos algo estaba cambiando como si una mano invisible hubiera apretado al fin aquella de nuestras tuercas que se hallaba floja, como si nos hubiesen sacudido a bofetadas toda la conformidad y toda la resignación.

En mi caso particular, lo primero que se me ocurrió pensar y decir fue «lapicera fuente». Hasta ese momento yo no había sabido que quería comprar una lapicera fuente, pero en cuanto el oficial segundo abrió con su noticia ese enorme futuro que apareja toda posibilidad, por mínima que sea, enseguida extraje de no sé qué sótano de mis deseos una lapicera de color negro con capuchón de plata y con mi nombre inscripto. Sabe Dios en qué tiempos se había enraizado en mí.

Vi y oí además cómo el auxiliar primero hablaba de una bicicleta y el jefe contemplaba distraídamente el taco desviado de sus zapatos y una de las dactilógrafas despreciaba cariñosamente su cartera del último lustro. Vi y oí además cómo todos nos pusimos de inmediato a intercambiar nuestros proyectos, sin importarnos realmente nada lo que el otro decía, pero necesitando hallar un escape a tanta contenida e ignorada ilusión. Vi y oí además cómo todos decidimos festejar la buena nueva financiando con el rubro de reservas una excepcional tarde de bizcochos.

Eso —los bizcochos— fue el paso primero. Luego siguió el par de zapatos que se compró el jefe. A los zapatos del jefe, mi lapicera adquirida a pagar en diez cuotas. Y a mi lapicera, el sobretodo del oficial segundo, la cartera de la primera dactilógrafa, la bicicleta del auxiliar primero. Al mes y medio todos estábamos empeñados y en angustia.

El oficial segundo había traído más noticias. Primeramente que el presupuesto estaba a informe de la secretaría del ministerio. Después que no. No era en secretaría. Era en contaduría. Pero el jefe de contaduría estaba enfermo y era preciso conocer su opinión. Todos nos preocupábamos por la salud de ese jefe del que sólo sabíamos que se llamaba Eugenio y que tenía a estudio nuestro presupuesto. Hubiéramos querido obtener hasta un boletín diario de su salud. Pero sólo teníamos derecho a las noticias desalentadoras del tío de nuestro oficial segundo. El jefe de contaduría seguía peor. Vivimos una tristeza tan larga por la enfermedad de ese funcionario, que el día de su muerte sentimos, como los deudos de un asmático grave, una especie de alivio al no tener que preocuparnos más de él. En realidad, nos pusimos egoístamente alegres, porque esto significaba la posibilidad de que llenaran la vacante y nombraran otro jefe que estudiara al fin nuestro presupuesto.

A los cuatro meses de la muerte de don Eugenio nombraron otro jefe de contaduría. Esa tarde suspendimos la partida de ajedrez, el mate y el trámite administrativo. El jefe se puso a tararear un aria de *Aida* y nosotros nos quedamos —por esto y por todo— tan nerviosos, que tuvimos que salir un rato a mirar las vidrieras. A la vuelta nos esperaba una emoción. El tío había informado que nuestro presupuesto no había estado nunca a estudio de la contaduría. Había sido un error. En realidad, no había salido de secretaría. Esto significaba un considerable oscurecimiento de nuestro panorama. Si el presupuesto a estudio hubiera estado en contaduría, no nos habríamos alarmado. Después de todo, nosotros sabíamos que hasta el momento no se había estudiado debido a la enfermedad del jefe. Pero si había estado realmente en secretaría, en la que el secretario —su jefe supremo— gozaba de perfecta salud, la demora no se debía a nada y podía convertirse en demora sin fin.

Allí comenzó la etapa crítica del desaliento. A primera hora nos mirábamos todos con la interrogante desesperanzada de costumbre. Al principio todavía preguntábamos: «¿Saben algo?» Luego optamos por decir: «¿Y?», y terminamos finalmente por hacer la pregunta con las cejas. Nadie sabía nada. Cuando alguien sabía algo, era que el presupuesto todavía estaba a estudio de la secretaría.

A los ocho meses de la noticia primera, hacía ya dos que mi lapicera no funcionaba. El auxiliar primero se había roto una costilla gracias a la bicicleta. Un judío era el actual propietario de los libros que había comprado el auxiliar segundo; el reloj del oficial primero atrasaba un cuarto de hora por jornada; los zapatos del jefe tenían dos medias suelas (una cosida y otra clavada), y el sobretodo del oficial segundo tenía las solapas gastadas y erectas como dos alitas de equivocación.

Una vez supimos que el ministro había preguntado por el presupuesto. A la semana, informó secretaría. Nosotros queríamos saber qué decía el informe, pero el tío no pudo averiguarlo porque era «estrictamente confidencial». Pensamos que eso era sencillamente una estupidez, porque nosotros, a todos aquellos expedientes que traían una tarjeta en el ángulo superior, con leyendas tales como «muy urgente», «trámite preferencial», o «estrictamente reservado», los tratábamos en igualdad de condiciones que a los otros. Pero por lo visto en el ministerio no eran del mismo parecer.

Otra vez supimos que el ministro había hablado del presupuesto con el secretario. Como a las conversaciones no se les ponía ninguna tarjeta especial, el tío pudo enterarse y enterarnos de que el ministro estaba de acuerdo. ¿Con qué y con quién estaba de acuerdo? Cuando el tío quiso averiguar esto último, el ministro ya no estaba de acuerdo. Entonces, sin otra explicación comprendimos que antes había estado de acuerdo con nosotros.

Otra vez supimos que el presupuesto había sido reformado. Lo iban a tratar en la sesión del próximo viernes, pero a los catorce viernes que siguieron a ese próximo el presupuesto no había sido tratado. Entonces empezamos a vigilar las fechas de las próximas sesiones y cada sábado nos decíamos: «Bueno, ahora será hasta el viernes. Veremos qué pasa entonces». Llegaba el viernes y no pasaba nada. Y el sábado nos decíamos: «Bueno, será hasta el viernes. Veremos qué pasa entonces». Y no pasaba nada. Y no pasaba nunca nada de nada.

Yo estaba ya demasiado empeñado para permanecer impasible, porque la lapicera me había estropeado el ritmo económico y desde entonces yo no había podido recuperar mi equilibrio. Por eso fue que se me ocurrió que podíamos visitar al ministro.

Durante varias tardes estuvimos ensayando la entrevista. El oficial primero hacía de ministro, y el jefe, que había sido designado por aclamación para hablar en nombre de todos, le presentaba nuestro reclamo. Cuando estuvimos conformes en el ensayo, pedimos audiencia en el ministerio y nos la concedieron para el jueves. El jueves dejamos pues en la oficina a una de las dactilógrafas y al portero, y los demás nos fuimos a conversar con el ministro. Conversar con el ministro no es lo mismo que conversar con otra persona. Para conversar con el ministro hay que esperar dos horas y media y a veces ocurre, como nos pasó precisamente a nosotros, que ni al cabo de esas dos horas y media se puede conversar con el ministro. Sólo llegamos a presencia del secretario, quien tomó nota de las palabras del jefe

—muy inferiores al peor de los ensayos, en los que nadie tartamudeaba— y volvió con la respuesta del ministro de que se trataría nuestro presupuesto en la sesión del día siguiente.

Cuando —relativamente satisfechos— salíamos del ministerio, vimos que un auto se detenía en la puerta y que de él bajaba el ministro.

Nos pareció un poco extraño que el secretario nos hubiera traído la respuesta personal del ministro sin que éste estuviese presente. Pero en realidad nos convenía más confiar un poco y todos asentimos con satisfacción y desahogo cuando el jefe opinó que el secretario seguramente habría consultado al ministro por teléfono.

Al otro día, a las cinco de la tarde estábamos bastante nerviosos. Las cinco de la tarde era la hora que nos habían dado para preguntar. Habíamos trabajado muy poco; estábamos demasiado inquietos como para que las cosas nos salieran bien. Nadie decía nada. El jefe ni siquiera tarareaba su aria. Dejamos pasar seis minutos de estricta prudencia. Luego el jefe discó el número que todos sabíamos de memoria, y pidió con el secretario. La conversación duró muy poco. Entre los varios «Sí», «Ah, sí», «Ah, bueno» del jefe, se escuchaba el ronquido indistinto del otro. Cuando el jefe colgó el tubo, todos sabíamos la respuesta. Sólo para confirmarla pusimos atención: «Parece que hoy no tuvieron tiempo. Pero dice el ministro que el presupuesto será tratado sin falta en la sesión del próximo viernes».

UN DURO FALSO

Emilia Pardo Bazán

—No vengas sin cobrar, ¿yestú?

La orden repercutía con martilleo monótono en la cabeza, redonda y rapada, del aprendiz de obra prima. ¿Sin cobrar? De ningún modo. En primer término, le obligaba el punto de honra, el deseo de acreditar que servía para algo —¡le habían repetido tantas veces, en tono despreciativo, la afirmación contraria!—. En segundo, le apremiaba el horror nervioso, profundo, a la vergüenza del infalible puntillón del maestro...

¡El maestro! ¡Si Natario, el desmedrado granuja, fuese capaz de aquilatar la exactitud de las denominaciones, sacaría en limpio que no procedía nombrar maestro a quien nada enseña! ¡Aun sin razonarlo, Natario lo percibía, y no podía sufrirlo, señores! Había un fondo de amargor en el alma oprimida del chico. Le faltaba aire de justicia; se sentía ofendido, menospreciado, y acaso en su propia ofensa latía la de una colectividad. No daba a estos sentimientos su verdadero alcance; no era consciente de ellos. Protesta sorda, oscura, que se exaltaba a fin de mes, cuando la madre de Natario, asistenta y casi mendiga, tenía que aflojar una peseta por los derechos de aprendizaje de su hijo.

—¿Te da labor el señor Remualdo? ¿Aprendes o no? Culpa tuya será, haragán, flojo, zángano... —¡Pum!

Y la mano ruda, deformada, de la madre plebeya caía sobre

la cabeza pálida y afeitada al rape. Natario se sorbía las lágrimas, se guardaba el golpe —porque no era ignominioso— y volvía al obrador con más indignación depositada en el pecho. ¿Quién aprende, vamos a ver, si no le ponen tarea; si en vez de confiarle un cacho de suela remojada para batirla, sólo le dan unas hojas de papel con que apremiar a la gente? A él no le encargaban sino que se llegase aquí o acullá, a casas situadas en barrios extraviados, a subir pisos y más pisos, para que le despidiesen con el encargo de volver a primeros de mes, cuando hay dinerete fresco… Así rompía Natario su calzado propio, sin esperanzas de adiestrarse en fabricar el ajeno nunca. Los pares de botas alineados en el mostrador, con sus puntas relucientes, cristalinas a fuerza de restregones de crema Smart; los zapatos de alto taconcito y moño crespo, de seda y abalorio, parecían desdeñar sus afanes de artista. «No nos construirás nunca. Tú, a mal barrer el obrador y a atropellar recados.»

Algo semejante a esto le decían los demás oficiales con sus burlas y chanflonerías. El aprendiz recadero era el hazmerreír, el tema jocoso de las conversaciones. Su huraña tristeza, su aire de persona herida por la suerte daban larga tela regocijada a los intermedios de la labor, cigarrillo en boca. Le ponían motes efímeros: Papa Notario, el Tranvía —por irrisión de que ignoraba lo que era subirse a este popularísimo vehículo—. Bien podría, como otros golfos, trepar a la plataforma y estarse allí hasta que le corriesen; pero a Natario le dolía, como sabemos, el punto de honra maldecido… En su sangre pobre, de chico escrofuloso y enteco por desnutrición, corría quizá una vena azul cobalto, algo que infunde al espíritu el temple de la altivez y no permite exponerse jamás a ser afrentado merecidamente… Sin razón, claro es, que aguantaba bochornos y malos tratamientos… ¡Con razón, concho, con razón nadie había tenido que decirle nada al hijo de su madre! Y el hervor de aquella indignación consabida se acrecentaba, y sus burbujas subían al cerebro del chiquillo, casi adolescente, alborotando sus primeras pasionalidades. Sus manos se crispaban, su garganta se contraía. Después, calmado el acceso, recaía en esquiva y pasiva obediencia.

Le encontramos volviendo al taller, después de una de sus odiseas de entrega y cobro. ¡Qué rendido venía! Arrastraba los pies. Eran las seis de la tarde, y desde las once, hora en que su madre le había dado unas sopas de corruscos de pan flotando en aguachirle turbia, ningún alimento confortaba su estómago. Natario conocía el origen del desconsuelo, el desfallecimiento angustioso que engendraba su cansancio: un mendrugo y una copa de vino lo remediarían... Otros chicos, en las calles que el aprendiz iba recorriendo, extendían la mano, contando cosas muy plañideras, y los señores, sin mirarlos, les alargaban perros. «Si ties hambre, ingéniate como los demás», era la imperiosa instrucción de la madre. Ingeniarse significaba pedir limosna o... Esto último no acertaba ni a pensarlo. Y lo otro, tampoco: una luz de la conciencia le mostraba que ambos recursos se asemejan y a veces se confunden. Él, Natario, viviría de su sudor, pero con la frente alta..., es un decir, y lo de la frente alta, una frase que jamás había pronunciado el chico; pero dentro de sí, Natario se hacía superior a la humillación de su inutilidad y pequeñez, con la certidumbre de no ser capaz —ni en trance de muerte— de «ingeniarse como los demás», ¡mendigos o rateros!

En el bolsillo de su raído pantalón pesaban los cuartos de la cobranza: seis duros, cuatro pesetas, unos céntimos. Natario, por costumbre, deslizaba la mano frecuentemente, palpando las monedas, con terror de perder alguna, que se escurriese por agujeros invisibles del forro. Allí estaban; no se habían evaporado. Natario se detuvo a respirar, con el resuello corto y nublada la vista. Luego, de una arrancada desesperada, salvó las tres o cuatro calles que le separaban del establecimiento de su patrono.

—¿Viene la cantidad? —Los ojos encarnizados del zapatero interrogaban severamente.

—Aquí la traigo...

Entre las ansias del sobrealiento y el impulso irresistible de rendir pronto lo que no era suyo, Natario jadeaba. Risas sofocadas salieron del obrador, donde, silbando un tango verde, los compañeros cosían y batían suela. Hacíales gracia lo fatigoso que llegaba el bueno de Tranvía.

—Oye, oye, guasón... ¿qué rediez me traes aquí? —interrogó el patrono, al recontar la entrega—. ¿Tú te has creído, sabandija, que voy a tomarte por buena moneda falsa?

—¿Moneda falsa? —Natario repetía las palabras atónito, sin comprender.

—¡Hazte el tonto...! ¡Buen tonto aprovechado estás tú! Te guardas el duro legítimo y me das el de plomo indecente. ¡A ver, venga mi duro, más pronto que la vista!

Un lloro repentino, un hipo asfixiante, una queja que vibraba furiosa...

—¡Es el que man dao! ¡El que man... dao! ¡No man... dao... otro!

La diestra nervuda y velluda del patrono descargó un revés en la mejilla macilenta del aprendiz, sofocado por las lágrimas y la rebeldía de su orgullosa honradez.

—¡Agua va!

—¡Apúntate esa!

Eran las voces mofadoras de los verdaderos aprendices, de los que machacaban el cuero y tiraban del hilo encerado. El estallido del bofetón, el alboroto de la bronca los distraían.

—¡Por robar a tu maestro! —exclamó el zapatero violentamente, secundando en el otro carrillo.

Natario no sintió el dolor del brutal soplamocos; las muelas le temblaron, pero ni lo advirtió siquiera. Allá dentro, en el fondo mismo de su ser, algo le dolía más, con punzadas y latidos intolerables: «Por robar...».

Con voz ronca, voz de hombre —que él mismo no conocía y le sonaba de extraño modo—, lanzó a la cara de su opresor:

—Usté no es mi maestro. ¡Yo no he robao!

Y una interjección feroz y un conato de arrojarse al cuello

de su enemigo... Un conato solamente, porque si Natario acababa de sentir en su espíritu la virilidad que reforzaba su voz, su cuerpo mezquino cedió inmediatamente; dos brazos fuertes le sujetaron, y puños enérgicos le contundieron, descargando sobre su pecho canijo, sus flacos hombros, sus espaldas, precozmente doblegadas, una lluvia de trompicones, mientras un pie recio, ancho, intentaba partirle la espinilla con reiterados golpes de los que hacen ver en el aire lucería de color... El niño, desencajado, apretando los dientes reprimía el grito, el ¡ay! del martirizado; un hilo de sangre brotaba de sus narices magulladas por un puñetazo certero. El señor Remualdo, embriagándose con su propia ira, repetía:

—¡Ladrón! ¡Estafador! ¡Venga el duro, o la cárcel!

Se cansó al fin de pegar, tomó un respiro, soltó al muchacho y se sentó, pasándose el revés de la mano por la frente sudorosa. Natario cayó inerte al suelo; los aprendices ya no reían; uno se levantó, y con el agua de remojar le roció las sienes. El chico abrió los ojos, se incorporó, tambaleándose, y con la cabeza baja se acercó al banco más próximo. Disimuladamente asió una herramienta afilada, una cuchilla de cortar suela, y volviendo hacia el maestro, que resoplaba en su silla, refunfuñando todavía para reclamar el duro, tiró tajo redondo, rebanándole mitad del pescuezo, del cual brotó un surtidor escarlata, mientras el hombre se derrumbaba sin articular ni un grito.

Empero existe más peligro de exagerar el interés popular por el mercado que de infravalorarlo. El tópico de que en 1929 todo el mundo «jugaba en la bolsa» no es ni mucho menos literalmente verdad. Entonces, como ahora, el mercado de valores era para la gran mayoría de obreros, agricultores y empleados —es decir, la gran mayoría de los norteamericanos—, algo remoto y vagamente siniestro. Entonces, como ahora, pocos sabían cómo había que arreglárselas para comprar títulos; la compra de valores a plazo y con fianza era en todo caso un hecho tan alejado de la vida real de la masa de población como el Casino de Montecarlo. De modo que solo un millón y medio de personas —de una población de unos 120 millones de personas y de 29 a 30 millones de familias— participaron activamente de alguna manera en el mercado de valores.

JOHN KENNETH GALBRAITH

Giovanni Boccaccio (1313 - 1375) fue un poeta y humanista italiano, uno de los más grandes escritores de todos los tiempos y, junto con Dante y Petrarca, padre de la literatura en italiano.

Jorge Luis Borges (1899-1986) es una de las figuras prominentes de la literatura latinoamericana y universal. Escribió poesía lírica, que quedó recopilada en volúmenes como *Fervor de Buenos Aires* (1923), *Luna de enfrente* (1925) y *Cuaderno San Martín* (1929). Con los años fue abandonando la poesía en favor de los relatos breves, publicados en volúmenes ya clásicos como *Ficciones* (1944), *El Aleph* (1949) o *El hacedor* (1960), para luego, conforme avanzaba su ceguera, volver a cultivar más el verso. En 1961 comparte el premio Fomentor con Samuel Beckett, y en 1980 el Cervantes con Gerardo Diego. Murió en Ginebra, el 14 de junio de 1986.

ANDREUCCIO DE PERUGIA

Giovanni Boccaccio

A Andreuccio de Perugia, yendo a Nápoles a comprar caballos, en una noche le ocurren tres graves desgracias y escapando de todas con un rubí se vuelve a casa.

Las piedras preciosas halladas por Landolfo —comenzó Fiammetta, a quien le correspondía el turno de narrar— me han traído a la memoria un cuento que contiene no menos peligros que el narrado por Lauretta, pero que es muy diferente porque aquéllos sucedieron acaso en varios años, y éstos en el transcurso de una sola noche, como oiréis.

Según he oído decir, hubo en Perusa un joven cuyo nombre era Andreuccio di Pietro, tratante de caballos; el cual habiendo sabido que en Nápoles había buen mercado de caballos, echándose a la bolsa quinientos florines de oro, sin haber estado nunca fuera de casa, allá se fue con otros mercaderes; y llegando allí un domingo por la tarde hacia la hora vespertina, informado por su posadero, a la mañana siguiente se fue al mercado, y vio muchos, y le gustaron bastantes, y estuvo en trato sobre varios; mas no pudiendo cerrar ninguno, para hacer ver que iba a comprar, con torpeza y poca cautela, muchas veces en presencia de los que iban y venían sacó su bolsa con los florines que tenía.

Y estando en estos tratos, habiendo enseñado su bolsa,

ocurrió que una joven siciliana bellísima, pero dispuesta por poco precio a complacer a cualquier hombre, sin que él la viera pasó a su lado y vio la bolsa y enseguida se dijo: «¿Quién estaría mejor que yo si ese dinero fuese mío?», y pasó de largo. Con esa joven estaba una vieja también siciliana que, nada más ver a Andreuccio, dejando que la joven siguiese adelante, corrió a abrazarlo afectuosamente; y al verlo la joven, sin decir nada, se puso a un lado a observarla. Andreuccio, volviéndose a la vieja, al reconocerla la recibió con alegría, y prometiéndole ella ir a verle a la posada, se marchó sin detenerse allí en más conversación; y Andreuccio siguió con sus negocios, pero no compró nada esa mañana. La joven que había visto primero la bolsa de Andreuccio y luego la confianza de su vieja con él, para tratar de hallar algún modo de conseguir ese dinero, todo o parte, comenzó a preguntarle cautamente quién era ése y de dónde y qué hacía allí y de qué le conocía. Y ella le contó muy pormenorizadamente todos los asuntos de Andreuccio casi como lo habría hecho él mismo, ya que ella durante mucho tiempo había vivido en Sicilia con el padre de éste y después en Perusa, e igualmente le contó dónde se hospedaba, y para qué había ido.

La joven, plenamente informada tanto de su familia como de los nombres, fundó sobre aquello su plan para satisfacer su apetito con una sutil malicia; y al volver a casa, le dio a la vieja ocupación para que en todo el día no pudiese ir a ver a Andreuccio; y cogiendo a una criadita suya, a la que había adiestrado muy bien para estos menesteres, la mandó al atardecer a la posada donde Andreuccio paraba.

Y ella, al llegar allí, lo encontró por suerte a él mismo y solo a la puerta, y le preguntó por él. Y al decirle que era él mismo, llevándole a un lado le dijo:

—Señor, una gentil señora de esta ciudad tendría interés en hablaros, si os complaciera.

Y él al verla, reflexionando y pareciéndole que tenía aspecto de buen mozo, pensó que esa señora debía de estar enamorada de él, como si no se encontrase entonces en Nápoles otro joven tan apuesto como él, y respondió rápidamente que estaba dispuesto y preguntó dónde y cuándo esa señora quería hablarle. A lo que la criadita repuso:

—Señor, cuando os plazca ir, ella os espera en su casa.

Andreuccio enseguida, sin advertir nada en la posada, dijo:

—Pues vamos, ve delante que yo te seguiré.

Por lo que la criadita le condujo a casa de ésta, que vivía en un barrio llamado Malpertugio que es tan honrado como su propio nombre indica. Pero él, sin saber ni sospechar nada de esto, creyendo que iba a un lugar honestísimo a ver a una agradable señora, yendo la criadita delante entró ingenuamente en su casa; y al subir las escaleras, habiendo la criadita llamado ya a su señora y diciendo: «Aquí está Andreuccio», la vio en lo alto de la escalera esperándole.

Ella era aún bastante joven, alta de estatura y con un rostro bellísimo, vestida y engalanada muy honorablemente; y cuando Andreuccio estuvo cerca de ella, bajó a su encuentro tres escalones con los brazos abiertos y echándosele al cuello estuvo un rato sin decir nada, como si el exceso de ternura se lo impidiese; después, llorando, le besó en la frente y con voz algo entrecortada le dijo:

—¡Oh, Andreuccio mío, sé bienvenido!

Él, asombrándose de tan tiernas caricias, todo estupefacto respondió:

—¡Mi señora, sed vos bien hallada!

Luego ella, cogiéndole de la mano, le llevó arriba a su sala y de allí, sin decir ni una palabra más, entró con él en su alcoba, que a rosa, a flor de azahar y a otros aromas toda olía, y donde vio un bellísimo lecho encortinado y mucha ropa por los travesaños, según la costumbre de allá, y otros muchos bellos y ricos enseres; por lo que, como era novato, creyó firmemente que ella debía de ser poco menos que una gran señora. Y tomando asiento juntos sobre un arcón que había al pie de su lecho, comenzó a hablarle así:

—Andreuccio, sé muy bien que te asombras tanto de las caricias que te hago como de mis lágrimas, pues no me conoces y acaso nunca oíste hablar de mí. Pero oirás enseguida algo que tal vez te asombre más, que es que yo soy tu hermana; y te digo que como Dios me ha concedido tanta gracia de que antes de mi muerte he visto a alguno de mis hermanos, aunque deseo veros a todos, cuando me llegue mi hora ya no me moriré sin consuelo. Y por si acaso tú jamás oíste esto, yo te lo voy a decir. Pietro, mi padre y el tuyo, como habrás podido saber, vivió largo tiempo en Palermo, y por su bondad y agrado fue allí y aún es muy amado por quienes le conocieron. Pero entre otros que mucho le amaron, mi madre, que fue una gentil señora y entonces era viuda, fue quien más le amó, tanto que, dejando a un lado el temor hacia su padre y hacia sus hermanos y su honra, intimó de tal modo con él que nací yo y aquí estoy como ves. Después, al surgirle a Pietro un motivo para marcharse de Palermo y regresar a Perusa, me dejó muy niña con mi madre, y jamás, que yo sepa, volvió a acordarse ni de mí ni de ella; y yo, si no hubiese sido mi padre, se lo habría reprochado muy duramente considerando su ingratitud hacia mi madre (dejando a un lado el amor que a mí como hija suya no nacida de una criada ni de mujer de vil condición debía tenerme) que puso en sus manos todo lo suyo y también a sí misma, sin saber por otro lado quién fuese él, llevada por fidelísimo amor. Pero ¿para qué seguir? Las cosas mal hechas y pasadas mucho tiempo son más fáciles de reprender que de enmendar; pero así fueron los hechos. Él me dejó pequeña en Palermo, donde, al crecer como aquí me ves, mi madre, que era una rica señora, me dio por esposa a uno de Agrigento, gentilhombre de bien que por amor a mi madre y a mí se fue a vivir a Palermo; y allí, como era muy güelfo, comenzó a hacer algunos tratos con nuestro rey Carlos. Pero al saberlo el rey Federico, antes de que pudiesen llevarse a cabo, tuvimos que huir de Sicilia cuando yo iba a convertirme en la mayor dama que jamás hubiese habido en la isla; por lo que, cogiendo las pocas cosas que pudimos coger (digo pocas respecto a las muchas que teníamos), dejando las tierras y los palacios, nos refugiamos en esta ciudad, donde encontramos al rey Carlos tan agradecido con nosotros que, resarciéndonos en parte de los daños que por él habíamos recibido, nos ha dado posesiones y casas, y le da continuamente a mi marido, que es tu cuñado, buenas sumas, como podrás aún ver. Y de esta manera estoy aquí, donde, gracias a Dios y no a ti, mi querido hermano, te veo.

Y dicho así, volvió a abrazarlo de nuevo y llorando muy tiernamente lo besó en la frente.

Andreuccio, al oír esta fábula tan ordenadamente, tan coherentemente dicha por ella, a quien en ningún momento se le apagaba la palabra entre los dientes ni le balbuceaba la lengua, y acordándose que era verdad que su padre había estado en Palermo y conociendo por sí mismo las costumbres de los jóvenes, que de buen grado aman en la juventud, y al ver las tiernas lágrimas, los abrazos y los honestos besos, tuvo lo que ella decía por más que cierto; y cuando ella calló, le respondió:

—Mi señora, no os debe parecer muy extraño si me asombro, pues en verdad, o porque mi padre por cualquier razón que lo hiciese no hablase nunca de vuestra madre y de vos, o porque si habló no haya llegado a mi conocimiento, yo por lo que a mí respecta no tenía ninguna noticia de vos, como si no existieseis; y me es tanto más grato el haberos encontrado aquí como mi hermana, cuanto más solo estoy y menos lo esperaba. Y en verdad no conozco a nadie de tan alto rango a quien no tuvieseis que agradarle, y menos a mí que soy un pequeño comerciante. Pero una cosa os ruego que me aclaréis: ¿cómo supisteis que estaba yo aquí?

A lo que ella respondió:

—Esta mañana me lo hizo saber una pobre mujer que está mucho conmigo, porque, por lo que ella me dice, estuvo mucho tiempo con vuestro padre en Palermo y en Perusa; y si no fuese porque me parecía más honesto que tú vinieses a verme a mi casa que no ir a verte a ti a la ajena, hace un rato que habría ido a verte.

Tras estas palabras, ella comenzó a preguntar por todos sus parientes uno por uno por su nombre, y Andreuccio le respondió de todos, creyendo por esto más aún lo que menos le convenía creer.

Habiendo sido la conversación larga y el calor grande, hizo llevar vino griego y dulces e hizo dar de beber a Andreuccio; y al querer él marcharse después de esto, porque era la hora de la cena, ella de ninguna manera lo consintió, sino que, fingiendo enfadarse mucho, abrazándolo dijo:

—¡Ay de mí, que muy claro veo que te soy poco querida! ¡Y pensar que estás con una hermana tuya a la que nunca has visto, y en su casa, donde, al venir aquí deberías haberte alojado, y quieres marcharte para irte a cenar a la posada! Desde luego que cenarás conmigo; y aunque mi marido no esté, que mucho me disgusta, yo como señora sabré bien hacerte un poco los honores.

A lo que Andreuccio, sin saber qué otra cosa responder, le dijo:

—Yo os tengo el afecto que se debe tener a una hermana, pero si no voy me esperarán toda la noche para cenar y cometeré una grosería.

Y entonces ella le dijo:

—¡Alabado sea Dios, si no tuviese en casa a quien mandar a decir que no te esperen! Aunque te resultaría mucho más cortés, como deber tuyo, mandar a decir a tus compañeros que viniesen aquí a cenar y luego, si aún te quisieses marchar, os podríais ir todos juntos.

Andreuccio respondió que no quería a sus compañeros por esa noche, pero que, como tanto la complacía, que hiciese de él según quisiese. Ella entonces hizo que mandaba a decir a la posada que no le esperasen para la cena; y luego, tras otros muchos razonamientos, poniéndose a cenar y sirviéndoles espléndidamente muchos manjares, ella la prolongó astutamente hasta bien entrada la noche; y habiéndose levantado de la mesa y queriéndose marchar Andreuccio, ella le dijo que en modo alguno lo consentiría porque Nápoles no era ciudad para ir por ahí de noche, y menos un forastero; e igual que había mandado a decir que no le esperasen para la cena, lo mismo había hecho para el alojamiento. Él, creyéndoselo, engañado por la falsa confianza, como le agradaba estar con ella, se quedó. Tras la cena conversaron largo y tendido, y no sin razón; y habiendo pasado una parte de la noche, dejando dormir a Andreuccio en su alcoba con un muchachito al que le dijese si quería algo, se marchó con sus mujeres a otra alcoba.

Hacía mucho calor, por lo que Andreuccio, al ver que se había quedado solo, rápidamente se quedó en jubón y se quitó las calzas y se las puso a la cabecera de la cama; y apremiado por la natural necesidad de evacuar el superfluo peso del vientre, le preguntó dónde se hacía eso a aquel muchacho, que le mostró una puerta en uno de los rincones de la alcoba y le dijo:

—Id ahí dentro.

Andreuccio, entrando con decisión, fue a poner un pie sobre una tabla que se había desclavado de la parte opuesta de la viga sobre la que estaba, por lo que, al vencerse esa tabla se fue hacia abajo con él; y tan bien le quiso Dios que no se hizo daño alguno en la caída, aunque hubiese caído desde bastante alto, pero en la porquería, de la que el lugar estaba lleno, todo se embadurnó.

Para que entendáis mejor lo que se ha dicho y lo que sigue, os mostraré cómo estaba este lugar. En un callejón estrecho, como a menudo suele haber entre dos casas, sobre dos vigas puestas entre una y otra casa; había algunas tablas que estaban clavadas y puesto el lugar para sentarse, y una de esas tablas era la que cayó con él.

Al encontrarse, pues, Andreuccio allí abajo en el callejón, apenado por lo sucedido, comenzó a llamar al muchacho; pero el muchacho, cuando le oyó caer, corrió enseguida a decírselo a la señora. La cual, corriendo a su alcoba, buscó rápidamente si estaba su ropa; y al encontrarla y con ella el dinero, que él no fiándose insensatamente llevaba siempre encima, habiendo obtenido aquello para lo que había puesto el cepo, haciéndose pasar por palermitana y por hermana de uno de Perusa, sin ocuparse más de él, fue rápidamente a cerrar la puerta por donde había salido cuando se cayó.

Andreuccio, al no responderle el muchacho, comenzó a llamar más fuerte; pero daba igual. Por lo que ya sospechando, comenzando a darse cuenta aunque tarde del engaño, subiéndose a una tapia que cerraba el callejón de la calle, y bajando al suelo, se fue a la puerta de la casa, que reconoció perfectamente, y allí llamó en vano durante largo tiempo, y golpeó y sacudió mucho. Por lo que llorando, viendo ya clara su desventura, comenzó a decir:

—¡Ay, pobre de mí, en qué poco tiempo he perdido quinientos florines y una hermana!

Y tras otras muchas palabras, comenzó de nuevo a golpear la puerta y a gritar; y tanto lo hizo que muchos de los vecinos de por allí, despertándose, no pudiendo soportar la molestia, se levantaron; y una de las criadas de la señora, que parecía medio dormida, asomándose a la ventana dijo en tono recriminatorio:

—¿Quién llama ahí abajo?

—¡Oh! —dijo Andreuccio—. ¿Es que no me conoces? Soy Andreuccio, hermano de doña Fiordaliso.

A lo que ella respondió:

—Buen hombre, si has bebido demasiado, vete a dormir y vuelve mañana; no sé qué Andreuccio ni qué chanzas son las que dices; vete de una vez y déjanos dormir, si te parece.

—¿Cómo? —dijo Andreuccio—, ¿que no sabes lo que me digo? Claro que lo sabes; pero si son así los parentescos de Sicilia, que en tan poco tiempo se olvidan, dame al menos mi ropa, que os he dejado, y me iré con Dios de buena gana.

A lo que ella dijo casi riendo:

—Buen hombre, creo que estás soñando.

Y decir esto y volverse adentro y cerrar la ventana fue todo uno.

Por lo que Andreuccio, muy seguro ya de su desgracia, por el dolor casi estuvo a punto de convertir su gran ira en rabia, y se propuso reclamar por la fuerza lo que no podía recuperar con palabras; así es que, cogiendo una gran piedra, comenzó de nuevo a golpear ferozmente la puerta con golpes mucho más fuertes que antes. Por lo que muchos de los vecinos que antes se habían despertado y levantado, creyendo que era algún indeseable que fingía esas palabras para molestar a aquella buena mujer, como sus golpes resultaban muy molestos, asomándose a las ventanas, igual que a un perro forastero le ladran encima todos los del barrio, comenzaron a decirle:

—Es una gran infamia venir a esta hora a casa de las buenas mujeres a gastar estas bromas ¡Vamos! Vete con Dios, buen hombre; déjanos dormir, si quieres; y si tienes algo pendiente con ella, vuelve mañana, pero no nos des la tabarra esta noche.

Animado tal vez por estas palabras, uno que estaba allí dentro de la casa, rufián de la buena mujer, a quien él no había visto ni oído, se hizo a la ventana y con un vozarrón horrible y fiero dijo:

—¿Quién está ahí abajo?

Andreuccio, levantando la cabeza a esa voz, vio a uno que, por lo poco que pudo comprender, aparentaba ser un gran bachiller, con una barba negra y espesa en el rostro, y como si se levantase del lecho o de un profundo sueño, bostezaba y se frotaba los ojos; a lo que él, no sin miedo, respondió:

—Soy un hermano de la señora de ahí dentro.

Pero éste no esperó a que Andreuccio acabase la respuesta, y mucho más áspero aún que antes dijo:

—No sé cómo me contengo y no bajo ahí y te doy de palos hasta que no puedas moverte, asno molesto y borracho que debes de ser, que esta noche no vas a dejar dormir a nadie; —y metiéndose dentro cerró la ventana.

Algunos de los vecinos que conocían mejor la condición de éste, hablándole en voz baja le dijeron a Andreuccio:

—Por Dios, buen hombre, vete con Dios, no quieras que ése te mate esta noche; vete por tu bien.

Por lo que Andreuccio, asustado por la voz de éste y por su aspecto, y empujado por los consejos de aquellos que le parecían que hablaban movidos por compasión, más dolido que jamás hombre alguno, no esperando recuperar su dinero, sin saber adónde ir, tomó el camino para volverse a la posada hacia aquella parte por donde de día había seguido a la criadita. Y molestándose a sí mismo por el hedor que de él mismo le venía, deseoso de llegar al mar para lavarse, torció a la izquierda y se dirigió hacia arriba por una calle llamada la Ruga Catalana, y yendo hacia lo alto de la ciudad, vio por ventura ante él a dos que se acercaban con una linterna en la mano, y temiendo que fuesen de la guardia de la corte u otros hombres dispuestos a obrar mal, para huir de ellos se refugió en silencio en una casa deshabitada que vio cerca. Pero éstos, casi como si se dirigiesen precisamente allí, se metieron en esa misma casa; y allí uno de ellos, descargando unas herramientas que llevaba al hombro, comenzó a mirarlas con el otro, comentando algo acerca de ellas. Y mientras hablaban, dijo uno:

—¿Qué significa esto? Siento la peor peste que jamás creo haber olido.

Y dicho esto, alzando un poco la linterna, pudieron ver al infeliz de Andreuccio, y estupefactos preguntaron:

—¿Quién anda ahí?

Andreuccio callaba, pero éstos acercándosele con la luz le preguntaron que qué hacía allí tan sucio; y Andreuccio les narró por completo lo que le había sucedido. Éstos, imaginando dónde podía haberle ocurrido eso, se dijeron entre ellos:

—Sin duda eso ha sido en casa del ladrón Buttafuoco.

Y dirigiéndose a él, le dijo uno:

—Buen hombre, aunque hayas perdido tu dinero, tienes

que agradecerle mucho a Dios que tuviste la suerte de caerte y luego no pudiste volver a entrar en la casa; porque, si no te hubieras caído, ten la absoluta seguridad de que, apenas te hubieses dormido, te habrían matado y habrías perdido con el dinero la vida. Pero ¿de qué sirve ya lamentarse? Habrías podido recuperar un céntimo igual que alcanzar las estrellas del cielo; y date seguro por muerto si ése oye que dices una sola palabra.

Y dicho esto, tras comentar algo entre ellos, le dijeron:

—Ves, como nos ha dado pena de ti, por eso, si quieres venir con nosotros a hacer una cosa que vamos a hacer, creemos tener la seguridad de que la parte que te toque tendrá más valor de lo que has perdido.

Andreuccio, que estaba desesperado, respondió que estaba dispuesto.

Había sido sepultado ese día un arzobispo de Nápoles, llamado micer Filippo Minútolo, al que habían enterrado con riquísimos ornamentos y con un rubí en el dedo que valía más de quinientos florines de oro, y que éstos querían quitárselo; y así se lo dijeron a Andreuccio. Por lo que Andreuccio, más ambicioso que juicioso, se puso en camino con ellos; y yendo hacia la iglesia mayor, como Andreuccio apestaba mucho, dijo uno:

—¿No podríamos ver el modo de que éste se lavase un poco donde sea, para que no apeste tan brutalmente?

Dijo el otro:

—Sí, aquí estamos cerca de un pozo que suele tener siempre la garrucha y un gran cubo; vamos allí y lo lavaremos enseguida.

Llegados a ese pozo encontraron que la soga estaba pero el cubo se lo habían llevado; por lo que decidieron atarlo a la soga y bajarlo al fondo, y que él se lavase allí abajo, y cuando se hubiese lavado tirase de la soga y le subirían; y así lo hicieron.

Sucedió que, cuando ya le habían bajado al pozo, unos guardias de la señoría que tenían sed, o por el calor o porque habían corrido detrás de alguien, habían ido a beber a ese pozo; cuando esos dos los vieron, rápidamente se dieron a la fuga sin ser vistos por los guardias que iban allí a beber. Cuando Andreuccio se hubo lavado en el fondo del pozo, meneó la soga. Estos, sedientos, dejando sus escudos y sus armas y sus túnicas, comenzaron a tirar de la soga creyendo que el cubo lleno de agua estuviese atado a ésta. Cuando Andreuccio se vio cerca del brocal del pozo, soltando la soga se agarró a él con las manos. Y ellos al verlo, asaltados de súbito temor, sin decir nada soltaron la soga y se pusieron a correr todo lo que pudieron; de lo que Andreuccio se asombró mucho, y si no se hubiese sujetado bien, puede que se hubiese caído al fondo pudiendo hacerse daño o haberse matado; pero una vez fuera, al encontrarse esas armas, que sabía que sus compañeros no las habían llevado, comenzó más aún a asombrarse.

Pero con temor y sin saber de qué, lamentándose de su suerte, sin tocar nada decidió marcharse de allí; e iba sin saber adónde. Pero yendo así vino a encontrarse con esos dos compañeros suyos que iban a sacarle del pozo; y al verle, asombrándose mucho, le preguntaron quién le había sacado del pozo. Andreuccio respondió que no lo sabía, y les contó puntualmente lo que había sucedido y lo que había encontrado fuera del pozo. Por lo que éstos, dándose cuenta de cómo había sido, le contaron riendo por qué habían huido y quiénes habían sido los que le habían subido. Y sin decir nada más, siendo ya medianoche, se fueron a la iglesia mayor y entraron en ésta muy fácilmente y se fueron al sarcófago, que era de mármol y muy grande; y con uno de sus hierros levantaron la tapa, que pesaba muchísimo, tanto que un hombre pudiese entrar en él, y la apuntalaron.

Y hecho esto, comenzó uno a decir:

—¿Quién va a entrar dentro?

A lo que el otro respondió:

—Yo no.

—Ni yo —dijo éste—, pero que entre Andreuccio.

—Eso no lo haré yo —dijo Andreuccio.

Y volviéndose ambos hacia él le dijeron:

—¿Cómo que no vas a entrar? Por Dios que si no entras, te daremos tantos palos con uno de éstos de hierro en la cabeza, que te haremos caer muerto.

Andreuccio, asustado, entró, y al entrar pensó para sí: «Éstos me hacen entrar para engañarme, pues cuando les haya dado todo, mientras intento salir del sarcófago, se largarán y yo me quedaré sin nada». Y por eso decidió apartarse lo primero su parte; y acordándose del valioso anillo de que les había oído hablar, nada más descender se lo sacó del dedo al arzobispo y se lo puso él; y luego, dándoles el báculo pastoral, la mitra y los guantes y desnudándole hasta la camisa, se lo dio todo diciendo que no había nada más. Éstos, afirmando que tenía que estar el anillo, le dijeron que buscase por todas partes; pero él, respondiendo que no lo encontraba y haciendo que lo buscaba, les hizo esperar un rato. Ellos, que por otra parte eran tan maliciosos como él, mientras le decían que buscase bien, en el momento oportuno quitaron la palanca que sostenía la tapa del sarcófago y, huyendo, dentro del sarcófago le dejaron encerrado. Y cualquiera puede imaginarse cómo se quedó Andreuccio al oírlo.

Intentó varias veces con la cabeza y con los hombros ver si podía levantar la tapa, pero se esforzaba en vano; por lo que, vencido por gran dolor, se desvaneció y cayó sobre el cuerpo muerto del arzobispo; y quien entonces los hubiese visto difícilmente habría sabido quién estaba más muerto, si el arzobispo o él. Pero cuando volvió en sí, comenzó a llorar desconsoladamente, al verse allí abocado a uno de estos dos finales: o morir en aquel sarcófago de hambre o del hedor entre los gusanos del cadáver si no iba nadie más a abrirlo, o si iba alguien y le encontraban dentro, ser ahorcado como un ladrón.

Y estando en semejantes pensamientos y muy afligido, oyó andar gente por la iglesia y hablar a muchas personas, que, según se imaginaba, iban a hacer lo que él había hecho ya con sus compañeros; por lo que su temor aumentó. Pero luego que éstos hubieron abierto y apuntalado el sarcófago, entraron en la discusión de quién debía entrar, y ninguno quería hacerlo; pero, tras largo debate, un cura dijo:

—¿Qué miedo tenéis? ¿Creéis que va a comeros? Los muertos no se comen a los hombres; yo entraré dentro.

Y dicho así, poniendo el pecho sobre el borde del sarcófago, volvió la cabeza hacia fuera y metió dentro las piernas para poder deslizarse hacia abajo. Andreuccio, al verlo, poniéndose de pie, cogió al cura por una de las piernas e hizo como si fuese a tirar de él hacia abajo. El cura, al sentirlo, lanzó un grito enorme y se salió enseguida del sarcófago; por lo que todos los demás, asustados, dejando el sarcófago abierto, se dieron a la fuga como si cien mil diablos les persiguiesen.

Y Andreuccio, al verlo, muy contento en contra de lo que esperaba, se lanzó enseguida afuera y salió de la iglesia por donde había entrado; y como ya se acercaba el día, yendo a la ventura con el anillo en el dedo, llegó al mar y desde allí se encontró con su posada; donde halló a sus compañeros y al posadero que habían estado toda la noche preocupados por él. Y al contarles lo que le había sucedido, por consejo de su posadero creyeron que debía marcharse de Nápoles inmediatamente; lo que hizo enseguida y se volvió a Perusa, habiendo invertido su dinero en un anillo cuando había ido a comprar caballos.

EL DOBLE

Jorge Luis Borges

Sugerido o estimulado por los espejos, las aguas, y los hermanos gemelos, el concepto del Doble es común a muchas naciones. Es verosímil suponer que sentencias como «Un amigo es un otro yo», de Pitágoras, o el «Conócete a ti mismo» platónico se inspiraron en él. En Alemania lo llamaron el *Doppelgaenger*; en Escocia el *Fetch*, porque viene a buscar (*fetch*) a los hombres para llevarlos a la muerte. Encontrarse consigo mismo es, por consiguiente, ominoso; la trágica balada *Ticonderoga*, de Robert Louis Stevenson, refiere una leyenda sobre este tema. Recordemos también el extraño cuadro *How they met themselves*, de Rossetti; dos amantes se encuentran consigo mismos, en el crepúsculo de un bosque. Cabría citar ejemplos análogos de Hawthorne, de Dostoiewsky y de Alfred de Musset.

Para los judíos, en cambio, la aparición del Doble no era presagio de una próxima muerte. Era la certidumbre de haber logrado el estado profético. Así lo explica Gershom Scholem. Una tradición recogida por el Talmud narra el caso de un hombre en busca de Dios, que se encontró consigo mismo.

En el relato «William Wilson», de Poe, el Doble es la conciencia del héroe. Éste lo mata y muere. En la poesía de Yeats, el Doble es nuestro anverso, nuestro contrario, el que nos complementa, el que no somos ni seremos.

Plutarco escribe que los griegos dieron el nombre de «otro yo» al representante de un rey.

Éste es inexorablemente el momento de decir la verdad, toda la verdad, con franqueza y atrevimiento. Debemos actuar rápidamente; utilizaré el Congreso como el último recurso para combatir la crisis, con un poder ejecutivo amplio para librar una batalla contra el estado de emergencia, con un poder tan grande como el que me sería conferido si de hecho fuésemos invadidos por un país extranjero. Nuestra más ardua tarea, la primera, es hacer que el pueblo vuelva al trabajo. No es un problema insoluble si nos enfrentamos a él con prudencia y valentía. Puede realizarse, en parte, mediante la contratación directa por parte del gobierno, actuando como en un caso de guerra pero, al mismo tiempo, llevando a cabo los trabajos más necesarios, a partir de estas personas contratadas, para estimular y reorganizar la utilización de nuestros recursos naturales.

FRANKLIN D. ROOSEVELT

Charles Bukowski (1920-1994) fue el último escritor «maldito» de la literatura norteamericana. Ha sido comparado con Henry Miller, Céline y Hemingway, y ha inspirado numerosas películas, como *Barfly* de Barbet Schroeder y *Ordinaria locura* de Marco Ferreri. Es autor de, entre otros, los libros de relatos *Erecciones, eyaculaciones, exhibiciones*, *Escritos de un viejo indecente*, *La máquina de follar* o *Se busca una mujer*, y de las novelas *Cartero*, *Factotum*, *Mujeres*, *La senda del perdedor*, *Hollywood* y *Pulp*. También escribió prosa autobiográfica y varios volúmenes de poesía.

Mary Higgins Clark nació en Nueva York y cursó estudios en la Universidad de Fordham. Está considerada una de las más destacadas autoras del género de intriga, y sus obras alcanzan invariablemente los primeros puestos en las listas de *best sellers* internacionales. Entre su ingente producción destacan, entre otras, *Por siempre mía*, *Pálida como la luna*, *Noche de paz*, *Testigo en la sombra*, *La estrella robada*, *La fuerza del engaño*, *En defensa propia* y *Dos niñas vestidas de azul*.

VEINTICINCO VAGABUNDOS ANDRAJOSOS

Charles Bukowski

Ya sabéis lo que pasa con las apuestas de las carreras de caballos, viene una racha de suerte y crees que nunca pasará. Había conseguido recuperar aquella casa, tenía incluso jardín propio, con tulipanes de todas clases que crecían bella y asombrosamente. Estaba de suerte. Tenía dinero. Ya no recuerdo qué sistema había inventado, pero el sistema trabajaba y yo no, y era una forma de vida bastante agradable; y estaba Kathy. Kathy valía. El vejete de la puerta de al lado me veía con ella y le temblaba la mandíbula. Andaba siempre llamando a la puerta.

—¡Kathy! ¡Oh, Kathy! ¡Kathy!

Salía a abrir yo, vestido sólo con mis pantalones cortos.

—Oh, yo creía…

—¿Qué quieres, cabrón?

—Creí que Kathy…

—Kathy está cagando. ¿Algún recado?

—Yo… compré estos huesos para su perro.

Llevaba una gran bolsa con huesos secos de pollo.

—Darle a un perro huesos de pollo es como echar cuchillas de afeitar en el desayuno de un niño. ¿Quieres asesinar a mi perro, so cabrón?

—¡Oh, no!

—Entonces guárdate esos huesos y lárgate.

—No entiendo.

—¡Métete esa bolsa en el culo y lárgate de aquí!

—Es que yo creía que Kathy…

—Ya te lo he dicho, ¡Kathy está CAGANDO!

Y cerré de un portazo.

—No deberías ser tan duro con ese viejo asqueroso, Hank; dice que le recuerdo a su hija cuando era joven.

—Vaya, así que se tiraba a su hija. Pues que joda con un queso suizo. No le quiero a la puerta.

—¿Acaso crees que le dejo entrar cuando tú te vas a las carreras?

—Eso no me preocupa lo más mínimo.

—¿Qué es lo que te preocupa entonces?

—Lo único que me preocupa es quién se pone encima y quién debajo.

—¡Lárgate ahora mismo, hijo de puta!

Me puse la camisa y los pantalones, luego los calcetines y los zapatos.

—Antes de que haya recorrido cuatro manzanas ya estaréis abrazados.

Me tiró un libro. Yo no estaba mirando y el canto del libro me dio en el ojo izquierdo. Me hizo un corte y mientras me ataba el zapato derecho una gota de sangre me cayó en la mano.

—Oh, cuánto lo siento, Hank.

—¡No te ACERQUES A MÍ!

Salí y cogí el coche, lo lancé marcha atrás a cincuenta por hora, llevándome parte del seto y luego un poco de estuco de la fachada con la parte izquierda del parachoques trasero. Me había manchado la camisa de sangre y saqué el pañuelo y me lo puse sobre el ojo. Iba a ser un mal sábado en las carreras. Estaba desquiciado.

Aposté como si estuviese por medio la bomba atómica. Quería ganar diez de los grandes. Hice grandes apuestas. No conseguí nada. Perdí quinientos dólares. Todo lo que había sacado. Sólo me quedaba un dólar en la cartera. Volví a casa lentamente. Iba a ser una noche de sábado terrible. Aparqué el coche y entré por la puerta trasera.

—Hank…

—¿Qué?

—Estás pálido como la muerte. ¿Qué ha pasado?

—Se acabó. Estoy hundido. He perdido quinientos.

—Dios mío. Lo siento —dijo—. Es culpa mía.

Se acercó a mí, me abrazó.

—Maldita sea, no sabes cuánto lo siento —dijo—. La culpa ha sido mía, lo sé muy bien.

—Olvídalo. Tú no hiciste las apuestas.

—¿Aún sigues enfadado?

—No, no, sé que no estás jodiendo con ese viejo cerdo.

—¿Puedo prepararte algo de comer?

—No, no. Trae una botella de whisky y el periódico.

Me levanté y fui al escondite del dinero. Nos quedaban ciento ochenta dólares. Bueno, había sido peor muchas otras veces, pero tenía la sensación de haber emprendido el camino de vuelta a las fábricas y los almacenes si aún podía conseguir eso. Cogí diez; el perro aún me quería. Le tiré de las orejas; a él no le importaba el dinero que yo tuviese. Era un as aquel perro, sí. Salí del dormitorio. Kathy estaba pintándose los labios ante el espejo. Le di un pellizco en el trasero y la besé detrás de la oreja.

—Tráeme también un poco de cerveza y puros. Necesito olvidar.

Se fue y oí tintinear sus tacones en el camino. Era la mejor mujer que podía haber encontrado y la había encontrado en un bar. Me retrepé en el sillón y contemplé el techo. Un golfo. Yo era un golfo. Siempre esa repugnancia hacia el trabajo, siempre intentando vivir de la suerte. Cuando Kathy regresó le dije que me sirviera un buen trago. Sabía hacerlo. Le quitó incluso el celofán al puro y me lo encendió. Parecía alegre y estaba muy guapa. Hicimos el amor. Hicimos el amor en medio de la tristeza. Me reventaba verlo irse todo: coche, casa, perro, mujer. Había sido una vida fácil y agradable.

Debía de estar muy afectado porque abrí el periódico y busqué la sección de ofertas de trabajo.

—Mira, Kathy, aquí hay algo. Se necesitan hombres, domingo. Paga el mismo día.

—Oh, Hank, descansemos mañana. Ya conseguirás ganar con los caballos el martes. Entonces todo parecerá mejor.

—Pero mierda, niña, ¡cada billete cuenta! Los domingos no hay carreras. Hay en Caliente, sí, pero piensa en ese veinticinco por ciento que cobra Caliente y en la distancia. Puedo divertirme y beber esta noche y luego coger esa mierda mañana; esos billetes extra pueden significar mucho.

Kathy me miró extrañada. Jamás me había oído hablar así. Yo siempre actuaba como si nunca fuese a faltar el dinero. Aquella pérdida de quinientos dólares me había alterado por completo. Me sirvió otro buen trago. Lo bebí inmediatamente. Alterado, señor, señor, las fábricas. Los días desperdiciados, los días sin sentido, los días de jefes y memos, y el reloj, lento y brutal.

Bebimos hasta las dos, lo mismo que en el bar, y luego nos fuimos a la cama, hicimos el amor, dormimos. Puse el despertador para las cuatro, me levanté; cogí el coche y estaba en el centro de la ciudad a las cuatro y media. Me planté en la esquina con unos veinticinco vagabundos andrajosos. Allí estaban liando cigarrillos y bebiendo vino.

Bueno, es dinero, pensé. Volveré… algún día iré de vacaciones a París o a Roma. Que se vayan a la mierda estos tipos. Yo no pertenezco a esto.

Entonces algo me dijo, eso es lo que están pensando TODOS: yo no pertenezco a esto. TODOS ELLOS están pensando lo mismo. Y tienen razón. ¿Sí?

Hacia las cinco y diez apareció el camión y subimos.

Dios mío, ahora podría estar durmiendo con el culo pegado al lindo culo de Kathy. Pero es dinero, dinero.

Algunos contaban que acababan de salir del furgón. Apestaban, los pobres. Pero no parecían tristes. Yo era el único triste.

Ahora estaría levantándome a echar una meada. Tomando una cerveza en la cocina, esperando el sol, viendo cómo iba haciéndose de día. Contemplando mis tulipanes. Y luego volvería a la cama con Kathy.

El tipo que estaba a mi lado dijo:

—¡Eh, compadre!

—Sí —dije.

—Soy francés —dijo.

No contesté.

—¿Quieres que te la chupe?

—No —dije yo.

—Vi a un tipo chupándosela a otro en la calleja esta mañana. Tenía una polla blanca y larga y delgada y el otro tío aún seguía chupando mientras se le caía de la boca toda la leche. Y estuve viéndolo todo y estoy de un caliente… ¡déjame chupártela, compadre!

—No —le dije—. No me apetece en este momento.

—Bueno, si no me dejas hacerlo, quizá quieras chupármela tú.

—¡Déjame en paz! —le dije.

El francés pasó más al fondo del camión. Kilómetro y medio después cabeceaba allí. Se lo estaba haciendo delante de todos a un tipo viejo que parecía indio.

—¡¡¡VAMOS, MUCHACHO, SÁCASELO TODO!!! —gritó alguien.

Algunos se reían, pero la mayoría se limitaba a guardar silencio, beber su vino y liar sus cigarrillos. El viejo indio actuaba como si nada pasase. Cuando llegamos a Vermont, el francés ya había acabado y nos bajamos todos, el francés, el indio, yo y los demás vagabundos. Nos dieron a cada uno un trocito de papel y entramos en un café. El papel valía por un bollo y un café. La camarera alzaba la nariz. Apestábamos. Sucios chupapollas.

Luego alguien gritó:

—¡Todos fuera!

Yo les seguí y entramos en una habitación grande y nos sentamos en esas sillas como las que había en la escuela, más bien en la universidad, por ejemplo en la clase de formación musical, con un gran brazo de madera para apoyar el brazo derecho y poder poner el cuaderno y escribir. En fin, allí estuvimos sentados otros cuarenta y cinco minutos. Luego, un chico listo con una lata de cerveza en la mano, dijo:

—¡Bueno, coged los SACOS!

Todos los vagabundos se levantaron inmediatamente y CORRIERON hacia la gran habitación del fondo. «Qué demonios», pensé. Me acerqué lentamente y miré en la otra habitación. Allí estaban empujándose y disputando a ver quién se llevaba los mejores sacos. Era una lucha despiadada y absurda. Cuando salió el último de ellos, entré y cogí el primer saco que había en el suelo. Estaba muy sucio y lleno de agujeros y desgarrones. Cuando salí al otro lado, todos los vagabundos tenían los sacos a la espalda. Yo me senté y esperé sentado con el mío en las rodillas. «Han debido de tomarnos el nombre en algún momento —pensé—, creo que fue antes de darnos el papel del café y el bollo cuando di mi nombre.» En fin, fueron llamándonos en grupos de cinco o seis o siete. Así pasó, más o menos, otra hora. Cuando entré en la caja de aquel camión más pequeño con unos cuantos más, el sol ya estaba bastante alto; nos dieron a cada uno un pequeño plano de las calles en que teníamos que entregar los papeles. A mí también. Miré inmediatamente las calles: ¡DIOS TODOPODEROSO, DE TODA LA CIUDAD DE LOS ÁNGELES TENÍAN QUE DARME PRECISAMENTE MI PROPIO BARRIO!

Yo me había hecho una reputación de borracho, jugador, vivales, de vago, de especialista en chollos, ¿cómo podía aparecer allí con aquel saco cochambroso a la espalda, a entregar folletos publicitarios?

Me dejaron en mi esquina. Era una zona muy familiar, realmente; allí estaba la floristería, allí estaba el bar, la gasolinera, todo… a la vuelta de la esquina mi casita con Kathy durmiendo en la cama caliente. Hasta el perro estaba durmiendo. «En fin, es mañana de domingo —pensé—. Nadie me verá. Duermen hasta tarde. Haré la condenada ruta.» Y me dispuse a hacerla.

Recorrí dos calles a toda prisa y nadie vio al gran hombre de mundo de suaves manos blancas y grandes ojos soñadores. Lo conseguí.

Enfilé la tercera calle. Todo fue bien hasta que oí la voz de una niñita. Estaba en su patio. Unos cuatro años.

—¡Hola, señor!

—¿Sí? ¿Qué pasa, niña?

—¿Dónde está tu perro?

—Oh, jajá, aún dormido.

—Oh.

Siempre paseaba al perro por aquella calle. Había allí un solar vacío donde cagaba siempre el perro. Éste fue el final. Cogí los folletos que quedaban, los basculé en la parte trasera de un coche abandonado junto a la autopista. El coche llevaba allí meses sin ruedas. No sabía las consecuencias que podía tener, pero eché todos los papeles en la parte trasera. Luego doblé la esquina y entré en mi casa. Kathy aún estaba dormida. La desperté.

—¡Kathy! ¡Kathy!

—Oh, Hank... ¿todo bien?

Vino el perro y le acaricié.

—¿Sabes lo que HICIERON ESOS HIJOS DE PUTA?

—¿Qué?

—¡Me dieron mi propio barrio para repartir folletos!

—Oh. Bueno, no es muy agradable, pero no creo que a la gente le importe.

—¿Es que no comprendes? ¡Con la reputación que me he creado! ¡Yo soy un vivo! ¡No pueden verme con un saco de mierda a la espalda!

—¡Bah, no creo que tengas esa reputación! Son cosas tuyas.

—Pero ¿qué demonios dices? ¡Has estado con el culo caliente en esta cama mientras yo estaba por ahí fuera con un montón de soplapollas!

—No te enfades. Espera un momento que vaya mear.

Esperé allí mientras ella soltaba su soñoliento pis femenino. ¡Dios mío, qué lentas son! El coño es una máquina de mear muy ineficaz. Es mucho mejor el pijo.

Kathy salió.

—Mira, Hank, no te preocupes. Me pondré un vestido viejo y te ayudaré a repartir los folletos. Enseguida acabaremos. Los domingos la gente duerme hasta tarde.

—¡Pero si ya me han VISTO!

—¿Que ya te han visto? ¿Quién?

—Esa chiquilla de la casa marrón de la calle West Moreland.

—¿Te refieres a Myra?

—¡No sé cómo se llama!

—Si sólo tiene tres años.

—¡No sé cuantos años tiene, pero me preguntó por el perro!

—¿Qué te dijo del perro?

—¡Me preguntó dónde ESTABA!

—Vamos, yo te ayudaré a librarte de esos folletos.

Kathy se estaba poniendo un vestido viejo, raído y gastado.

—Ya me he librado de ellos. Se acabó. Los eché en ese coche abandonado que hay en la autopista.

—¿No lo descubrirán?

—¡JODER! ¡Y qué más da!

Entré en la cocina y cogí una cerveza. Cuando volví Kathy estaba otra vez en la cama. Me senté en un sillón.

—¿Kathy?

—¿Sí?

—¿Es que no comprendes con quién estás viviendo? ¡Yo tengo clase, auténtica clase! Con treinta y cuatro años, no he trabajado más de seis o siete meses desde los dieciocho. Y no tenía dinero. ¡Mira estas manos! ¡Como las de un pianista!

—¿Clase? ¡Deberías OÍRTE CUANDO ESTÁS BORRACHO! ¡Eres horrible, horrible!

—¿Quieres que empecemos a armar follón otra vez, Kathy? Te he tenido en la opulencia y con pasta abundante desde que te saqué de aquel antro de la calle Alvarado.

Kathy no contestó.

—En realidad —le dije—, soy un genio, pero sólo lo sé yo.

—Aceptaré eso —dijo ella. Luego hundió la cabeza en la almohada y volvió a dormirse.

Terminé la cerveza, tomé otra, luego salí, anduve tres manzanas y me senté en las escaleras de una tienda de ultramarinos cerrada que según el plano sería el lugar de reunión donde tenía que recogerme el encargado. Estuve sentado allí desde las diez hasta las dos y media. Fue aburrido y seco y estúpido y tortuoso y absurdo. El maldito camión llegó a las dos y media.

—Hola, amigo.

—Qué hay

—¿Acabó ya?

—Sí.

—¡Es usted rápido!

—Sí.

—Quiero que ayude a este tipo a terminar su ruta.

—Vaya por Dios, hombre.

Entré en el camión y me llevó. Allí estaba aquel tipo. Se ARRASTRABA. Depositaba cada folleto con gran cuidado en los porches. Cada porche recibía un tratamiento especial y además parecía que el trabajo le encantaba. Sólo le quedaba una manzana. Liquidé la cuestión en cinco minutos, luego nos sentamos y esperamos el camión, durante una hora.

Nos llevaron de nuevo a la oficina y nos sentamos otra vez en aquellas sillas. Luego aparecieron dos tipos insolentes con latas de cerveza en la mano. Uno decía los nombres y el otro daba a cada uno su dinero.

En una pizarra detrás de las cabezas de aquellos tipos estaba escrito con tiza el siguiente mensaje:

TODO EL QUE TRABAJE PARA NOSOTROS
TREINTA DÍAS SEGUIDOS
SIN PERDER UN DÍA
RECIBIRÁ
GRATIS
UN TRAJE USADO

Estuve observando a mis compañeros mientras les entregaban el dinero. No podía ser cierto. PARECÍA que cada uno de ellos recibía tres billetes de dólar; por entonces, el salario base legal era un dólar por hora. Yo había estado en aquella esquina a las cuatro y media de la mañana y eran entonces las cuatro y media de la tarde. Para mí, eran doce horas.

Fui de los últimos que llamaron. Creo que el tercero empezando por la cola. Ni uno solo de aquellos vagabundos protestó; cogieron sus tres dólares y se largaron.

—¡Bukowski! —aulló el muchachito impertinente de la lata de cerveza.

Me acerqué. El otro contó tres billetes muy limpios y crujientes.

—Escuche —dije—, ¿es que no saben que hay un salario mínimo legal? Un dólar por hora.

El tipo alzó su cerveza.

—Descontamos el transporte, el desayuno y demás. Sólo pagamos por tiempo medio de trabajo y calculamos unas tres horas.

—He perdido doce horas de mi vida. Y ahora tendré que coger el autobús para llegar hasta donde está mi coche y poder volver a casa.

—Tienes suerte de tener coche.

—¡Y tú de que no te meta esa lata de cerveza por el culo!

—Yo no soy quien decide la política de la empresa, señor. No me eche a mí la culpa.

—¡Les denunciaré a las autoridades!

—¡Robinson! —aulló el otro impertinente.

El penúltimo vagabundo se levantó de su asiento a por sus tres dólares mientras yo cruzaba la puerta camino del bulevar Beverly. A esperar el autobús. Cuando llegué a casa y me vi con un trago en la mano eran las seis o así. Cogí una borrachera respetable. Estaba tan furioso que le eché tres polvos a Kathy. Rompí una ventana. Me corté un pie con los cristales. Canté canciones de Gilbert & Sullivan que me había enseñado en otros tiempos un profesor inglés chiflado que daba una clase de inglés que empezaba a las siete de la mañana. En el City College de Los Ángeles. Richardson, se llamaba. Y quizá no estuviese loco. Pero me enseñó lo de Gilbert & Sullivan y me dio una «B» en inglés por aparecer no antes de las siete y media, con resaca, CUANDO aparecía. Pero ése es otro asunto. Kathy y yo nos reímos bastante aquella noche, y aunque rompí unas cuantas cosas no estuve tan desagradable e idiota como siempre.

Y ese martes, en Hollywood Park, gané ciento cuarenta dólares a las carreras e inmediatamente volví a ser amante despreocupado, vividor, jugador, chulo reformado y cultivador de tulipanes. Llegué y enfilé lentamente la entrada de casa en el coche, saboreando los últimos rayos del sol crepuscular. Y luego entré por la puerta trasera. Kathy había preparado carne con muchas cebollas y chorraditas y especies, tal como me gustaba a mí. Estaba inclinada sobre la cocina y la agarré por detrás.

—Oooh…

—Escucha, querida…

—¿Sí?

Estaba allí de pie con el cucharón goteando en la mano. Le metí en el cuello del vestido un billete de diez dólares.

—Quiero que me traigas una botella de whisky.

—De acuerdo, ahora mismo.

—Y un poco de cerveza y puros. Yo me ocuparé de la comida.

Se quitó la bata y entró un momento en el baño. La oí canturrear. Un momento después me senté en mi sillón y oí repiquetear sus tacones en el camino. Había una pelota de tenis. Cogí la pelota de tenis y la tiré en el suelo de forma que rebotase hacia la pared y de allí al aire. El perro, que medía uno cincuenta de largo por uno de alto, y era medio lobo, saltó al aire, se oyó el chasquido de los dientes; había cogido la pelota de tenis, casi junto al techo. Por un instante pareció colgar allá arriba. Qué perro maravilloso, qué vida maravillosa. Cuando llegó al suelo, me levanté a ver cómo iba el guiso. Perfectamente. Todo iba perfectamente.

POLIZÓN

Mary Higgins Clark

Envuelta en el abrigo azul del uniforme, Carol se estremeció y procuró hacer caso omiso de su creciente inquietud. Al echar un vistazo a la sala del aeropuerto, pensó que las muñecas campesinas de alegres trajes expuestas en las vitrinas suponían un incongruente fondo a los policías de cara seria que paseaban delante de ellas. Los escasos pasajeros esperaban apiñados el momento de embarcar y aprovechaban para mirar a los policías con ojos llenos de odio.

Al dirigirse hacia ellos, oyó a uno de los pasajeros que decía:

—La cacería se está haciendo esperar. Los cazadores no están contentos. —Se volvió hacia Carol y añadió—: ¿Cuánto hace que vuela, señorita?

—Tres años —respondió Carol.

—Parece usted muy joven incluso para tan corta experiencia. Ah, si hubiera usted visto mi país antes de que lo ocuparan. Esta sala era siempre muy alegre. En mi última visita, cuando volvía hacia Estados Unidos, vinieron a despedirme veinte parientes. Hoy ninguno se ha atrevido. No es conveniente exhibir en público que uno tiene contactos con Estados Unidos.

Bajando la voz, Carol le preguntó:

—Hay más policías de lo normal. ¿Sabe usted por qué?

—Ha escapado un fugitivo —le susurró—. Lo han visto

por aquí hace una hora. Seguro que lo atraparán, pero espero no estar aquí para presenciarlo.

—Embarcaremos dentro de un cuarto de hora —le comentó Carol para infundirle ánimos—. Discúlpeme. He de ver al comandante.

Tom acababa de llegar de la Oficina de Operaciones.

Hizo un ligero movimiento de cabeza cuando sus ojos se encontraron. Carol se preguntó cuánto tiempo debía transcurrir para que su corazón dejara de latir con fuerza cada vez que lo veía, cuándo dejaría de quedarse boquiabierta ante su espléndida altura y su uniforme oscuro. Se recordó a sí misma que ya era hora de que dejara de considerarlo como el hombre que había amado tiernamente y lo viera como un piloto más.

Al hablarle, entrecerró sus ojos grises, y utilizó un tono de voz natural.

—¿Me buscaba usted, comandante?

El tono de Tom fue tan natural como el de ella.

—¿Has comprobado cómo está Paul?

Carol sintió vergüenza al contestar que no había pensado en el sobrecargo desde que aterrizaran en Danubia hacía una hora. Paul se había encontrado mal por el efecto de unas vacunas, por lo que se había quedado en la litera de la tripulación mientras el avión repostaba para el vuelo de regreso a Frankfurt.

—No, comandante. Estaba demasiado concentrada en ver a nuestros amigos jugando al escondite —repuso inclinando la cabeza en dirección a los policías.

Tom asintió.

—No me gustaría estar en el lugar de ese pobre tipo cuando lo atrapen. Están seguros de que se encuentra en la pista.

Por un momento, la voz de Tom se tornó familiar, confidente, y Carol lo miró ansiosamente. Pero enseguida volvió a adoptar el tono formal del comandante que habla a la azafata.

—Por favor, sube a bordo y comprueba si Paul necesita

algo. Le pediré al personal de tierra que acompañe a los pasajeros.

—Muy bien, señor —repuso, y se dirigió a la entrada de la pista.

El aeropuerto estaba frío y desolado en la semipenumbra de aquella tarde de octubre. Tres policías abordaron el avión situado junto al de ella. Al verlos se echó a temblar; subió y se dirigió a la parte delantera, en busca de Paul.

Lo encontró dormido; le puso otra manta y regresó a la cabina. «Diez minutos más y todos habrán embarcado», pensó echando un vistazo al reloj. Sacó un espejo de mano y se pasó el peine por la corta cabellera rubia cuyos rizos asomaban por debajo de la gorra.

De pronto, horrorizada, vio reflejada en el espejo una mano delgada que aferraba la barra del armario abierto justo detrás de su asiento. ¡Alguien trataba de ocultarse en ese hueco! Presa del nerviosismo, miró por la ventanilla para pedir ayuda. El destacamento policial había abandonado el avión contiguo y se dirigía al de ella.

—Guarde el espejo, señorita —pidió el desconocido en voz baja y en un inglés claro pero con marcado acento.

Oyó que apartaba las perchas. Se volvió y quedó cara a cara con un muchacho de unos diecisiete años, abundante cabello rubio e inteligentes ojos azules.

—Por favor, no tenga miedo. No le haré daño. —El muchacho echó un vistazo por la ventana y vio que los policías se acercaban rápidamente—. ¿Existe otra salida en este avión?

Carol ya no temía por ella sino por el muchacho; la invadió una sensación de desastre. El muchacho miraba hacia todos lados con ojos asustados; luego se apartó de la ventana como un animal atrapado. Tendió la mano hacia Carol y, desesperado, le imploró:

—Si me encuentran, me matarán. ¿Dónde puedo esconderme?

—No puedo esconderte —protestó Carol—. Te encontrarán cuando registren el avión y no puedo comprometer a la empresa.

Intuyó con claridad la cara que pondría Tom si la policía llegaba a descubrir a un polizón a bordo, sobre todo si ella lo había ocultado.

Se oyó un rumor de pasos subiendo por la rampa, unos pies pesados hicieron resonar el metal. Llamaron a la puerta con fuertes golpes.

Carol se quedó mirando, fascinada, los ojos del muchacho, la negra desesperanza reflejada en ellos. Miró nerviosamente a su alrededor. La chaqueta del uniforme de Paul colgaba de una percha en el armario. La sacó y cogió la gorra que había en el estante.

—Ponte esto, deprisa.

La esperanza iluminó el rostro del muchacho. Se abrochó a toda prisa y se metió el cabello debajo de la gorra. Volvieron a llamar a la puerta.

Carol tenía las manos húmedas y los dedos entumecidos. Empujó al muchacho para que se sentara en el asiento trasero; torpemente abrió el portafolios de la nave y desparramó unas cuantas declaraciones de equipaje sobre su regazo.

—No abras la boca. Si me preguntan cómo te llamas, diré que Joe Reynolds. Y reza para que no nos pidan los pasaportes.

Sintió tal debilidad en las piernas que creyó imposible llegar a la puerta de la cabina. Cuando tiró de la palanca, se dio cuenta de lo que estaba haciendo y pensó en que el disfraz del muchacho resultaría lastimosamente transparente. Se preguntó si lograría impedir que la policía registrara el avión. La palanca giró y la puerta se abrió. Bloqueó la entrada y al encontrarse frente a los policías se propuso emplear un tono de fastidio.

—Mi compañero y yo estamos revisando unos papeles. ¿A qué viene todo esto?

—Seguramente ya le habrán informado de que estamos

buscando a un traidor fugitivo. No tiene derecho a obstaculizar a la policía en el cumplimiento de su trabajo.

—Por lo que a mí respecta, son ustedes quienes están obstaculizando el cumplimiento de *mi* trabajo. Informaré de esto al comandante. No tienen derecho alguno a entrar en un avión norteamericano.

—Estamos registrando todos los aviones que hay en la pista —dijo el jefe del grupo—. ¿Quiere dejarnos pasar? Sería muy desagradable tener que entrar por la fuerza.

Consciente de que era inútil resistirse, Carol se sentó rápidamente junto al muchacho, se inclinó hacia él y con la espalda procuró ocultarlo de la vista de la policía. El chico inclinó la cabeza sobre los papeles. Bajo la escasa luz su uniforme pasaba inadvertido y como estaba medio acurrucado no se notaba que no llevaba corbata.

Carol cogió unas declaraciones de las que tenía sobre el regazo y le dijo:

—Está bien, Joe, acabemos con esto. «Kralik, Walter, seis botellas de coñac valoradas en treinta dólares. Un reloj, valorado en...»

—¿Quién más hay a bordo? —preguntó el jefe del grupo.

—El sobrecargo. Está durmiendo en la litera de tripulación —repuso Carol muy nerviosa—. Ha estado enfermo.

La mirada del inquisidor se posó brevemente en «Joe», sin asomo de interés.

—¿Nadie más? Es el único avión norteamericano. Lo lógico es que el traidor viniera hacia aquí.

Otro policía había registrado los lavabos, el armario y debajo de los asientos. El tercer componente del grupo regresó de la cabina de pilotos.

—Ahí dentro hay un hombre durmiendo. Es demasiado mayor para tratarse de nuestro prisionero.

—Lo han visto por aquí hará un cuarto de hora —le informó el jefe del grupo—. Tiene que estar en alguna parte.

Carol echó un vistazo al reloj. Las siete cincuenta y nueve

minutos. Los pasajeros estarían cruzando la pista. Disponía de un minuto para deshacerse de los policías y esconder al muchacho.

Se puso en pie procurando ocultar a Joe con su cuerpo. Miró de reojo la ventana del lado opuesto y vio que se abría la puerta de la sala de espera. Dirigiéndose al jefe le dijo:

—Ya han registrado el avión. Mis pasajeros están a punto de embarcar. ¿Quieren hacer el favor de marcharse?

—Parece usted muy ansiosa por deshacerse de nosotros, señorita.

—No he terminado de rellenar papeles y una vez que los pasajeros estén a bordo me resultará difícil hacerlo.

Se oyeron unos pasos apresurados subiendo por la rampa. Entró un mensajero y le dijo al jefe:

—Señor, el comisario quiere un informe inmediato de la búsqueda.

Aliviada, Carol vio salir a los policías a toda prisa.

La azafata de tierra y los pasajeros se encontraban al pie de la rampa cuando bajaron los policías. Los miembros de la tripulación subieron a bordo por la entrada delantera.

—Joe —dijo Carol.

El muchacho se levantó del asiento y se agazapó en el pasillo. Carol lo llevó hacia el fondo del avión y le indicó el lavabo de caballeros.

—Métete ahí dentro. Quítate el uniforme y no le abras a nadie más que a mí.

Se colocó en la puerta de la cabina y sonrió a la azafata de tierra y a los pasajeros. La azafata de tierra le entregó la lista y esperó a que ella recibiera a los pasajeros y les indicara sus asientos.

La lista contenía seis nombres. Cinco estaban mecanografiados y el de «Vladimir Karlov» había sido añadido en el último momento. Junto al nombre figuraban cuatro letras, «exco».

—Extrema cortesía... ¿Quién es el VIP? —preguntó Carol a la azafata de tierra.

—Un pez gordo. El comisario de policía de Danubia. Uno de los peores carniceros, así que tratadlo con guante blanco. Se ha detenido a hablar con el grupo que busca al prisionero fugado.

¡El comisario de policía en ese vuelo! Carol sintió náuseas, pero al verlo subir por la rampa, le tendió la mano con una sonrisa. Era un hombre alto, de unos cincuenta años, nariz estrecha y labios finos.

—Me han dado el asiento cuarenta y dos.

Carol sabía que no podía colocarlo en la parte posterior del avión, porque vería a «Joe» cuando lo sacara del lavabo.

—El vuelo a Frankfurt es una maravilla —le comentó con una sonrisa afable—. Sería una pena que no se sentara delante del ala…

—Prefiero un asiento en la parte de atrás —repuso él—. Se viaja mucho mejor.

—Se trata de uno de nuestros vuelos más tranquilos. En los asientos de delante no notará usted ni un solo movimiento y podrá contemplar mejor el panorama.

El comisario se encogió de hombros y la siguió por el pasillo. Echó un vistazo a la lista y dudó de si debía ubicarlo al lado de otro pasajero. Si lo hacía, tal vez se pondrían a conversar y el hombre estaría más distraído cuando ella sacara a Joe del lavabo. Pero al recordar los amargos comentarios de algunos pasajeros sobre la búsqueda, decidió no hacerlo y lo condujo al asiento número tres, donde colocó el bolso en el portaequipajes y le pidió que se abrochara el cinturón.

El pasajero del asiento número siete se levantó y se dirigió a la parte posterior. Carol lo alcanzó justo en la puerta del lavabo de caballeros.

—Señor, siéntese por favor. El avión ha empezado a maniobrar.

El hombre estaba pálido.

—Por favor, señorita. Me encuentro mal. Siempre me asusto al despegar.

Carol lo cogió de la mano y lo obligó a soltar el pomo de la puerta antes de que se diera cuenta de que estaba cerrada.

—Tengo unas pastillas que le sentarán muy bien. Todos tienen que estar sentados para el despegue.

Cuando por fin lo vio sentado, conectó el micrófono.

—Buenas noches, soy la asistente de vuelo Carol Dowling. Abróchense los cinturones de seguridad y no fumen hasta que se hayan apagado las señales luminosas. Nos dirigimos al aeropuerto de Frankfurt. El tiempo estimado de vuelo es de dos horas, cinco minutos. Dentro de unos instantes les serviremos una ligera cena. Si necesitaran algo, no duden en ponerse en contacto con el personal de cabina. Que tengan ustedes un buen vuelo.

Cuando se dirigió a la cabina de pilotos, el avión había terminado de maniobrar y los motores estaban al máximo. Se inclinó sobre Tom y le dijo:

—Comandante, todo en orden en cabina.

Tom se volvió tan de repente que con la mano le rozó el cabello. Sintió una ola de calor e inconscientemente se llevó la mano a la cabeza.

—Muy bien, Carol.

Los motores rugían y le costó oír sus palabras. Un año atrás, la habría mirado y sus labios habrían pronunciado las palabras «Te quiero, Carol», pero aquello había acabado. Por un instante se sintió arrepentida de que no hubieran podido solucionar sus diferencias. En las noches de insomnio reconocía interiormente que Tom lo había intentado, que le había hecho insinuaciones, pero ella no había cedido ni un ápice. De manera que sus intentos de reconciliación sólo habían conducido a enfrentamientos peores; después, a él lo destinaron durante seis meses a Londres y no habían vuelto a verse. En la actualidad, volaban juntos y se comportaban como dos compañeros, sin dejar entrever que las cosas habían sido de otra manera.

Se disponía a regresar a la cabina, pero Tom le indicó que esperara. Hizo una señal al segundo piloto y el ruido de los motores se amortiguó. Sintió una inmensa soledad cuando se alejó de ella. En ese vuelo hubo momentos en los que parecía más amable, más cálido, momentos en los que parecía posible que volvieran a hablar. «Pero con lo que he hecho, se acabará todo —pensó—. Aunque logre llevar a Joe a Frankfurt, Tom nunca me lo perdonará.»

—Carol, ¿has hablado ya con el comisario?

—Sí, cuando le indiqué su asiento. No es muy conversador.

—Atiéndelo bien. Es importante. Se rumorea que no dejarán aterrizar a los aviones norteamericanos en Danubia. Si queda contento con el servicio, quizá contribuya a impedirlo. Cuando estemos en vuelo, te mandaré a Dick para que te eche una mano con la cena.

—¡No hace falta! Al fin y al cabo se trata de una cena fría. Sólo tenemos seis pasajeros, puedo arreglármelas sola.

Regresó a la cabina, y al pasar delante del hombre que temía a los despegues, le sonrió para infundirle ánimos. El avión había alcanzado la pista de despegue y el ruido de los motores era ensordecedor. Todos los pasajeros, incluido el comisario, miraban por las ventanillas. Se dirigió a la parte trasera y dio unos golpecitos en la puerta del lavado de caballeros y en voz baja llamó a Joe.

El muchacho salió sin hacer ruido. Bajo la luz tenue su cuerpo delgado parecía más bien una sombra. Le susurró al oído:

—El último asiento de la derecha. Échate en el suelo. Te cubriré con una manta.

Avanzó con paso cansino y desapareció en el hueco entre los dos asientos. «Camina como un gato, más bien como un gatito», pensó Carol al recordar el suave vello que le había rozado la cara.

El avión ascendía y resultaba difícil mantener el equilibrio. Sujetándose con una mano del mamparo del baño, ocupó el asiento del pasillo, junto al que se ocultaba Joe. Sacó una manta del portaequipajes, la desplegó y se la echó encima. Para cualquier eventual curioso, la manta no despertaría sospechas; pero para un ojo observador, resultaría extraño que una simple manta en el suelo abultara de aquella manera.

Fijó la mirada en la señal luminosa que había encima de la puerta de la cabina. ABRÓCHENSE LOS CINTURONES DE SEGURIDAD – PROHIBIDO FUMAR. ATTACHEZ VOS CEINTURES – NE FUMEZ PAS. Mientras la señal continuase encendida, estaría a salvo. Pero cuando se apagara, tendría que encender las brillantes luces de cabina y el escondite de Joe se convertiría en una farsa, pues los pasajeros se levantarían de sus asientos.

Por primera vez consideró seriamente lo que podría ocurrirle por ocultar a Joe. Pensó en lo que Tom diría y recordó con pena su reacción del año anterior cuando había causado problemas en el avión.

«Pero Tom —había protestado—, ¿qué importa si dejé que esa pobre niña sacara a su perro de la cesta? Viajaba sola, iba a ser adoptada por unos extraños. Era de noche y la cabina estaba a oscuras. Nadie se habría enterado si a esa mujer no se le hubiera ocurrido acercarse y buscarse problemas.»

Tom le había contestado: «Quizá algún día aprendas a cumplir con las normas básicas, Carol. Esa mujer era una accionista y armó la de Dios en la central. Acepté la responsabilidad de que el perro estuviera suelto porque sabía que no me despedirían. Pero después de siete años con un expediente impecable, no me hace ninguna gracia que figure en él este incidente».

Recordó con incomodidad la mirada colérica que le había lanzado. Recordó también que le dijo que se alegraba de que no tuviera un expediente impecable al que atenerse, que tal vez así se mostraría más humano y dejara de adoptar el manual de la empresa como si fuera la Biblia. No le resultaba difícil recordar lo que se dijeron, porque había revivido la pelea muchas veces.

Intentó imaginar lo que haría Charlie Wright, director de la estación norte del aeropuerto de Frankfurt. Charlie también era un «hombre de la compañía». Le gustaba que los aviones llegaran y partieran a la hora exacta, que los pasajeros estuvieran contentos. Sin duda, Charlie se mostraría molesto al tener que informar a la oficina principal de la presencia de un polizón en uno de sus vuelos, y seguramente la suspendería de inmediato; quizá la despidiera directamente.

La manta de Joe se movió ligeramente y volvió a concentrarse en el problema de encontrar un escondite seguro. El avión adoptó una trayectoria horizontal. Al apagarse la señal de abrocharse los cinturones, se levantó despacio. Atemorizada, tendió la mano hacia el interruptor del panel y aumentó la luminosidad de las luces de cabina.

Empezó a repartir revistas y periódicos. El hombre que se había puesto nervioso durante el despegue parecía más calmado.

—Esa pastilla que me dio me ha ayudado muchísimo, señorita. —Aceptó un periódico y buscó las gafas—. Debo de tenerlas en mi abrigo.

Se levantó y se dirigió a la parte posterior del avión.

—Ya se las traeré yo —le dijo Carol mecánicamente.

—No se moleste —le contestó él cuando pasaba delante del lugar donde estaba oculto Joe. Carol iba detrás sin atreverse a respirar siquiera.

La cabina estaba tan ordenada que aquella manta en el suelo llamaba mucho la atención. El pasajero encontró sus gafas, enfiló pasillo abajo y se detuvo. Carol pensó rápidamente que aquel hombre era muy ordenado —¿acaso no había colgado bien el abrigo en la percha y alisado las hojas del periódico?—. Un segundo más y recogería la manta. En ese momento el hombre se estaba inclinando y decía:

—Caramba, debe de haberse caído…

—¡Por favor! —Carol lo cogió con firmeza del brazo—. No se moleste. Yo lo arreglaré ahora mismo. —Lo acompañó hasta su asiento reprendiéndolo levemente—: Es usted nuestro pasajero. Si el comandante llega a ver que le dejo recoger las cosas, me lanzaría por la ventana.

El hombre sonrió y volvió mansamente a su asiento.

Carol registró la cabina desesperadamente. La manta destacaba demasiado. Cualquiera que se dirigiera a la parte posterior del avión podía descubrir a Joe.

—Una revista, señorita.

—Ahora mismo.

Carol llevó varias al pasajero sentado detrás del comisario y, acercándose al asiento de éste, le preguntó:

—¿Quiere usted una revista, comisario Karlov?

Con los labios apretados, sumido en sus pensamientos, el comisario tabaleaba con sus finos dedos en el apoyabrazos.

—Hay algo que no encaja y no sé qué es, señorita. Algo que me han dicho y que no encaja. Pero ya me acordaré —le dijo esbozando una fría sonrisa—. Ya me acordaré. Siempre me acuerdo. —Con un gesto desechó la revista y preguntó—: ¿Dónde está el surtidor de agua?

—Le traeré un vaso —le dijo Carol.

El hombre se puso en pie y repuso:

—No se moleste, por favor. Detesto pasar tanto rato sentado. Iré a buscarlo yo mismo.

El surtidor de agua se encontraba delante del asiento donde se ocultaba Joe. El comisario no era un observador corriente. Lo más seguro era que preguntara por la manta.

—Lo siento —le dijo impidiéndole que saliera al pasillo—. Estamos pasando por unos bancos de aire. El comandante no quiere que los pasajeros se levanten.

El comisario lanzó una mirada a la señal apagada de los cinturones de seguridad y le pidió:

—Déjeme pasar, por favor...

El avión se inclinó ligeramente. Carol chocó contra el comisario y dejó caer adrede las revistas. El vuelo se ponía movidito.

Si lograba retenerlo un poco, Tom no tardaría en encender la señal. Exasperado, el comisario recogió unas cuantas revistas.

Sin dejarle paso, ella se agachó y muy despacio recogió las demás revistas y las ordenó lentamente por tamaños. Cuando vio que ya no podía entretenerse más, se incorporó. ¡La señal luminosa estaba encendida!

El comisario se reclinó en su asiento y observó con atención a Carol mientras se dirigía al surtidor para servirle un vaso de agua y llevárselo. No le dio las gracias, sino que le comentó:

—Esa señal parecía responder a sus deseos, señorita. Debe de haber sido importante para usted que yo no abandonara mi asiento.

Carol sintió miedo y luego rabia. Ese hombre sabía que allí pasaba algo y se divertía jugando con su nerviosismo. Recogió el vaso de agua que el comisario apenas había tocado.

—Verá usted, señor, voy a revelarle un secreto del oficio. Cuando tenemos un pasajero muy importante a bordo, en la lista, junto a su nombre, colocamos unas siglas que significan que debemos extremar con él la cortesía. En este vuelo, usted es uno de esos pasajeros y yo sólo intento hacer que su viaje sea lo más agradable posible. Pero me temo que no lo estoy consiguiendo.

Se abrió la puerta de la cabina de pilotos y apareció Tom. Todos los pasajeros estaban sentados en la mitad delantera del avión. Carol se encontraba junto al último de ellos. Lo más probable era que Tom sólo quisiera saludarlos. No se molestaría en ir hasta el fondo si no había nadie sentado allí.

Tom dio la bienvenida al comisario, estrechó la mano al hombre que estaba sentado detrás y señaló un banco de nubes a los dos amigos que jugaban a las damas. Carol estudió sus movimientos con un dolor creciente. Cada vez que lo veía, acudía a su memoria algún recuerdo. Recordó el día de los Soldados Muertos en combate en el aeropuerto de Gander, cuando les cancelaron el vuelo debido a una fuerte tormenta de nieve. Esa noche, Tom y ella se habían enfrentado en una guerra con bolas de nieve. Tom había echado un vistazo a su reloj y le había dicho: «¿Te das cuenta de que dentro de dos minutos será primero de junio? Nunca había besado a una chica en plena tormenta de nieve, un primero de junio». Sus labios le rozaron la mejilla y los notó fríos, pero al encontrarse con su boca, los notó calientes. «Te quiero, Carol.» Aquélla fue la primera vez que se lo decía.

Carol tragó saliva, intentó borrar el recuerdo y volver a la realidad. Se encontraba de pie en el pasillo, tenía delante a Tom, Joe estaba en peligro y no había escapatoria.

—¿Seguro que no necesitas ayuda con la cena? —le preguntó en un tono impersonal, pero sus ojos buscaron su mirada. Carol se preguntó si Tom se estaría acordando de lo mismo que ella.

—No, de veras —respondió—. Empezaré enseguida.

Tendría que dirigirse a la cocina y dejar a Joe expuesto a ser descubierto, pero...

Tom carraspeó dando la impresión de buscar las palabras adecuadas.

—¿Qué se siente al ser la única mujer a bordo, Carol?

Carol sopesó las palabras unos segundos antes de captar su significado. Miró de pasajero en pasajero: el comisario, el hombre que temía a los despegues, el cuarentón amable, el señor mayor dormido, los dos amigos que jugaban a las damas. Hombres, todos hombres. ¡Había rogado por encontrar un sitio donde ocultar a Joe, y Tom, justamente Tom, se lo había indicado! ¡El lavabo de señoras! Perfecto y simple.

Mientras Tom la observaba, le contestó como quien no quiere la cosa:

—Me encanta ser la única mujer, comandante. Así no tengo competencia.

Tom dio media vuelta y fue hacia la parte delantera del avión, pero luego se detuvo y se volvió.

—Carol, cuando lleguemos a Frankfurt, ven a tomar un café conmigo. Tenemos que hablar.

Al parecer él también la echaba de menos. Si le confesaba en aquel momento que había descubierto un polizón a bordo, todo sería muy sencillo. Tom se llevaría todo el mérito y en Danubia estarían agradecidísimos. Tal vez extenderían los charters de la región norte y así lo recompensaría por los problemas que le había causado el año anterior Pero no podía dejar que mataran a Joe, ni siquiera por el amor de Tom.

—En Frankfurt vuelves a invitarme si no has cambiado de parecer —le dijo.

Cuando Tom regresó a la cabina de vuelo, Carol volvió al asiento de Joe y examinó rápidamente a los pasajeros. La partida de damas tenía muy entretenidos a los dos jugadores. El señor mayor dormitaba. El cuarentón miraba las nubes. El pulcro leía el periódico. El comisario tenía la cabeza apoyada en el respaldo de su asiento. Era demasiado esperar que estuviera sesteando. Con suerte, estaría sumido en sus pensamientos y no volvería la cabeza.

Se inclinó sobre la silueta cubierta por la manta.

—Joe, tienes que ir a la parte de atrás. El lavabo de señoras está a la izquierda. Métete ahí y cierra con llave.

En ese momento, sus ojos se cruzaron con los del comisario, que se había girado en su asiento.

—Joe, tengo que apagar las luces. Cuando lo haga, sal a toda prisa. ¿Entendido?

Joe se destapó la cabeza. Tenía el cabello revuelto y parpadeó al ver la luz. Parecía un niño de doce años que acabara de despertar de un sueño profundo. Pero cuando sus ojos se acostumbraron a la luz, eran los ojos de un hombre preocupado, acosado.

Asintió levemente; Carol no necesitó nada más para saber que la había entendido. Se levantó. El comisario había abandonado su asiento y se dirigía hacia ella.

En un segundo llegó al interruptor de la luz y la cabina

quedó sumida en la oscuridad. Los pasajeros gritaron alarmados. Carol procuró que sus gritos se superpusieran a los de los pasajeros.

—¡Vaya por Dios, cuánto lo siento! ¡Qué torpe soy! Me he equivocado de interruptor...

Una puerta hizo clic al cerrarse. ¿Lo había oído o deseaba haberlo oído?

—Encienda las luces, señorita —le ordenó una voz glacial, al tiempo que una mano la aferraba del brazo con rudeza.

Carol le dio al interruptor de las luces y miró fijamente el rostro del comisario, un rostro crispado por la ira.

—¿Por qué? —inquirió furioso.

—¿Por qué qué, señor? Sólo quería conectar el micrófono para anunciar la cena. Fíjese, el interruptor del micrófono está al lado del de las luces.

El comisario estudió el panel y la incertidumbre se pintó en su rostro. Carol conectó el micrófono y dijo:

—Espero que tengan ustedes apetito. Dentro de unos minutos les serviré la cena. Mientras esperan, les ofreceremos un cóctel. Manhattans, martinis o daiquiris. Pasaré a tomar nota de sus pedidos.

Dirigiéndose al comisario, le preguntó respetuosamente:

—¿Le apetece un cóctel, señor?

—¿Me acompañará usted con uno, señorita?

—No puedo beber mientras estoy de servicio.

—Yo tampoco.

Mientras pasaba la bandeja con los cócteles, Carol se preguntó qué habría querido decirle con aquello. Decidió que seguía jugando al gato y al ratón. Sacó con energía la comida del refrigerador y preparó las bandejas. Se esmeró especialmente con la cena del comisario: plegó la servilleta de lino y sirvió el café en el último momento para que estuviera bien caliente.

—¿Normalmente no hay dos auxiliares? —le preguntó el

comisario cuando colocó la bandeja sobre la mesita plegable.

—Sí, pero el sobrecargo está enfermo. En estos momentos está descansando.

Atendió a los demás pasajeros, sirvió una segunda ronda de cafés y llevó unas bandejas a la tripulación. Tom entregó el mando al segundo piloto y se sentó delante de la mesa de navegación.

—Será una alegría llegar a Frankfurt —dijo con tono nervioso—. Con este viento de cola, llegaremos dentro de media hora. En este vuelo he estado muy inquieto. Hay algo que no marcha bien, pero no puedo precisar qué. —Sonrió y agregó—: Tal vez sea el cansancio, tal vez necesite una taza de ese café tan bueno que preparas tú, Carol.

Carol levantó ligeramente la cortina que ocultaba la litera de la tripulación y comentó:

—Mira cómo duerme Paul.

—Acaba de despertarse y me pidió que le trajera la chaqueta. Quería echarte una mano. Pero lo obligué a quedarse acostado. Se encuentra fatal.

El destino de Joe pendía de un hilo. Si Paul hubiera ido a la parte trasera del avión, lo habría descubierto. Si la chaqueta de Paul no hubiera estado colgada en la cabina, la policía habría encontrado a Joe. Si Tom no le hubiera advertido que ella era la única mujer a bordo...

—Como sólo nos queda media hora de vuelo, recogeré las bandejas —dijo.

Empezó a recoger las bandejas de los pasajeros comenzando de atrás hacia delante. El comisario no había tocado la suya. La miraba fijamente. Carol tuvo una premonición y decidió no molestarlo. Recogió y guardó las demás bandejas. Echó un vistazo a su reloj y advirtió que faltaban diez minutos para el aterrizaje. Se encendió el cartel con la indicación de abrocharse los cinturones. Se dirigió al asiento del comisario para retirarle la bandeja.

—¿Me la llevo, señor? Al parecer no come usted mucho.

El comisario se puso en pie y le dijo:

—Ha estado usted a punto de salirse con la suya, señorita, pero por fin he logrado recordar el detalle que no encajaba. En Danubia, el grupo que registró el aeropuerto me informó de que el sobrecargo estaba enfermo y que la azafata revisaba las declaraciones de equipaje con otro auxiliar de vuelo. —Su rostro asumió una expresión cruel—. ¿Por qué ese auxiliar no la ayudó con la cena? Porque ese auxiliar de vuelo no existe.

Clavó sus dedos en el hombro de Carol y añadió:

—Nuestro prisionero logró subir a este avión y usted lo ha ocultado.

Carol pugnó por disimular su temor creciente.

—Suélteme.

—Está a bordo, ¿no es así? Pues bien, no es demasiado tarde. El comandante debe llevarnos de regreso a Danubia donde revisaremos el avión a fondo.

La apartó de un empujón y se dirigió a la puerta de la cabina de vuelo. Carol intentó agarrarlo por el brazo pero él le apartó la mano. Los demás pasajeros se habían puesto en pie y los miraban.

Aquellos hombres que, llenos de amargura, habían presenciado la búsqueda eran su última esperanza. ¿La ayudarían?

—¡Sí, hay un fugitivo a bordo! —gritó—. ¡Es un crío al que usted le encantaría eliminar de un tiro, pero no lo permitiré!

Los pasajeros por un momento quedaron perplejos, aferrados a los respaldos de los asientos para no perder el equilibrio, pues el avión iniciaba las maniobras de descenso. Desesperada, Carol creyó que no la ayudarían. Pero entonces, como si por fin se hubieran dado cuenta de lo que ocurría, avanzaron todos a la vez. El de aspecto amable se abalanzó sobre el comisario y le apartó la mano del pomo de la puerta. Uno de los jugadores de damas le sujetó los brazos por detrás de la espalda. El avión sobrevoló en círculos la pista de aterrizaje; las luces del aeropuerto se encontraban ya a la altura de las ventanillas. Se produjo un golpe sordo y leve… ¡Frankfurt!

Los pasajeros soltaron al comisario en el momento en que se abría la puerta de la cabina de vuelo. Tom apareció y contempló la escena irritado.

—Carol, ¿qué diablos pasa aquí?

Ella se le acercó cerrando los ojos para no ver el odio reflejado en la mirada del comisario y el efecto que sus palabras producirían en Tom. Se sentía enferma, vacía.

—Comandante… —Tenía la lengua espesa, apenas podía articular palabra—. Comandante… tengo que informar de que llevamos un polizón a bordo.

En la oficina del director del aeropuerto, bebió complacida un café humeante. La última hora había sido un torbellino de funcionarios, policías, fotógrafos. Lo único que recordaba con claridad era la exigencia del comisario:

—Este hombre es un ciudadano de mi país. Debe ser devuelto inmediatamente.

A lo que el director del aeropuerto había respondido:

—Es un episodio lamentable, pero debemos entregar al polizón al gobierno de Bonn. Si después de comprobar su versión, resulta que ha dicho la verdad, se le concederá asilo político.

Se quedó mirando la mano que Joe le había besado antes de ser puesto bajo custodia.

Le había dicho:

—Le debo a usted la vida y mi futuro.

En ese momento se abrió la puerta y apareció Charley Wright, el director del aeropuerto, seguido de Tom.

—Bueno, ya está.

Miró a Carol a los ojos y le preguntó:

—¿Estás orgullosa? Te sientes toda una heroína y sólo deseas que llegue el momento de leer los titulares de la mañana,

¿eh? «Auxiliar de vuelo oculta polizón en emocionante vuelo desde Danubia.» Los periódicos no mencionarán que por tu culpa seremos personas no gratas en Danubia y que perderemos unos cuantos millones de facturación. Carol, puedes irte derechita a tu casa. En Nueva York habrá una audiencia, pero estás despedida.

—Era lo que esperaba. Pero quiero que seas consciente de que Tom no sabía que el polizón estaba a bordo.

—Es deber del comandante saber en todo momento lo que ocurre en su avión —le espetó Charley—. Es probable que Tom sólo reciba una fuerte reprimenda, a menos que quiera hacerse el héroe y asumir la culpa de todo para salvarte. Según tengo entendido, ya lo hizo una vez.

—Es cierto —admitió Carol—. El año pasado dio la cara por mí y no tuve la decencia de darle las gracias.

Miró el rostro extrañamente inescrutable de Tom y añadió:

—Tom, el año pasado te pusiste furioso conmigo y tenías toda la razón. El error fue mío. En esta ocasión, siento de veras los problemas que te causará mi actitud, pero no podía hacer otra cosa.

Pugnando por contener las lágrimas, se dirigió a Charley y le dijo:

—Si ya has terminado, me voy al hotel. Estoy exhausta.

La miró con compasión y le comentó:

—Extraoficialmente, entiendo lo que has hecho. Pero oficialmente…

La muchacha intentó sonreír.

—Buenas noches —dijo. Salió y empezó a bajar las escaleras.

Tom la alcanzó en el descansillo.

—Escúchame, Carol, aclaremos todo de una vez… Me alegro de que el chico lograra huir. No serías la mujer que quiero si lo hubieras entregado a esos carniceros.

«La mujer que quiero.»

—Pero menos mal que no volverás a volar en uno de mis

aviones. Sería un suplicio estar sentado ante los mandos preguntándome qué pasa en la cabina de pasajeros.

La abrazó.

—Pero si no estás en mi avión, me gustaría que fueras a recogerme al aeropuerto. Podrás esconder espías y perros y lo que te dé la gana en el asiento de atrás. Verás, Carol, intento pedirte que te cases conmigo.

Carol lo miró: era altísimo y sus ojos reflejaban ternura. Sus labios cálidos rozaron los de ella y repitió las palabras que tanto había deseado oír:

—Te quiero, Carol.

La sala de espera de la terminal estaba en penumbra y sumida en el silencio. Al cabo de un momento, bajaron las escaleras y fueron hacia allí precedidos por el eco de sus pasos.

La operación de agregar liquidez al sistema puede hacerse mediante redescuentos del banco central a los bancos o mediante operaciones de mercado abierto. La mayor parte de la contracción monetaria de 1929-33 no fue independiente de las quiebras bancarias iniciales. Más bien fue la consecuencia de ellas, debido a sus efectos en la relación depósitos/circulante y el fracaso del Sistema de la Reserva Federal para compensar la caída en el ratio con un aumento suficiente de la base monetaria. Si los depósitos federales se hubiesen incrementado en 1930, muy posiblemente se habría evitado la caída inicial en la relación depósitos/circulante a finales de 1930 y, de esta manera, la secuencia de trágicos eventos que siguieron, incluida la fuerte caída en el stock de dinero.

MILTON FRIEDMAN Y ANNA JACOBSON SCHWARTZ

Dino Buzzati (1906-1972) fue autor de novelas, cuentos y obras de teatro, escenógrafo y pintor. Aunque su fama fue relativamente tardía, hoy sigue siendo redescubierto y es, para muchos, uno de los grandes escritores europeos del siglo XX. Recibió las influencias de los surrealistas y Kafka y ha sido comparado con Italo Calvino, con quien comparte el gusto por la fantasía alegórica.

Horacio Quiroga (1878-1937) fue un narrador uruguayo, y está considerado uno de los mayores cuentistas latinoamericanos de todos los tiempos. En 1909 se radicó en la provincia de Misiones, donde se desempeñó como juez de paz en San Ignacio, a la par que cultivaba yerba mate y naranjas. Dio a la prensa *Cuentos de amor, de locura y de muerte* (1917), los relatos para niños *Cuentos de la selva* (1918), la obra teatral *Las sacrificadas* (1920), *Anaconda* (1921), *El desierto* (1924), *La gallina degollada y otros cuentos* (1925), y quizá su mejor libro de relatos, *Los desterrados* (1926).

LA CHAQUETA EMBRUJADA

Dino Buzzati

Si bien aprecio la elegancia en el vestir, normalmente no me fijo en la mayor o menor perfección con que están cortados los trajes de mi prójimo.

Sin embargo, una noche, durante una fiesta en una casa de Milán, conocí a un hombre que aparentaba unos cuarenta años, quien literalmente resplandecía por la belleza, definitiva y pura, de su traje.

No sé quién podía ser, era la primera vez que lo veía, y cuando me lo presentaron, como sucede siempre, entender el nombre fue imposible. Pero aquella noche, en determinado momento me hallé a su lado y empezamos a charlar. Parecía un hombre cortés y educado, pero con una aureola de tristeza. Quizá tomándome excesiva confianza —Dios me habría disuadido de hacerlo— lo elogié por su elegancia; y osé incluso preguntarle quién era su sastre.

El hombre sonrió ligeramente de forma curiosa, como si hubiera esperado la pregunta. «Casi nadie lo conoce —dijo—, pero es un maestro. Y trabaja sólo cuando le apetece. Para unos pocos iniciados.» «Así que yo...» «Oh, inténtelo, inténtelo. Se llama Corticella, Alfonso Corticella, via Ferrara 17.» «Será caro, imagino.» «Supongo que sí, pero le juro que no lo sé. Este traje me lo hizo hace tres años y todavía no me ha enviado la factura.» «¿Corticella, ha dicho? ¿Via Ferrara 17?» «Exactamente», respondió el desconocido. Y me dejó para unirse a otro grupo.

En via Ferrara 17 me encontré una casa como tantas otras y también como tantas otras era la habitación de Alfonso Corticella. Salió a abrirme él en persona. Era un viejecillo de cabellos negros, pero seguramente teñidos.

Para mi sorpresa, no se hizo de rogar. Al contrario, parecía estar deseando que me convirtiese en su cliente. Le expliqué cómo había obtenido sus señas, alabé su corte, le pedí que me hiciera un traje. Escogimos una lana peinada de color gris, luego él me tomó las medidas y se ofreció a ir a probarme a mi propia casa. Le pregunté el precio. No había prisa, respondió, siempre nos pondremos de acuerdo. Qué hombre más simpático, pensé de primeras. Sin embargo, más tarde, mientras regresaba a casa, reparé en que el viejecillo me había dejado cierto malestar (quizá por sus demasiado insistentes y melifluas sonrisas). En resumen, no tenía ninguna gana de volver a verlo. Pero el traje ya estaba encargado. Y al cabo de veinte días estaba listo.

Cuando me lo llevaron, me lo probé por unos segundos delante del espejo. Era una obra maestra. Pero, no sé bien por qué, tal vez por el recuerdo del desagradable viejecillo, no me apetecía en absoluto ponérmelo. Y pasaron semanas antes de que me decidiese a hacerlo.

Recordaré siempre aquel día. Era un martes de abril y llovía. Cuando me hube puesto el traje —chaqueta, pantalón y chaleco—, comprobé con agrado que no me tiraba ni apretaba en ningún sitio, al revés de lo que siempre sucede con los trajes nuevos. Al contrario, me caía a la perfección.

Por regla general, yo, en el bolsillo derecho de la americana, no meto nada; los documentos los llevo en el bolsillo izquierdo. Esto explica por qué sólo al cabo de un par de horas, en la oficina, al meter por casualidad la mano en el bolsillo derecho, advertí que tenía dentro un papel. ¿La factura del sastre, quizá?

No. Era un billete de diez mil liras.

Me quedé parado. Yo, sin duda, no lo había metido allí. Por otra parte, era absurdo pensar en una broma de Corticella.

Menos aún en un regalo de mi asistenta, la única persona que, después del sastre, había tenido oportunidad de acercarse al traje. ¿Sería un billete falso? Lo miré a contraluz, lo cotejé con otros. Más bueno no podía ser.

Única explicación posible: una distracción de Corticella. Tal vez algún cliente había ido a pagarle una cantidad a cuenta, el sastre en aquel momento no tenía a mano la cartera y sólo por no dejar el billete por ahí lo había metido en mi chaqueta, colgada en un maniquí. Cosas así pueden pasar.

Pulsé el timbre para llamar a mi secretaria. Escribiría una carta a Corticella restituyéndole el dinero que no era mío. Con todo, y no sabría decir el motivo, introduje nuevamente la mano en el bolsillo.

—¿Qué le pasa, doctor? ¿Se encuentra mal? —me preguntó la secretaria, que había entrado en aquel momento. Debí de ponerme pálido como un muerto. En el bolsillo, mis dedos habían tocado los bordes de otro papelito... que pocos instantes antes no estaba.

—No, no, nada —dije—. Un pequeño mareo. Me pasa últimamente. Tal vez esté un poco cansado. Puede irse, señorita; era para dictarle una carta, pero ya lo haremos más tarde.

Sólo cuando la secretaria se hubo ido me atreví a extraer el papel del bolsillo. Era otro billete de diez mil liras. Entonces probé una tercera vez. Y salió un tercer billete.

Mi corazón se desbocó. Tuve la sensación de hallarme envuelto, por razones misteriosas, en el desarrollo de uno de esos cuentos que se narran a los niños y que nadie cree verdaderos.

Pretextando no encontrarme bien, abandoné la oficina y me fui a casa. Tenía necesidad de estar solo. Afortunadamente, la asistenta se había ido ya. Cerré las puertas, bajé las persianas. Empecé a extraer del bolsillo, que parecía inagotable, billetes uno detrás de otro a la máxima velocidad.

Trabajé en una espasmódica tensión nerviosa, con el temor de que el milagro cesase de un momento a otro. Habría querido seguir durante toda la tarde y toda la noche hasta acumular miles de millones. Pero, en un momento dado, las fuerzas me abandonaron.

Delante de mí tenía un montón impresionante de billetes. Ahora lo importante era esconderlo, que nadie se lo oliera. Vacié un viejo baúl lleno de alfombras y, en su fondo, ordenado en muchos montoncitos, puse el dinero que mientras tanto iba contando. Eran cincuenta y ocho millones largos.

A la mañana siguiente me despertó la asistenta, asombrada de encontrarme encima de la cama completamente vestido. Traté de reírme y le expliqué que la noche anterior había bebido un poco más de la cuenta y que el sueño me había pillado por sorpresa.

Una nueva preocupación: la mujer me invitaba a quitarme el traje para pasarle al menos un cepillo.

Respondí que tenía que irme inmediatamente y que no tenía tiempo de cambiarme. Luego me apresuré a ir a un almacén de ropa de confección para comprarme otro traje de género similar; dejaría ése al cuidado de la sirvienta; el «mío», el que haría de mí en unos pocos días uno de los hombres más poderosos del mundo, lo escondería en lugar seguro.

No sabía si vivía en un sueño, si era feliz o si en cambio me estaba ahogando bajo el peso de una fatalidad demasiado grande. Cuando iba por la calle, palpaba continuamente a través del impermeable el lugar donde se hallaba el bolsillo mágico. Y cada vez suspiraba aliviado. Bajo la tela respondía el reconfortante crujido de los billetes.

Pero una singular coincidencia vino a enfriar mi gozoso delirio. En los periódicos de la mañana campaba la noticia de un robo ocurrido el día anterior. El furgón blindado de un banco que, después de haber hecho la ruta por las sucursales, llevaba a la sede central la recaudación del día, había sido asaltado y desvalijado por cuatro ladrones en viale Palmanova. Cuando la gente acudió, uno de los bandidos, para abrirse paso, había empezado a disparar. Y un viandante había resultado muerto. Pero lo que más impresión me causó fue el montante del botín: exactamente cincuenta y ocho millones (como los míos).

¿Podía existir alguna relación entre mi inesperada riqueza y el acto de bandidaje que se había dado casi al mismo tiempo? Parecía una insensatez pensarlo. Y yo no soy supersticioso. Con todo, el hecho me dejó sumamente perplejo.

Cuanto más se tiene más se desea. Teniendo en cuenta mis modestos hábitos, yo ya era rico. Pero el espejismo de una vida de lujo desenfrenado me atraía. Y aquella misma tarde volví a ponerme a la tarea. Procedí entonces con más calma y con menos desbordamiento de nervios. Ciento treinta y cinco millones más se añadieron al tesoro precedente.

Aquella noche no conseguí pegar ojo. ¿Era acaso el presentimiento de un peligro? ¿O la atormentada conciencia de quien obtiene una fabulosa fortuna sin merecerlo? ¿O una especie de confuso remordimiento? Con las primeras luces salté de la cama, me vestí y corrí en busca de un periódico.

Cuando puse los ojos en él, me quedé sin aliento. Un incendio pavoroso, derivado de un depósito de gasolina, había medio destruido un edificio de la centriquísima via San Cloro. Entre otras cosas, las llamas habían devorado las cajas de caudales de una gran inmobiliaria que contenían más de ciento treinta millones en efectivo. Entre las llamas, dos bomberos habían hallado la muerte.

¿Debo ahora tal vez enumerar uno por uno mis delitos? Sí, porque ahora ya sabía que el dinero que la chaqueta me proporcionaba provenía del crimen, de la sangre, de la desesperación, de la muerte; venía del infierno. En mi interior, no obstante, se hallaba también la insidia de la razón, la cual, mofándose, se negaba a admitir que tuviera ninguna responsabilidad. Entonces la tentación renacía, entonces la mano —¡era tan fácil!— se deslizaba en el bolsillo y los dedos, con relampagueante voluptuosidad, aferraban los bordes de un siempre nuevo billete. ¡El dinero, el divino dinero!

Sin dejar mi viejo apartamento (para no llamar la atención), en poco tiempo me había comprado una gran villa, tenía una preciosa colección de cuadros, conducía un automóvil de lujo y, habiendo dejado mi empresa por «motivos de salud», viajaba por todo el mundo acompañado de mujeres maravillosas.

Sabía que cada vez que sacaba dinero de la chaqueta ocurría en el mundo algo infame y doloroso. Pero era siempre una conciencia vaga, carente del apoyo de pruebas lógicas. Al mismo tiempo, cada nueva recaudación degradaba algo más mi conciencia, envileciéndola cada vez más. ¿Y el sastre? Le telefoneé para pedirle la factura, pero no contestaba nadie. En via Ferrara, adonde me acerqué a buscarlo, me dijeron que había emigrado al extranjero, no sabían adónde. Todo apuntaba a demostrarme que, sin yo saberlo, había hecho un pacto con el diablo.

Hasta que un día, en el inmueble donde yo vivía desde hacía muchos años, encontraron una mañana a una pensionista de sesenta años asfixiada por el gas; se había suicidado tras haber extraviado sus treinta mil liras mensuales, que había cobrado el día anterior (y que habían acabado en mis manos).

¡Basta, basta! Para no llegar al fondo del abismo, tenía que desembarazarme de la chaqueta. Pero no dándosela a otro, pues de ese modo la infamia continuaría (¿quién habría podido resistirse a semejante ilusión?). Era indispensable destruirla.

Cogí el coche y me fui a un recóndito valle de los Alpes. Dejé el auto en un claro herboso y me interné bosque arriba. No había un alma. Pasado el bosque llegué al pedregal de la morrena. Allí, entre dos gigantescos peñascos, saqué la funesta chaqueta de la mochila, la rocié de petróleo y le prendí fuego. En pocos minutos no quedaban de ella más que cenizas.

Sin embargo, con el último destello de las llamas, resonó detrás de mí —parecía que a unos dos o tres metros de distancia— una voz humana: «¡Demasiado tarde! ¡Demasiado tarde!». Aterrorizado, me volví con la velocidad de una serpiente. Pero no se veía a nadie. Exploré los alrededores, saltando de un pedrusco a otro, para descubrir al canalla. Nada. No había más que piedras.

Pese al miedo que había pasado, emprendí el descenso de vuelta al hondo valle con una sensación de alivio. Por fin libre. Y, afortunadamente, rico.

Pero cuando llegué al claro herboso mi coche ya no estaba. Y cuando volví a la ciudad, mi suntuosa villa había desaparecido; en su lugar había un prado inculto con unos postes que sostenían un cartel que rezaba «Terreno municipal en venta». Y mis fondos del banco, no conseguí explicarme cómo, completamente agotados. Y volatilizados de mis numerosas cajas de seguridad mis gruesos paquetes de acciones. Y, en el viejo baúl, polvo, nada más que polvo.

Ahora, con esfuerzo, he empezado otra vez a trabajar, me las arreglo como puedo y, lo que es más curioso, nadie parece maravillarse de mi repentina ruina.

Y sé que el asunto todavía no ha terminado. Sé que un día sonará el timbre de la puerta, que yo iré a abrir y que allí, con su abyecta sonrisa y la liquidación definitiva en la mano, estará el fatídico sastre.

EL ALMOHADÓN DE PLUMA

Horacio Quiroga

Su luna de miel fue un largo escalofrío. Rubia, angelical y tímida, el carácter duro de su marido heló sus soñadas niñerías de novia. Lo quería mucho, sin embargo, a veces con un ligero estremecimiento cuando, volviendo de noche juntos por la calle, echaba una furtiva mirada a la alta estatura de Jordán, mudo desde hacía una hora. Él, por su parte, la amaba profundamente, sin darlo a conocer.

Durante tres meses —se habían casado en abril— vivieron una dicha especial. Sin duda hubiera ella deseado menos severidad en ese rígido cielo de amor, más expansiva e incauta ternura; pero el impasible semblante de su marido la contenía siempre.

La casa en que vivían influía un poco en sus estremecimientos. La blancura del patio silencioso —frisos, columnas y estatuas de mármol— producía una otoñal impresión de palacio encantado. Dentro, el brillo glacial del estuco, sin el más leve rasguño en las altas paredes, afirmaba aquella sensación de desapacible frío. Al cruzar de una pieza a otra, los pasos hallaban eco en toda la casa, como si un largo abandono hubiera sensibilizado su resonancia.

En ese extraño nido de amor, Alicia pasó todo el otoño. No obstante, había concluido por echar un velo sobre sus antiguos sueños, y aún vivía dormida en la casa hostil, sin querer pensar en nada hasta que llegaba su marido.

No es raro que adelgazara. Tuvo un ligero ataque de *in-*

fluenza que se arrastró insidiosamente días y días; Alicia no se reponía nunca. Al fin una tarde pudo salir al jardín apoyada en el brazo de él. Miraba indiferente a uno y otro lado. De pronto Jordán, con honda ternura, le pasó la mano por la cabeza, y Alicia rompió enseguida en sollozos, echándole los brazos al cuello. Lloró largamente todo su espanto callado, redoblando el llanto a la menor tentativa de caricia. Luego los sollozos fueron retardándose y aún quedó largo rato escondida en su cuello, sin moverse ni decir una palabra.

Fue ése el último día que Alicia estuvo levantada. Al día siguiente amaneció desvanecida. El médico de Jordán la examinó con suma atención, ordenándole calma y descanso absolutos.

—No sé —le dijo a Jordán en la puerta de la calle, con la voz todavía baja—. Tiene una gran debilidad que no me explico, y sin vómitos, nada... Si mañana se despierta como hoy, llámeme enseguida.

Al otro día Alicia seguía peor. Hubo consulta. Constatóse una anemia de marcha agudísima, completamente inexplicable. Alicia no tuvo más desmayos, pero se iba visiblemente a la muerte. Todo el día el dormitorio estaba con las luces prendidas y en pleno silencio. Pasábanse horas sin oír el menor ruido. Alicia dormitaba. Jordán vivía casi en la sala, también con toda la luz encendida. Paseábase sin cesar de un extremo a otro, con incansable obstinación. La alfombra ahogaba sus pasos. A ratos entraba en el dormitorio y proseguía su mudo vaivén a lo largo de la cama, mirando a su mujer cada vez que caminaba en su dirección.

Pronto Alicia comenzó a tener alucinaciones, confusas y flotantes al principio, y que descendieron luego a ras del suelo. La joven, con los ojos desmesuradamente abiertos, no hacía sino mirar la alfombra a uno y otro lado del respaldo de la cama. Una noche se quedó de repente mirando fijamente. Al rato abrió la boca para gritar, y sus narices y labios se perlaron de sudor.

—¡Jordán! ¡Jordán! —clamó, rígida de espanto, sin dejar de mirar la alfombra.

Jordán corrió al dormitorio, y al verlo aparecer Alicia dio un alarido de horror.

—¡Soy yo, Alicia, soy yo!

Alicia lo miró con extravío, miró la alfombra, volvió a mirarlo, y después de largo rato de estupefacta confrontación, se serenó. Sonrió y tomó entre las suyas la mano de su marido, acariciándola temblando.

Entre sus alucinaciones más porfiadas, hubo un antropoide, apoyado en la alfombra sobre los dedos, que tenía fijos en ella los ojos.

Los médicos volvieron inútilmente. Había allí delante de ellos una vida que se acababa, desangrándose día a día, hora a hora, sin saber absolutamente cómo. En la última consulta Alicia yacía en estupor mientras ellos la pulsaban, pasándose de uno a otro la muñeca inerte. La observaron largo rato en silencio y siguieron al comedor.

—Pst… —Se encogió de hombros desalentado su médico—. Es un caso serio… poco hay que hacer…

—¡Sólo eso me faltaba! —resopló Jordán. Y tamborileó bruscamente sobre la mesa.

Alicia fue extinguiéndose en subdelirio de anemia, agravado de tarde, pero que remitía siempre en las primeras horas. Durante el día no avanzaba su enfermedad, pero cada mañana amanecía lívida, en síncope casi. Parecía que únicamente de noche se le fuera la vida en nuevas olas de sangre. Tenía siempre al despertar la sensación de estar desplomada en la cama con un millón de kilos encima. Desde el tercer día este hundimiento no la abandonó más. Apenas podía mover la cabeza. No quiso que le tocaran la cama, ni aun que le arreglaran el almohadón. Sus terrores crepusculares avanzaron en forma de monstruos que se arrastraban hasta la cama y trepaban dificultosamente por la colcha.

Perdió luego el conocimiento. Los dos días finales deliró sin cesar a media voz. Las luces continuaban fúnebremente encendidas en el dormitorio y la sala. En el silencio agónico de la casa, no se oía más que el delirio monótono que salía de la cama, y el rumor ahogado de los eternos pasos de Jordán.

Murió, por fin. La sirvienta, que entró después a deshacer la cama, sola ya, miró un rato extrañada el almohadón.

—¡Señor! —llamó a Jordán en voz baja—. En el almohadón hay manchas que parecen de sangre.

Jordán se acercó rápidamente y se dobló a su vez. Efectivamente, sobre la funda, a ambos lados del hueco que había dejado la cabeza de Alicia, se veían manchitas oscuras.

—Parecen picaduras —murmuró la sirvienta después de un rato de inmóvil observación.

—Levántelo a la luz —le dijo Jordán.

La sirvienta lo levantó, pero enseguida lo dejó caer, y se quedó mirando a aquél, lívida y temblando. Sin saber por qué, Jordán sintió que los cabellos se le erizaban.

—¿Qué hay? —murmuró con la voz ronca.

—Pesa mucho —articuló la sirvienta, sin dejar de temblar.

Jordán lo levantó; pesaba extraordinariamente. Salieron con él, y sobre la mesa del comedor Jordán cortó funda y envoltura de un tajo. Las plumas superiores volaron, y la sirvienta dio un grito de horror con toda la boca abierta, llevándose las manos crispadas a los bandós: sobre el fondo, entre las plumas, moviéndose lentamente las patas velludas, había un animal monstruoso, una bola viviente y viscosa. Estaba tan hinchado que apenas se le pronunciaba la boca.

Noche a noche, desde que Alicia había caído en cama, había aplicado sigilosamente su boca —su trompa, mejor dicho— a las sienes de aquélla, chupándole la sangre. La picadura era casi imperceptible. La remoción diaria del almohadón había impedido sin duda su desarrollo, pero desde que la joven no pudo moverse, la succión fue vertiginosa. En cinco días, en cinco noches, había vaciado a Alicia.

Estos parásitos de las aves, diminutos en el medio habitual, llegan a adquirir en ciertas condiciones proporciones enormes. La sangre humana parece serles particularmente favorable, y no es raro hallarlos en los almohadones de pluma.

La contracción económica que comenzó en 1929 era la peor en la historia. Considerando la magnitud y la importancia de este acontecimiento, es sorprendente lo poco que sabemos de sus causas. Tanto las reacciones de los individuos a la Gran Depresión, como las políticas emprendidas durante la Depresión, y sus efectos, han sido objeto de estudio extenso. Pero el derrumbamiento económico en sí mismo ha sufrido de cierto descuido intelectual. El resultado inevitable ha sido una negligencia de los aspectos económicos de la Depresión. Mientras los economistas han avanzado una variedad de hipótesis para explicar por qué las depresiones pueden ocurrir, han prestado poca atención a la aplicación de estas teorías a la depresión más grande en la historia. Una razón, a menudo y correctamente proporcionada para explicar la magnitud de la Gran Depresión, es la ausencia de una política macroeconómica expansiva entre 1929 y 1933. La política monetaria y fiscal que ahora pensamos que podría haber sido eficaz en la moderación o la eliminación de la crisis no fue usada en ninguna forma perceptible.

PETER TEMIN

Truman Capote (1924-1984) nació en Nueva Orleans. A los diecisiete años trabajaba ya en *The New Yorker* y a los veintiuno publicó su primer relato —«Miriam»— en la revista *Mademoiselle*. En 1948 publicó su primera novela, *Otras voces, otros ámbitos*, que le consagró como una de las jóvenes revelaciones del panorama literario mundial, a la que seguirían obras como *El arpa de hierba* (1951), *Se oyen las musas* (1956), además de la famosa *Desayuno en Tiffany's* (1958). En 1966 se publicó la que se considera su obra maestra, un libro que marcó época e inauguró un género, el nuevo periodismo: *A sangre fría*.

Nikolái Gógol (1809-1852) fue un escritor ucraniano en lengua rusa. En 1836 publicó la comedia *El inspector*, una sátira de la corrupción de la burocracia que obligó al escritor a abandonar temporalmente el país. Instalado en Roma, en 1842 escribió buena parte de su obra más importante, *Almas muertas*, donde describía sarcásticamente la Rusia feudal. También en ese año publicó «El capote», obra que ejercería una enorme influencia en la literatura rusa.

UN VISÓN PROPIO

Truman Capote

Mrs. Munson terminó de retorcer una rosa de lino en su pelo de color caoba y retrocedió unos pasos desde el espejo para apreciar el efecto. Después se recorrió las caderas con las manos…, el único problema era que el vestido le quedaba un poco demasiado prieto. «Unos arreglos no volverán a salvarlo», pensó furiosa. Tras una última mirada de desdén a su reflejo, se volvió y entró en el cuarto de estar.

Por las ventanas abiertas entraban gritos muy fuertes, sobrenaturales. Vivía en el tercer piso y al otro lado de la calle estaba el patio de recreo de una escuela. A última hora de la tarde el ruido era casi insoportable. ¡Dios, si lo hubiera sabido antes de firmar el contrato de alquiler! Cerró las dos ventanas con un pequeño gruñido y, si fuera por ella, podían quedarse cerradas durante los dos años siguientes.

Pero estaba tan emocionada que no podía disgustarse de verdad. Vini Rondo venía a verla, figúrate, Vini Rondo…, ¡y esa misma tarde! Al pensarlo sentía un aleteo en el estómago. Habían pasado casi cinco años y Vini había estado todo ese tiempo en Europa. Cada vez que Mrs. Munson se encontraba en un grupo que hablaba de la guerra, su anuncio era invariable: «Bueno, como saben, en este mismo minuto tengo en París a una amiga muy querida, Vini Rondo, ¡estaba allí mismo cuando entraron los alemanes! ¡Tengo auténticas pesadillas cuando pienso en lo que debe de estar pasando!». Lo decía como si fuera su propio destino el que se pesaba en la balanza.

Si había alguien en el grupo que no conociese la historia, se apresuraba a explicar lo referente a su amiga.

—Verá —empezaba—, Vini era la chica con más talento del mundo, interesada en el arte y todas esas cosas. Bueno, como tenía un montón de dinero se fue a Europa a pasar un año, como mínimo. Al final, cuando su padre murió hizo las maletas y se fue para siempre. Caray, tuvo una aventura y se casó con algún conde o barón o algún título. Quizá haya oído hablar de ella... Vini Rondo... Cholly Knickerbocker la mencionaba continuamente.

Y seguía perorando, como si fuera una lección de historia.

«Vini, de vuelta en América», pensó, con un regocijo incesante por la fantástica noticia. Amontonó sobre el sofá las almohadillas verdes y se sentó. Examinó la habitación con ojos penetrantes. Es curioso que no veamos realmente nuestro entorno hasta que esperamos una visita. Bueno, Mrs. Munson suspiró satisfecha, aquella chica nueva, cosa rara, había restituido pautas de antes de la guerra.

De pronto sonó el timbre. Sonó dos veces antes de que ella pudiera moverse, de tan emocionada que estaba. Por fin se serenó y fue a abrir.

Al principio no la reconoció. La mujer que tenía delante no llevaba aquel peinado tan chic, recogido en un moño...; por el contrario, lo llevaba más bien lacio y parecía desgreñado. ¿Y un vestido estampado en enero? Mrs. Munson procuró que su tono no delatase decepción cuando dijo:

—Vini, querida, te habría reconocido en cualquier parte.

La mujer seguía plantada en el umbral. Debajo del brazo llevaba una caja grande de color rosa y sus ojos grises miraban con curiosidad a Mrs. Munson.

—¿Sí, Bertha? —Su voz era un extraño susurro—. Qué amable, muy amable. Yo también te habría reconocido, aunque has engordado bastante, ¿no?

Aceptó entonces la mano extendida de Mrs. Munson y entró. La anfitriona estaba azorada y no supo qué decir. Entraron del brazo en el cuarto de estar y se sentaron.

—¿Te apetece un jerez?

Vini sacudió su cabecita morena.

—No, gracias.

—¿Un *scotch*, quizá? —preguntó Mrs. Munson, desalentada. El reloj con forma de estatuilla encima de la falsa repisa de chimenea sonaba débilmente. Hasta entonces no había notado lo fuerte que podía sonar.

—No —dijo Vini con firmeza—, nada, gracias.

Mrs. Munson, resignada, volvió a recostarse en el sofá.

—Ahora, querida, cuéntamelo todo. ¿Cuándo has vuelto a los Estados?

Le gustaba cómo sonaba aquello: «los Estados».

Vini colocó la caja grande y rosa entre sus piernas y enlazó las manos.

—Llevo aquí casi un año. —Hizo una pausa y luego se apresuró, al ver la expresión sobresaltada de su anfitriona—. Pero no he estado en Nueva York. Desde luego, me habría puesto en contacto contigo antes, pero estaba en California.

—Oh, California, ¡me encanta California! —exclamó Mrs. Munson, aunque en realidad Chicago era lo más al este que había estado.

Vini sonrió y Mrs. Munson advirtió lo irregulares que tenía los dientes y decidió que no les vendría nada mal un buen cepillado.

—Así que cuando volví a Nueva York la semana pasada pensé en ti al instante. Me ha costado horrores encontrarte porque no me acordaba del nombre de tu marido…

—Albert —dijo, sin que hiciera falta, Mrs. Munson.

—… pero por fin me acordé y aquí estoy. Verás, Bertha, la verdad es que empecé a pensar en ti cuando decidí deshacerme de mi abrigo de visón.

Mrs. Munson vio un rubor súbito en la cara de Vini.

—¿Tu abrigo de visón?

—Sí —dijo Vini, levantando la caja rosa—. Te acordarás de él. Siempre te gustó mucho. Siempre decías que era el abrigo más bonito que habías visto en tu vida.

Empezó a desatar la raída cinta de seda alrededor de la caja.

—Pues claro, sí, claro —dijo Mrs. Munson, dejando que el «claro» se fuera apagando poco a poco.

—Me dije: «Vini Rondo, ¿para qué demonios necesitas este abrigo? ¿Por qué no se lo queda Bertha?». Ya ves, Bertha, me compré en París un abrigo maravilloso de marta cibelina y comprenderás que no necesito para nada dos abrigos de piel. Además, tengo mi chaqueta de zorro plateado.

Mrs. Munson observó cómo Vini separaba el papel de seda dentro de la caja, vio el esmalte mellado de sus uñas, vio que no llevaba joyas en los dedos y comprendió de golpe muchas otras cosas.

—Así que pensé en ti y si no lo quieres tú lo guardaré sólo porque no soporto la idea de que lo tenga otra persona.

Giró en el aire el abrigo, a derecha e izquierda. Era precioso; la piel brillaba, suntuosa y muy tersa. Mrs. Munson extendió la mano y pasó los dedos por ella, erizando a contrapelo la pelusa diminuta. Dijo sin pensar:

—¿Cuánto?

Retiró la mano rápidamente, como si hubiera tocado una llama, y escuchó la voz de Vini, suave y fatigada:

—Me costó casi mil. ¿Mil es demasiado?

Mrs. Munson oía el griterío ensordecedor del patio de la escuela y por una vez lo agradeció. Le ofrecía algo distinto en lo que concentrarse, algo que aliviaba la intensidad de sus sentimientos.

—Me temo que es demasiado. No puedo permitírmelo —dijo distraída, mirando aún el abrigo, con miedo a levantar los ojos y ver la cara de la otra mujer.

Vini arrojó el abrigo sobre el sofá.

—Bueno, quiero que te lo quedes. No es tanto por el dinero, pero creo que debería recuperar algo de mi inversión... ¿Cuánto podrías pagar?

Mrs. Munson cerró los ojos. ¡Oh, Dios, aquello era horrible! ¡Era un auténtico horror!

—Cuatrocientos, quizá —respondió con voz débil.

Vini volvió a levantar el abrigo y dijo en un tono animado:

—A ver cómo te sienta.

Entraron en el dormitorio y Mrs. Munson se probó el abrigo delante del espejo de cuerpo entero del armario. Con unos pocos retoques y acortando las mangas, quizá recobrase su brillo original. Sí, la verdad es que no le sentaba mal.

—Oh, creo que es precioso, Vini. Has sido un encanto al pensar en mí.

Vini se apoyó en la pared y en su cara pálida había dureza a la intensa luz del sol de las ventanas del espacioso dormitorio.

—Puedes extender el cheque a mi nombre —dijo con desinterés.

—Sí, por supuesto —dijo Mrs. Munson, volviendo a la tierra de repente. ¡Imagina a Bertha Munson con un visón propio!

Volvieron al cuarto de estar y rellenó el cheque para Vini. Ésta lo dobló con cuidado y lo depositó en su bolsito de cuentas.

Mrs. Munson se esforzó en darle conversación, pero cada nuevo intento se estrellaba contra una pared fría. Una de las veces dijo:

—¿Dónde está tu marido, Vini? Tienes que traerle para que charle con Albert.

—¡Ah, él! —había respondido Vini—. No le veo desde hace siglos. Que yo sepa, sigue en Lisboa.

Y ahí quedó todo.

Por fin, Vini se marchó, después de haber prometido que telefonearía al día siguiente. Cuando se hubo ido, Mrs. Munson pensó: «¡Vaya, pobre Vini, no es más que una refugiada!». Luego cogió su abrigo nuevo y entró en el dormitorio. No podía decirle a Albert cómo lo había conseguido; estaba descartado. ¡Puf, se pondría furioso al saber el precio! Decidió esconderlo en lo más recóndito de su ropero y un buen día lo sacaría y diría: «Albert, mira qué maravilla de visón me he comprado en una subasta. Por un precio irrisorio».

Tanteando en la oscuridad del ropero, colgó el abrigo en una percha. Dio un pequeño tirón y escuchó horrorizada la rasgadura. A toda prisa encendió la luz y vio que la manga estaba desgarrada. Sujetó el roto y tiró con suavidad. Se desgarró un poco más y luego otro poco. Con una desolación rabiosa supo que el abrigo entero estaba podrido. «¡Oh, Dios mío!», dijo, agarrando la rosa de lino que llevaba en el pelo. «¡Oh, Dios mío, me han timado, timado como a una incauta y no puedo hacer absolutamente nada!» Porque de pronto Mrs. Munson comprendió que Vini no llamaría por teléfono al día siguiente ni nunca más.

EL CAPOTE

Nikolái Gógol

En el negociado de… pero mejor no decir cuál, pues nadie más puntilloso que el personal de negociados, regimientos, oficinas y demás instituciones oficiales. Ahora cualquier particular considera que ofender a su persona es ofender a toda la sociedad. Al parecer, no hace mucho llegó una petición en la que el jefe de policía de no recuerdo qué ciudad exponía sin ambages que las instituciones públicas se hallaban en peligro de muerte y que el sagrado nombre de él se pronunciaba en vano. Y como prueba adjuntaba el enorme mamotreto, de una novela de corte romántico, en la que a cada diez páginas apareció un jefe de policía, a veces, lo que es más, completamente borracho. Así es que, para evitarnos disgustos, llamaremos al negociado en cuestión «cierto negociado».

Pues bien, en «cierto negociado» prestaba sus servicios «un funcionario», un funcionario sin nada de particular: era bajito, algo picado de viruelas, algo pelirrojo, incluso algo cegato, con una pequeña calva en la frente, arrugas en ambas mejillas y con ese color de piel que suelen llamar hemorroidal... ¡Qué se le va a hacer! La culpa es del clima de Petersburgo. En cuanto a su categoría (porque en este país antes que nada hay que anunciar la categoría), era lo que se llama un consejero titular permanente, rango del cual, como ya se sabe, hicieron burlas y chanzas hasta la saciedad diversos escritores de los que suelen ensañarse en quienes no pueden morder. El funcionario se apellidaba Bashmachkin. Como el propio nombre indica, provenía de la palabra zapato; pero cuándo, en qué época y de qué forma había derivado del zapato, es algo que se desconoce por completo. Su padre, su abuelo e incluso su cuñado, todos ellos Bashmachkin de pura cepa, usaban botas, a las que sólo tres veces al año echaban medias suelas. Su nombre era Akakiy Akákievich. Tal vez el lector lo encuentre un tanto raro y rebuscado, pero podemos asegurarle que no fue buscado en absoluto, sino que se dieron por sí mismas circunstancias que hicieron de todo punto imposible ponerle otro nombre, y que fueron como sigue: Akakiy Akákievich nació, si la memoria no me falla, un 23 de marzo, al anochecer. Su madre, que en paz descanse, esposa de un funcionario y mujer de buenos sentimientos, se dispuso a bautizar, como está mandado, al niño: aún permanecía en la cama, justo frente a la puerta, y a su derecha se hallaba el padrino, Iván Ivánovich Yeroshkin, excelentísima persona, que trabajaba de secretario en el Senado, y la madrina, Arina Semiónovna Bielobriúshkova, esposa de un comisario de distrito y mujer de raras virtudes. Dieron a la parturienta tres nombres a elegir: Miqueas, Sosias o, si prefería, el nombre de Cosdasato, mártir. «No —pensó la difunta—, son todos nombre muy... así.» Para complacerla abrieron el calendario por otra página; salieron estos otros tres nombres: Trifilio, Teodulo y Varacasio. «Vaya tormento —musitó la buena mujer—: ¡Qué nombres! Juro que jamás he oído nada igual. Si fuera Varadato o Baruch, aún; pero mira que Trifilio y Varacasio...» Abrieron otra página y aparecieron Pausicacio y Vactisio. «Estoy viendo —dijo la infeliz— que lo tenía escrito en su destino. Si es así, más vale que se llame como su padre. Si su padre fue Akakiy, que Akakiy sea el hijo.»

Y resultó Akakiy Akákievich. El niño fue bautizado; por cierto, que se echó a llorar e hizo un mohín, como si presintiera que acabaría siendo consejero titular. Fue así como ocurrió todo.

Hemos expuesto esto para que el lector mismo se cerciorara de que fue cosa inevitable y que resultó de todo punto imposible ponerle otro nombre.

Cuándo y en qué época entró en el negociado y quién lo colocó allí, era algo que nadie lograba recordar. Los muchos directores y jefes que se fueron sucediendo le veían siempre en el mismo sitio, en la misma postura, con el mismo cargo, siempre copiando; de esta forma, con el tiempo llegaban a creer que había nacido así, calvo y con el uniforme puesto. En el negociado no se le tenía ningún respeto. Los ordenanzas dejaron de levantarse a su paso, y ni siquiera le miraban, igual que si una mosca hubiera cruzado la antesala. Los superiores le daban un trato frío y despótico. Un subsecretario cualquiera le metía en las narices los papeles, sin ni siquiera decirle: «Saque copia» o «Aquí tiene un asunto curioso», o algunas de las atenciones habituales en las oficinas de buen tono. Pero él aceptaba sin fijarse más en el documento, sin reparar en quién se lo había traído ni en si tenía derecho a ello. Lo cogía y se ponía inmediatamente a escribir.

Los funcionarios jóvenes le tomaban el pelo desplegando todo su ingenio burocrático; incluso en su presencia contaban historietas inventadas sobre él y sobre su patrona, una anciana de setenta años de la que decían que le pegaba; le preguntaban que cuándo era la boda; hacían volar sobre su cabeza trocitos de papel y decían que era nieve. A esto Akakiy Akákievich no replicaba una palabra, igual que si estuviera solo, y ni siquiera se distraía de su labor: por insistentes que fueran todas esas molestias, no cometía ni una falta. Sólo cuando la broma se volvía insoportable; cuando le daban un empujón en el codo, impidiéndole trabajar, decía: «Déjenme, ¿por qué me ofenden?». Había algo extraño en las palabras y en la voz con que las profería. Se escuchaba en ellas algo tan lastimero que un joven recién incorporado, el cual, siguiendo el ejemplo de los demás se había permitido burlarse de él, se detuvo de pronto, como fulminado, y desde entonces todo pareció cambiar a sus ojos y se le ofreció bajo un aspecto distinto.

Una extraña fuerza le distanció de sus compañeros, a quienes, al conocerlos, había considerado personas decentes y educadas. Y mucho tiempo después, aun en los momentos más alegres, seguía imaginándose al funcionario pequeñito y calvo con su penetrante: «Déjenme, ¿por qué me ofenden?», y en esas conmovedoras palabras escuchaba estas otras: «Soy tu hermano». Y el pobre joven se cubría los ojos con las manos, y a menudo, durante el resto de su vida, habría de estremecerse al comprobar cuánto hay de inhumano en el hombre, cuánta grosería brutal se oculta tras la cortesía refinada y culta, incluso, ¡Dios mío!, en las personas tenidas por nobles y decentes.

Habría costado encontrar un hombre tan entregado a su quehacer. Decir que lo hacía con celo, sería poco; no: él trabajaba con amor. Allí, en ese copiar de papeles, descubría un mundo variado y ameno. El placer se dibujaba en su cara; tenía algunas letras favoritas, y, cuando llegaba a ellas, no cabía en sí de gozo, reía, hacía ruidos, y se ayudaba con los labios, al punto de que en la cara se le habría podido leer las letras que iba trazando la pluma. Si su celo hubiera sido premiado, él, para sorpresa suya, tal vez habría llegado a consejero estatal; pero lo único que ganó fue, como decían sus compañeros chistosos, un botoncillo en la solapa y hemorroides detrás. Mas sería incorrecto decir que no le hubieran mostrado ninguna atención. Un director, que tenía buen corazón y quería premiar sus muchos años de servicio, mandó encargarle un trabajo más importante que el de simple copia; concretamente se trataba de reelaborar un documento y enviarlo a otro departamento gubernamental; sólo se requería darle otro encabezamiento y cambiar el tiempo de algunos verbos, de la primera a la tercera persona. Esto le supuso tal esfuerzo que quedó empapado de sudor, hasta que, después de mucho enjugarse la frente, dijo: «No, más vale que me den algo que copiar». Desde entonces y para siempre sólo le dieron trabajos de copia. Parecía que, aparte de ellos, nada existía para él.

La indumentaria no le preocupaba en absoluto: su uniforme ya no era verde, sino de un tono pardo, harinoso. El cuello le quedaba tan estrecho y bajo que, aunque Akakiy Akákievich no era cogotudo, el pescuezo le asomaba y parecía larguísimo, igual que el de esos gatitos de escayola que menean la cabeza y que portan en bandejas, por docenas, los buhoneros extranjeros. Y no había vez que no llevara algo pegado al uniforme; una brizna o una hilacha; además se daba una maña especial, por la calle, para pasar debajo de las ventanas en el preciso instante en que arrojaban la basura, por eso siempre llevaba en el sombrero cáscaras de sandía, de melón y otras inmundicias por el estilo.

Nunca en su vida detuvo la vista para observar el trajín diario de la calle, como hacía uno de sus colegas, joven funcionario de vista tan penetrante que incluso advertía si alguien, en la acera de enfrente, llevaba descosida la trabilla, cosa que siempre ponía en su cara una mueca socarrona. Pero Akakiy Akákievich, incluso si miraba, en todo veía únicamente sus renglones impecables, hechos con su caligrafía tan igual, y sólo si un caballo, salido no se sabe de dónde, le ponía los ollares sobre el hombro y le resoplaba en toda la cara, sólo entonces caía en la cuenta de que no se hallaba en mitad de un renglón, sino, más bien, en mitad de la calle.

Nada más llegaba a casa, se sentaba sin demora a la mesa, engullía apresuradamente y sin paladearla una sopa de berzas y un trozo de carne de ternera con cebolla tragándolo con moscas o con cualquier otra cosa que Dios quisiera echarle en el plato. Cuando sentía lleno el estómago, dejaba la mesa, sacaba el tintero y se ponía a copiar papeles que se traía de la oficina. Cuando no los tenía, copiaba, para deleite propio, algún documento relevante, no por la belleza de estilo, sino por ser el destinatario algún personaje nuevo o importante.

Incluso en las horas en que el cielo gris de Petersburgo se apaga por completo y el funcionariado tiene repleto el estómago, cada cual con arreglo a sus gustos y posibilidades; cuando todo descansa, tras el rasgueo de plumas en la oficina, del ajetreo, del bullicio propio y ajeno y de todo lo que el hombre zaragatero se impone por propia voluntad, e incluso en mayor medida de lo necesario; cuando los funcionarios se apresuran a rendir al ocio el tiempo restante: los más despabilados, en el teatro; otros, en la calle, a solazarse contemplando ciertos sombreritos; otros en una tertulia donde pasar el tiempo diciendo cumplidos a una señorita mona, estrella de la parva tertulia de funcionarios; y unos últimos, los más, van a visitar a un compañero que vive en un cuarto o un tercer piso, en dos pequeñas habitaciones con pasillo o cocina, con algún que otro pujo, de estar al día; una lámpara o alguna otra cosilla; comprada con muchos sacrificios y renuncias a comidas y a diversiones; en fin, incluso a la hora en que todos los funcionarios se dispersan por los pequeños pisos de sus amigo para echar una animada partida de whist y tomarse un té en vaso con galletas baratas según dan chupadas a sus largas pipas y, mientras reparten las cartas, cuentan algún chisme que les ha llegado de la alta sociedad —a lo que nunca y en ninguna circunstancia un ruso es incapaz de renunciar—, o incluso, cuando no hay de qué hablar, echan mano del eterno chascarrillo del policía al que vienen a comunicar que al caballo de la estatua de Falconet le han arrancado la cola; en una palabra, cuando todo el mundo procura pasarlo bien, Akakiy Akákievich no se entrega a ninguna diversión.

Nadie habría podido decir que le había visto en una fiesta. Después de deleitarse con la caligrafía, se acostaba, sonriendo de antemano al pensar en el día siguiente: ¿qué le enviaría Dios mañana para copiar?

Así transcurría la pacífica existencia de un hombre que con cuatrocientos rublos de sueldo estaba satisfecho de su destino y tal vez habría llegado a edad provecta, de no estar sembrado de tantas calamidades el camino de un consejero, no ya del titular, sino hasta del privado, del numerario, del áulico, e incluso del que ni da consejos ni los admite.

Hay un formidable enemigo en Petersburgo de los que tienen unos ingresos anuales de cuatrocientos rublos, rublo arriba, rublo abajo. Ese enemigo no es otro que el frío norteño, del que, todo hay que decirlo, también se afirma que es muy sano. Pasadas las ocho de la mañana, precisamente a la hora en que las calles se pueblan de los que se apresuran a sus oficinas, sacude unos capirotazos tan recios y punzantes en toda nariz, sea ésta de quien sea, que los pobres funcionarios no saben, decididamente, dónde meterla. A una hora en que el frío produce, incluso en los altos dignatarios, dolor en la frente y lágrimas en los ojos, los pobres funcionarios a veces no tienen ninguna defensa. Su única salvación es cruzar al trote, embutidos en su triste capote, las cinco o seis calles, y, después, dar abundantes saltitos en el vestíbulo, hasta tanto no se descongelen todas las habilidades y aptitudes necesarias para la labor burocrática, que se les quedan heladas en el trayecto.

Akakiy Akákievich, de un tiempo a esta parte, había comenzado a notar como un fuerte ardor en la espalda y en los hombros, pese a que procuraba recorrer lo más rápidamente posible la distancia correspondiente. Finalmente se le ocurrió atribuirlo a algún desperfecto de su gabán. En efecto, tras un exhaustivo examen en casa, descubrió que en dos o tres sitios, precisamente en la espalda y en los hombros, el paño se había vuelto como de gasa: estaba tan gastado que se veía el trasluz, y el forro se deshilachaba. Sépase que el capote de Akakiy Akákievich era otro blanco de las burlas de los funcionarios; incluso le privaban del noble nombre de capote para denominarlo «la bata». Aunque, justo es reconocerlo, su hechura era muy rara: el cuello cada año se quedaba más corto, al ser utilizado para echar remiendos a otras partes. Y, como los remiendos no eran un dechado de buena costura, se veía chapucero y feo.

Comprobado lo que ocurría, Akakiy Akákievich decidió llevar el gabán a Petróvich, un sastre instalado allá, en un quinto piso con entrada por la escalera de servicio, y que, pese a ser tuerto y estar acribillado de viruelas, se dedicaba con bastante fortuna al arreglo de pantalones y chaquetas de la grey funcionaria y de otra condición, naturalmente si en ese momento estaba sobrio y no andaba embebecido en algún otro proyecto. En realidad, de este sastre no hay mucho que decir; pero, como está dispuesto que en toda novela se presente con claridad meridiana el carácter del personaje, no queda más remedio que sacar a relucir también al tal Petróvich. Primero se llamó Grigori, a secas, y era siervo de no sé qué noble; cuando recibió la carta de libertad, comenzó a llamarse Petróvich y a beber, y bastante, los días de fiesta: al principio, en las de guardar, y, después, en todas, sin distinción, con tal que tuvieran una cruz en el calendario. Por este lado era fiel a las costumbres de sus antepasados y, cuando discutía con su esposa, la llamaba hereje y alemanota. Una vez mencionada la esposa, se hace necesario decir un par de palabras sobre ella: lamentablemente de ella se sabía poco, salvo que Petróvich tenía una esposa que usaba cofia en vez de pañoleta; pero, al parecer, no podía presumir de belleza; por lo pronto, los únicos que al encontrarse con ella le miraban por debajo de la cofia eran los soldados de la guardia, que torcían el mostacho y soltaban una exclamación muy especial.

Mientras subía la escalera que conducía hasta el piso de Petróvich —que, en honor a la verdad, estaba inundada de lavazas y fuertemente impregnada de ese olor espirituoso que da picor de ojos y que, como es notorio, es consubstancial a todas las escaleras de servicio de Petersburgo—, mientras subía esa escalera, Akakiy Akákievich ya iba pensando en el precio que podía pedirle Petróvich, y se prometió mentalmente no darle más de dos rublos.

La puerta estaba abierta, porque la dueña, que estaba friendo pescado, había llenado la cocina de humo hasta el punto de que ya no se veían ni las cucarachas. Akakiy Akákievich atravesó la cocina sin ser visto por la dueña y entró por fin en la habitación, donde vio a Petróvich sentado en una amplia mesa de madera cruda, con las piernas cruzadas como un bajá turco.

Iba descalzo, como acostumbran los sastres durante el trabajo, y lo primero que saltaba a la vista era el dedo pulgar, que Akakiy Akákievich conocía muy bien, de uña deforme, gorda y dura como concha de tortuga. Del cuello le colgaba una madeja de seda e hilos, y sobre sus piernas había unos harapos. Llevaba unos tres minutos intentando enhebrar la aguja y, como no atinaba, estaba muy enfadado con la oscuridad e incluso con el hilo, y refunfuñaba a media voz: «¡No entra, el muy canalla; me tienes hasta la coronilla, bandido!». Akakiy Akákievich se sentía muy incómodo por llegar en el preciso instante en que Petróvich estaba de mal humor: si hacía algún encargo, prefería que estuviera achispado o, como se expresaba su esposa, «en poder del aguardiente, el tuerto del demonio». En ese estado Petróvich era muy propenso a ceder, asentía e incluso hacía reverencias y daba las gracias. Bien es verdad que después se presentaba la mujer para quejarse de que, borracho, el marido había puesto un precio demasiado bajo; pero solía bastar con diez kopeks de aumento para que la cosa se solucionara a gusto de todos.

Ahora, al parecer, Petróvich estaba sobrio y, por lo tanto, difícil, intransigente y dispuesto a cargar la mano. Akakiy Akákievich se lo olió y quiso batirse en retirada, como suele decirse, pero el asunto ya estaba comenzado. Petróvich clavó en él su único ojo y Akakiy Akákievich musitó involuntariamente:

—¡Hola, Petróvich!

—¡Tenga usted buenos días, caballero! —repuso el sastre, y desvió el ojo en dirección a las manos de Akakiy Akákievich, con el deseo de descubrir qué prenda le traía.

—Pues aquí me tienes, Petróvich; vengo, ya sabes…

Sépase que Akakiy Akákievich solía expresarse, por medio de preposiciones, de adverbios y, finalmente, de palabras sin significado concreto. Si algo le cohibía, ni siquiera llegaba a acabar la frase, y muchas veces comenzaba diciendo: «Bien mirado, eso es cosa que quizá…», y se detenía, olvidándose de continuar, convencido de que ya había dicho cuanto tenía que decir.

—¿Qué es eso? —dijo Petróvich, mientras su único ojo escudriñaba el uniforme, desde el cuello hasta las mangas, pasando por la espalda, los faldones y los ojales, todo lo cual conocía sobradamente, porque era labor suya.

Es lo que suelen hacer los sastres, nada más verte.

—Pues yo, eso, Petróvich… el capote, ya sabes, el paño… fíjate cómo está en los demás sitios: sanísimo; con algo de polvo, que parece como viejo, pero es nuevo, sólo que en un sitio está algo… aquí, en la espalda, y aquí un poco gastado, en el hombro, y en este otro hombro otro poco; cosa de nada. No es mucho trabajo…

Petróvich tomó la bata, la extendió primero sobre la mesa, la observó un buen rato, meneó la cabeza y alargó la mano hacia la ventana para alcanzar una tabaquera redonda con el retrato de un general, que no se sabía muy bien quién era, porque el lugar de la cara había sido perforado con un dedo y pegado con un trozo de papel. Aspiró el rapé, desplegó el capote entre las manos, lo miró al trasluz y volvió a menear la cabeza. Después lo volvió del lado del forro, de nuevo agitó la cabeza y destapó la tabaquera del general pegado con papel, atacó la nariz con el rapé, cerró la cajita, la guardó y, finalmente, dijo:

—¡No, esto no tiene arreglo, se cae de viejo!

Al oír estas palabras, a Akakiy Akákievich le dio un vuelco el corazón.

—¿Por qué no va a tener arreglo, Petróvich? —dijo con voz casi implorante, de niño—. Sólo está un poco gastado en los hombros, ya tendrás por ahí algún retal.

—Claro, siempre hay algún retal, retales se encuentran —dijo Petróvich—; pero es que ya no aguanta: está podrido; esto, con que le arrimes la aguja, se deshace.

—¿Y qué? Tú le pones encima un remiendo.

—Es que no hay dónde poner el remiendo, no tiene dónde

agarrar, es mucho desgaste. De paño no le queda más que el nombre; esto se va de un soplo.

—Tú sujétalo, hombre. Que tampoco es eso...

—No —dijo Petróvich con decisión—. No hay nada que hacer. Está muy mal. Es mejor que, cuando venga el frío, se haga usted con ello pantorrilleras, porque los calcetines no calientan como es debido. Los calcetines se los inventaron los alemanes para sacar dinero (Petróvich no desperdiciaba ocasión de cargar contra los alemanes); pero el capote tendrá que hacérselo nuevo.

Al oír la palabra «nuevo», a Akakiy Akákievich se le formó como una neblina en los ojos, y todo lo que había en la habitación comenzó a tornarse borroso. Lo único que veía claro era al general de la cara tapada por el papel de la tabaquera de Petróvich.

—¿Cómo que nuevo? —dijo cual en sueños todavía—. No tengo dinero para eso.

—Sí, nuevo —dijo Petróvich con brutal cachaza.

—Es que, uno nuevo, seguro que saldría por...

—¿Qué, cuánto costaría?

—Eso.

—Habría que echarle unos ciento cincuenta, largos —dijo Petróvich, y frunció significativamente los labios. Los golpes de efecto le encantaban; era muy aficionado a aturullar a alguien para, después, observar de reojo la cara de desconcierto del otro.

—¡Ciento cincuenta un capote! —exclamó el pobre Akakiy Akákievich.

Y tal vez era la primera exclamación de su vida, pues nunca había dicho una palabra más alta que otra.

—Sí señor —dijo Petróvich—. Y eso, según qué capote. Si le pone cuello de marta y le forra de seda la capucha, pues puede salirle muy bien por doscientos.

—Petróvich, por favor —imploró Akakiy Akákievich, sin oír ni intentar oír las palabras de Petróvich ni su significado—, haz que dure algo más.

—No, hombre, no: sería trabajar en balde y tirar el dinero —dijo Petróvich.

Tras esas palabras, Akakiy Akákievich marchó totalmente aplastado. Después de que hubiera salido, Petróvich permaneció aún un buen rato apretando los labios significativamente y sin reanudar el trabajo, satisfecho de haber estado a la altura y de no haber traicionado al oficio de la confección.

Salió a la calle Akakiy Akákievich como soñando. «Menudo —decía para sí—. De verdad no esperaba que saliera algo semejante...» Y después, tras un breve silencio: «Vaya, vaya, mira tú lo que resulta, y a mí ni me hubiera pasado por la cabeza que saliera una cosa así». A eso siguió otro prolongado silencio, tras el cual pronunció: «¡Vaya, hombre!, eso sí que de verdad me pilló por sorpresa, que... eso si que de ninguna manera... ¡Menuda situación!». Dicho lo cual, y en lugar de dirigirse a su casa, marchó, sin advertirlo, en dirección contraria.

Mientras caminaba, un deshollinador le rozó con su costado sucio y le puso todo el hombro negro; desde lo alto de una casa en obras le cayó encima el contenido de un capacho de cal. Pero él ni se enteró; sólo cuando tropezó con un guardia, que, dejando a un lado la alabarda, echaba en la callosa mano tabaco de un cuerno, se recuperó un poco, sólo porque el guardia le dijo: «¡Que te me echas encima! ¿No tienes bastante acera?». Eso le hizo volver en sí y tomar la dirección de su casa.

Sólo ahí logró poner en orden sus ideas; vio con toda claridad su situación real, y comenzó a hablar consigo mismo, pero ya no a trompicones, sino con lenguaje lógico y sincero, como quien habla con un amigo sensato, con quien se pueden tratar temas íntimos y confidenciales. «Que no —dijo Akakiy Akákievich—, que éste no es momento de hablar con Petróvich: él ahora, eso... seguro que la mujer le ha zurrado. Mejor si me presento el domingo, por la mañana: después de la velada del sábado, seguro que andará medio dormido y no verá claro, y, como tendrá que quitarse la resaca y la mujer no le habrá dado dinero, iré yo entonces, le pondré en la mano diez kopeks y ya verás como está más razonable, y entonces el capote, pues eso...»

Así razonaba Akakiy Akákievich para sus adentros y se daba ánimos. Esperó al domingo siguiente y cuando vio, de lejos, que la mujer de Petróvich salía de casa, se metió directamente en la vivienda. Efectivamente, después del sábado Petróvich bizqueaba de mala manera, mantenía la cabeza caída hacia el suelo y no se aguantaba de sueño. Pero, nada más se dio cuenta del asunto, fue como si le hubiera empujado el diablo.

—Que es imposible —dijo—, tendrá usted que hacerse uno nuevo.

En ese instante Akakiy Akákievich le puso los diez kopeks en la mano.

—Muy agradecido, señor, me entonaré un poco a su salud —dijo Petróvich—; en cuanto al capote, esté tranquilo: no sirve ya para nada. Yo le haré uno nuevo, que le va a sentar impecable; eso corre de mi cuenta.

Akakiy Akákievich hizo otro intento de hablar de la reparación, pero, sin dejarle terminar, Petróvich dijo:

—Le haré uno nuevo, eso sin falta; usted confíe en mí, que pondremos todo lo que sabemos. Incluso podríamos hacer, como se lleva ahora, que el cuello se abroche con gafetes plateados.

En ese instante Akakiy Akákievich comprendió que le sería imposible prescindir de un nuevo gabán y sintió que el mundo se le venía encima. Pues ¿cómo... lo encargaba? Es verdad, en parte podía confiar en algunas primas y recompensas por las fiestas; pero ese dinero hacía tiempo que lo tenía dispuesto y repartido de antemano. Necesitaba unos pantalones nuevos, pagar al zapatero una antigua deuda, por las medias suelas nuevas a las botas viejas; además, debía encargar a la costurera tres camisas y dos juegos de esas prendas interiores que no es decoroso poner en letra de molde. En una palabra, ya tenía todo el dinero distribuido; es más, aun cuando el director del negociado fuera tan generoso que en lugar de los cuarenta rublos de primas le diera cuarenta y cinco o cincuenta, lo que le quedara sería, en comparación con el capital que necesitaba para el capote, como una gota en el mar.

Cierto, él sabía que a veces a Petróvich le daba el pronto por fijar cantidades tan disparatadas que incluso su mujer, en alguna ocasión, sin poder contenerse, gritaba: «¡Tú has perdido el juicio, orate! ¡Otras veces haces el trabajo gratis, y ahora el diablo te lleva a pedir un precio que ni tú mismo vales!».

Por supuesto, él sabía que Petróvich estaría dispuesto a hacerlo por ochenta; pero ¿de dónde sacar aun esos ochenta rublos? La mitad, todavía...; la mitad aún habría podido encontrarla, incluso un poquito más; pero ¿de dónde iba a sacar la otra mitad...? Mas el lector debe conocer antes la procedencia de la primera mitad. Akakiy Akákievich tenía costumbre de, por cada rublo gastado, guardar un kopek en una cajita con llave que tenía en la tapa una rendija para las monedas. Al final de cada semestre realizaba un recuento de las monedas de cobre acumuladas y las sustituía por su equivalente en plata. Lo había estado haciendo durante mucho tiempo y, de esta forma, resultó que al cabo de varios años había reunido más de cuarenta rublos. De modo que ya tenía la mitad en su poder; pero ¿de dónde sacar los otros cuarenta rublos?

Después de darle una y mil vueltas, Akakiy Akákievich decidió que debía reducir los gastos ordinarios durante un año, por lo menos: quitarse el té de la tarde, no encender la vela de noche y, en caso de que tuviera que hacer algo, pasar al cuarto de la patrona y trabajar a la luz de su vela; al andar por la calle, pisar las piedras y los adoquines con suavidad y cuidado, casi de puntillas, para no gastar tan pronto las suelas; dar a lavar la ropa lo menos posible y, para no mancharla mucho, quitársela todos los días, nada más llegar a casa, y quedarse con la bata de fusán, tan vieja que hasta el tiempo se había apiadado de ella.

A decir verdad, al comienzo le fue un tanto difícil acostumbrarse a esas limitaciones; pero después se hizo bien a ello; incluso se habituó a pasar sin cena; en cambio se alimentaba espiritualmente, manteniendo viva en la mente la idea perenne del futuro capote. Desde entonces su propia existencia se volvió como más rica, como si se hubiera casado, como si tuviese a alguien a su lado, como si, en vez de estar solo, una simpática compañera se hubiese mostrado dispuesta a recorrer con él el camino de la vida; y esa amiga no era otra que aquel capote guateado, con un forro hecho para durar una eternidad. Se volvió más alegre, incluso más recio de carácter, como el hombre que se ha marcado un claro objetivo. De su cara y de su conducta se disipó por sí misma la duda, la indecisión, todos los gestos vacilantes e imprecisos. En ocasiones asomaba a sus ojos el fuego y en su cabeza brotaban las ideas más osadas y extraordinarias: ¿qué pasaría si pusiera el cuello de marta? Poco faltó para que esos pensamientos le volvieran distraído. Cierta vez, conforme copiaba un documento, estuvo a punto de cometer un error, y poco faltó para que lanzara un «¡huy!» en voz alta; se persignó.

Una vez al mes, por lo menos, visitaba a Petróvich, para charlar del capote, del mejor sitio para comprar el paño, de qué color, y a qué precio; y siempre, aunque ligeramente preocupado, volvía a casa contento, animado por la idea de que, por fin, iba a llegar el día en que, comprado todo aquello, quedara terminada la prenda.

Las cosas iban incluso más rápido de lo que él calculaba. En lugar de los cuarenta o cuarenta y cinco rublos esperados, el director, bien porque presintió que necesitaba un gabán nuevo, bien porque sí asignó a Akakiy Akákievich nada menos que sesenta. El caso es que se vio propietario de veinte rublos imprevistos. Tal circunstancia aceleró la marcha de los acontecimientos. Tras dos o tres meses de medio morirse de hambre, Akakiy Akákievich logró reunir cerca de ochenta rublos. Su corazón, de por sí bastante tranquilo, comenzó a palpitar. El primer día anduvo recorriendo tiendas con Petróvich. Compraron un paño muy bueno, cosa que no debe extrañar, pues lo habían estado pensando durante medio año y raro era el mes que no pasaban por las tiendas, para tantear los precios; por eso Petróvich dijo que no había paño mejor. Para forro eligieron calicó, pero tan bueno y tan tupido que, según el propio Petróvich, era mejor que la seda, e incluso de aspecto más fino y lustroso. La marta no la compraron, porque era francamente cara, pero en su lugar eligieron la mejor piel de gato que había en la tienda, un gato que, de lejos, muy bien se podía tomar por marta.

Petróvich terminó el capote en dos semanas, y eso porque le llevó mucho tiempo el guatear, que, si no, lo habría terminado incluso antes. Por el trabajo Petróvich cobró doce rublos; de ninguna manera podía menos: todo, lo que se dice todo, estaba cosido en seda, con costuras dobles, que Petróvich repasó después con sus propios dientes, para darle distintas formas.

Ocurrió esto el día... es difícil precisar la fecha, pero el día que Petróvich trajo por fin el gabán fue, probablemente, el más solemne de la vida de Akakiy Akákievich. Lo trajo por la mañana, precisamente cuando tenía que ir al negociado. Nunca mejor ocasión que aquélla para estrenar el capote, porque los fríos se iban haciendo bastante fuertes... y prometían arreciar aún más... Petróvich se presentó con el gabán como corresponde a un sastre que se precie, con el rostro iluminado por una expresión como Akakiy Akákievich no se la había visto jamás. Se le notaba consciente de haber realizado una obra nada pequeña, como si acabara de superar el abismo que media entre el sastre que sólo pone forros y hace arreglos, y el que cose a medida. Sacó el capote del pañuelo con el que lo llevaba envuelto (el pañuelo, que acababa de llegar de la lavandería), lo plegó y se lo metió en el bolsillo, para darle el uso habitual, extrajo el gabán, lo observó muy ufano y, sujetándolo con ambas manos, lo echó con mucho garbo sobre los hombros de Akakiy Akákievich; después lo alisó con la mano y lo estiró por detrás, hacia abajo, tras lo cual lo ajustó al cuerpo de Akakiy Akákievich dejándolo un tanto abierto por delante. Pero Akakiy Akákievich, como toda persona de edad, quería probárselo con los brazos en las mangas; Petróvich también le ayudó en esa operación, y resultó que aun así le quedaba bien. En una palabra, que el capote le sentaba como un guante.

Petróvich no desaprovechó ahí la ocasión de decir que si le había cobrado tan barato era sólo porque su sastrería no tenía rótulo y estaba en una calle pequeña, y, además, porque conocía hacía mucho a Akakiy Akákievich; pero que en la avenida Nevskiy sólo por la costura le habrían llevado setenta y cinco rublos. Akakiy Akákievich no quiso discutir el tema con Petróvich, pues le aterraban las fuertes cantidades que Petróvich, aficionado a deslumbrar, barajaba. Le pagó, le dio las gracias y de allí se fue directamente, vestido con el nuevo capote, al negociado.

Petróvich salió detrás de él y permaneció en la calle durante un buen rato, observando desde lejos el capote, y después se metió, para atajar por un callejón transversal, y volvió a salirle al paso, para ver otra vez su obra desde el otro lado, es decir, de frente.

Mientras, Akakiy Akákievich caminaba con porte lleno de júbilo. Cada segundo de cada minuto sentía que sobre los hombros llevaba su nuevo capote, e incluso sonrió varias veces, de íntima satisfacción. De un golpe había logrado dos beneficios: uno, que la prenda abrigaba, y otro, que era buena. Sin darse cuenta de ello, recorrido el camino, se encontró, de pronto, en el negociado; en el vestíbulo se quitó el gabán, lo examinó por todos los lados y lo encomendó a la custodia del portero.

No se sabe por qué conductos, en el negociado todos se enteraron de pronto de que Akakiy Akákievich tenía un gabán nuevo y de que la bata había dejado de existir. Todos salieron en tropel al vestíbulo para ver el nuevo capote de Akakiy Akákievich. Le felicitaban, le daban la enhorabuena; al principio él no hacía más que sonreír, pero después sintió incluso vergüenza. Y cuando se agolparon todos en torno y comenzaron a decir que había que mojar el nuevo capote, y qué menos que convidarlos a todos, Akakiy Akákievich se desconcertó por completo, sin saber qué hacer, qué responder ni qué pretexto inventarse. A los pocos minutos, rojo como la grana se puso a convencer a todo el mundo, con bastante ingenuidad, de que el capote no tenía nada de nuevo, que era el viejo, sin más. Por fin, uno de los funcionarios, un subjefe de sección, tal vez para demostrar que no tenía nada de soberbio y que estaba dispuesto a alternar con los inferiores, dijo:

—Nada, en lugar de Akakiy Akákievich, yo ofrezco la fiesta y les invito a mi casa, a tomar el té: hoy precisamente, como hecho adrede, es el día de mi santo.

Los funcionarios, naturalmente, se pusieron a felicitar al subjefe de sección y aceptaron de buena gana el ofrecimiento. Akakiy Akákievich al principio quiso disculparse, pero todos le dijeron que sería una descortesía, que si no le daba vergüenza y que no podía rehusar. Incluso la idea acabó por gustarle, cuando cayó en la cuenta de que aquello le daba la oportunidad de pasear con el capote nuevo también de noche.

Aquel día fue para Akakiy Akákievich como la fiesta más grande de su vida. A casa llegó del mejor humor del mundo, se quitó el capote, lo colgó con esmero en la pared, y volvió a recrearse contemplando el paño y el forro; después sacó, especialmente, para compararla, la vieja bata, que estaba hecha jirones. La miró e incluso se echó a reír: ¡tan grande era la diferencia! Después, mientras comía, estuvo sonriendo un buen rato según pensaba en el estado de la miserable prenda. Comió con buen ánimo, y, después, en lugar de copiar ningún papel, se regaló con una siesta hasta el anochecer. Luego, sin dar más largas a la cosa, se vistió, se puso el capote y salió a la calle.

Lamentamos no poder precisar dónde vivía el funcionario anfitrión: la memoria empieza a fallarnos bastante, y todo lo que es Petersburgo, sus calles y casas, se nos amontonan y mezclan de tal forma en la cabeza que es harto difícil extraer de allí algo que ofrezca un poco de orden. Pero, sea como fuere, lo cierto es que el funcionario vivía en la mejor zona de la ciudad, o sea nada cerca de Akakiy Akákievich.

Al comienzo, Akakiy Akákievich hubo de atravesar algunas vías desiertas, escasamente alumbradas; pero, a medida que se aproximaba a la casa del funcionario, las calles se volvían más animadas, alegres y mejor iluminadas. Comenzaron a menudear los transeúntes, a verse, incluso, damas elegantemente ataviadas, y hasta caballeros que gastaban cuello de castor; se hicieron menos frecuentes los cocheros con trineos de rejilla de madera y tachonados de clavos dorados; por el contrario, se veían los majestuosos cocheros de gorra de terciopelo carmesí, con trineos acharolados y las frazadas de piel de oso, para los viajeros; los carruajes de pescante adornado volaban por la calle, con ruedas que hacían crujir la nieve.

Akakiy Akákievich observaba todo aquello como una novedad. Llevaba años sin salir de noche de casa. Se detuvo a curiosear ante el escaparate iluminado de una tienda, para ver un cuadro en el que una mujer bonita se quitaba el zapato y enseñaba una pierna que no estaba nada mal; a sus espaldas, por la puerta de otra habitación, asomaba un hombre con patillas y con una hermosa perilla. Akakiy Akákievich meneó la cabeza, sonrió y reemprendió el camino. ¿Por qué sonrió? Acaso por haber visto una cosa que, aunque sea totalmente desconocida, todos sienten de forma instintiva, o, tal vez, porque pensó, igual que muchos otros funcionarios: «¡Estos franceses son de alivio! ¡De verdad que cuando se les ocurre algo, pues vaya, que no se paran en barras...!». Aunque quizá tampoco ponderase eso: es imposible penetrar en el alma del hombre y enterarse de todo lo que él piensa.

Por fin llegó a la casa donde habitaba el subjefe de sección. Vivía el hombre con todo lujo: alumbraba la escalera un farol y el apartamento se hallaba en el principal. Al entrar en el vestíbulo, Akakiy Akákievich vio hileras de chanclos. Entre ellos, y en medio de la habitación, campaba un samovar borboteante y envuelto en nubes de vapor. De las paredes, por todas partes, colgaban capas y capotes, algunos con cuello de castor y ribetes de terciopelo. Del otro lado de la pared llegaba ruido y voces, que de pronto se hicieron claras y sonoras al abrirse la puerta y salir un criado con una bandeja llena de vasos vacíos, la lechera y una cestilla con galletas. Era prueba de que los funcionarios llevaban reunidos un buen rato y ya habían tomado el primer vaso de té.

Akakiy Akákievich colgó él mismo su capote, entró en la habitación y ante sus ojos desfilaron a un tiempo las velas, los funcionarios, las pipas y las mesas de juego, y a su oído llegó confusamente el parloteo rápido que surgía desde todos los rincones y el ruido de las sillas desplazadas. Se detuvo torpemente en medio de la habitación, sin saber qué hacer. Pero fue advertida su presencia, acogida con gritos, y todos pasaron inmediatamente al vestíbulo y examinaron otra vez el capote. Akakiy Akákievich se sentía un tanto turbado, pero, alma sencilla que era, le alegraba ver que todos ponderaban la prenda. A continuación, naturalmente, esos mismos se olvidaron de él y del capote y, como era el caso, pasaron a las mesas dispuestas para el whist.

Todo aquello —el ruido, las conversaciones, la gente, todo— producía un efecto extraño en Akakiy Akákievich. No sabía cómo comportarse, ni dónde ocultar las manos, las piernas y toda su persona; por fin se sentó cerca de los que jugaban; miró los naipes, observó la cara de uno o de otro y al poco tiempo comenzó a bostezar, a sentir que se aburría, sobre todo porque hacía tiempo que había rebasado su hora habitual de acostarse.

Quiso despedirse del dueño, pero no le dejaron irse; decían que, en honor del estreno, tenía que beber sin falta una copa de champán. Una hora después sirvieron la cena, que consistía en una ensaladilla, ternera fría, foie-gras, pasteles y más champán. A Akakiy Akákievich le hicieron tomarse copas, tras las cuales sintió que la habitación se volvía más alegre, no obstante lo cual no podía olvidar que eran ya las doce y que hacía tiempo que debía haber vuelto a casa.

Para evitar que el dueño le retuviera, salió con sigilo de la habitación, buscó en el vestíbulo el gabán, que con cierta desazón halló tirado en el suelo, lo sacudió, le quitó todas las motas que pudiera tener, se lo puso, bajó las escaleras y salió a la calle. Afuera aún había luz. Algunos localuchos, esos lugares de encuentro en que se solazan criados y gente de toda laya, estaban abiertos; otros establecimientos, los que se hallaban cerrados, proyectaban, no obstante, una larga franja de luz bajo la puerta, prueba de que tampoco éstos se hallaban vacíos de público y de que probablemente doncellas y criados terminaban sus cotilleos y habladurías mientras sus señores se deshacían en conjeturas sobre su paradero.

Akakiy Akákievich caminaba de muy buen humor; incluso, no se sabe por qué, inició un pequeño trote en pos de una señorita que cruzó ante él como un rayo y cuyo cuerpo, en cada una de sus partes, movíase de manera sorprendente. Pero enseguida se detuvo y volvió a su caminar lento preguntándose aun de dónde le habría salido aquella agilidad.

Pronto se extendieron ante él las calles vacías que, poco alegres de día, mucho menos lo eran por la noche. En aquel momento se antojaban aún más silenciosas y solitarias: los faroles iban siendo más infrecuentes, sin duda porque se les agotaba el aceite. Aparecieron las casas de madera, las vallas; no se veía un alma; en la calle sólo brillaba la nieve y surgían negras y tristes las pequeñas, dormidas casuchas de postigos cerrados. Llegó a un lugar en el que la calle desembocaba en una enorme plaza, que parecía un terrible desierto donde las casas del extremo opuesto apenas se vislumbraban.

A lo lejos, Dios sabía dónde, parpadeaba la lucecilla de una garita que parecía alzarse en el fin del mundo. Ahí la alegría de Akakiy Akákievich menguó bastante. Se adentró en la plaza no sin cierta involuntaria aprensión, como si su corazón presintiera algo malo. Miró a su alrededor: lo que le rodeaba era como un mar. «No, más vale no mirar», se dijo. Y caminó con los ojos cerrados. Cuando los abrió para ver si ya estaba próximo el fin de la plaza, vio de pronto ante sí, casi cara con cara, a unos hombres con bigotes, aunque no habría sabido decir qué clase de hombres eran. Se le nublaron los ojos y el corazón se le estremeció.

—¡Oye, que el gabán es mío! —dijo uno con voz de trueno según le agarraba por las solapas.

Akakiy Akákievich se disponía a gritar «¡socorro!» cuando el otro, arrimándole a la boca un puño del tamaño de la cabeza de un funcionario, masculló:

—¡Atrévete a gritar!

Akakiy Akákievich sólo notó que le quitaban el gabán y le daban un rodillazo; luego cayó de bruces sobre la nieve y ya no sintió nada más. A los pocos minutos volvió en sí y se levantó, pero ya no había nadie allí. Notó que en la calle hacía frío y que no tenía gabán; se puso a gritar, pero la voz parecía no querer llegar al otro extremo de la plaza.

Desesperado, sin parar de dar voces, echó a correr a través de la explanada hacia la garita, junto a la cual había un guardia, que, apoyado en su alabarda, parecía mirarlo con curiosidad, como queriendo saber por qué diablos venía hacia él desde lejos, corriendo y gritando, aquel hombre. Akakiy Akákievich llegó a su altura y, atragantándosele la voz, comenzó a gritarle que estaba dormido, que no vigilaba nada, que no se daba cuenta de que robaban a una persona. El guarda le contestó que él no había visto nada, sólo que dos hombres le paraban en medio de la plaza, pero que los había tomado por amigos suyos, y que, en vez de chillar e injuriarle se fuera al día siguiente a ver al comisario, el cual se encargaría de buscar a quienes le robaron el capote.

Akakiy Akákievich llegó a casa corriendo y completamente desarreglado: el pelo, el poco que aún le quedaba en las sienes y en la nuca, todo alborotado; el costado, el pecho y todo el pantalón, cubiertos de nieve. Al oír un terrible golpe en la puerta, su anciana patrona saltó apresuradamente de la cama y, con una sola zapatilla puesta, corrió a abrir, con una mano cerrando púdicamente el camisón en el pecho; pero, al abrir la puerta y ver a Akakiy Akákievich con tales trazas, dio un paso atrás.

Cuando él le contó lo ocurrido, ella juntó las manos y dijo que debía acudir directamente al inspector de distrito; que el comisario del barrio le engañaría: prometería mucho y comenzaría a dar largas; que lo mejor era dirigirse al propio inspector, a quien por cierto conocía, porque Ana, la finlandesa, que antes había estado de cocinera con ella, ahora había entrado de niñera a su servicio, y que ella incluso le veía con frecuencia, cuando pasaba en coche por delante de la casa, y también los domingos, en misa, donde rezaba y al mismo tiempo miraba a todos con cara alegre, por todo lo cual estaba claro que se trataba de una buena persona. Akakiy Akákievich escuchó esa conclusión y se metió triste en su cuarto. En cuanto a cómo pasó la noche, lo dejamos a la imaginación de quienes saben ponerse en el lugar de otro.

Por la mañana, temprano, fue a ver al inspector, pero le dijeron que estaba durmiendo. Volvió a las diez, y de nuevo le dijeron que dormía. A las once le informaron de que no estaba en casa. Se presentó a la hora de comer, mas los escribientes no querían dejarle entrar y se empeñaron en conocer qué asunto le traía, qué deseaba y qué le había sucedido. Hasta que, por fin, Akakiy Akákievich, resuelto, una vez en la vida, a revelar firmeza de carácter, dijo categóricamente que necesitaba ver al comisario en persona, que ellos no eran quiénes para no dejarle pasar, que él venía de su negociado por un asunto oficial y que, como se quejara de ellos, se les iba a caer el pelo.

Los escribientes no se atrevieron replicar nada y uno de ellos entró a llamar a su superior. El inspector acogió de manera harto extraña el relato del robo del capote. En lugar de centrar su atención en el punto esencial del asunto, se puso a interrogar a Akakiy Akákievich sobre por qué regresaba tan tarde, y si no había estado tal vez en alguna casa de mala fama. De manera que, totalmente desconcertado, Akakiy Akákievich salió de allí sin saber si daría o no marcha al asunto del gabán. En todo ese día, y por primera vez en su vida, no acudió a la oficina. Al día siguiente apareció pálido y con la vieja bata, que ahora ofrecía un aspecto aún más lastimoso. El relato sobre el robo del gabán, pese a que algunos funcionarios tampoco perdieron esa ocasión para mofarse de Akakiy Akákievich, conmovió a muchos. Allí mismo se acordó hacer una colecta, pero reunieron poco menos que nada, porque los funcionarios ya habían gastado mucho, en una suscripción para el retrato del director y en cierto libro que les había propuesto el jefe de la sección, amigo del autor, de manera que lo recaudado era una miseria.

Uno de ellos, movido por la compasión, decidió ayudar a Akakiy Akákievich por lo menos con un buen consejo: que no recurriese al comisario del barrio, porque, aunque pudiera darse el caso de que, para hacer méritos ante la superioridad, lograra encontrar de alguna manera el capote, éste continuaría en la policía, a menos que él pudiera aportar pruebas legales de que la prenda le pertenecía. Lo mejor —añadió— era dirigirse a un personaje importante, el cual haría gestiones, de palabra o por escrito, ante quien correspondiera y lograría un resultado feliz. No quedándole otra salida, Akakiy Akákievich decidió recurrir al personaje importante.

Qué puesto ocupaba ese personaje importante y en qué consistía su trabajo es algo que se ignora hasta la fecha. Téngase en cuenta que el personaje se había hecho importante hacía bien poco; hasta entonces había sido un personaje insignificante. No obstante su puesto, ahora tampoco se le consideraba importante en comparación con otros, importantísimos. Mas siempre habrá determinadas personas para quienes lo que a los ojos de otros es insignificante no deja de tener su importancia. También es cierto que él, para elevar su importancia, recurría a muchos otros procedimientos, como disponer que, al llegar él al negociado, los funcionarios subordinados salieran a recibirlo en la escalera; que nadie osara despachar directamente con él, que en todo se respetara el más riguroso orden jerárquico: el registrador colegiado habría de informar al secretario provincial que el secretario provincial informara al consejero titular o a la superioridad inmediata, hasta que, de esa forma, el asunto llegara a él. Y es que en la santa Rusia todo el mundo es propenso a contrahacerse y cada uno se las da de jefe. Cuentan, incluso, que un consejero titular, al ser nombrado jefe de una pequeña oficina, levantó inmediatamente un tabique para aislar su habitación, a la que llamó «Sala de Audiencias», y puso, a la entrada, a unos ujieres de cuello rojo y galones, encargados de manipular el picaporte y abrir a quien llegara, pese a que en la «Sala de Audiencias» a duras penas cabía una simple mesa de escritorio.

Los ademanes y usos del personaje importante eran graves y majestuosos, a la par que lacónicos. Su sistema estaba asentado en la severidad. «Severidad, severidad y severidad», solía decir, y con la última palabra lanzaba una mirada muy circunspecta a la cara de su interlocutor, lo cual era a todas luces excesivo, pues la decena de funcionarios que movían todo el mecanismo estatal de la oficina ya estaba suficientemente asustada: nada más verle de lejos, dejaban el trabajo y esperaban en posición de firmes a que el jefe atravesara la habitación. El trato severo a los subordinados se manifestaba incluso en la conversación más habitual, que escasamente excedía de estas tres frases: «¿Cómo se atreve usted?», «¿Sabe usted con quién está hablando?» y «¿Se da usted cuenta de quién tiene delante de sí?». Con todo eso, en el fondo era buena persona, buen compañero, servicial; pero el grado de general le había echado a perder. No bien recibió el nombramiento, se armó tal lío, se desorientó de tal forma, que ya nunca más supo qué línea de conducta seguir. Si trataba con un igual en rango, aún se mostraba como lo que era: una persona decente, incluso nada tonto; pero si caía entre personas que estuvieran siquiera un grado por debajo de él, era un desastre: no abría la boca y daba verdadera lástima, sobre todo porque él mismo era consciente de que habría podido pasar el tiempo mucho más gratamente. A sus ojos asomaba a veces un fuerte deseo de incorporarse a alguna conversación, a alguna tertulia animada; pero se contenía pensando: ¿No será rebajarse? ¿No resultará excesivamente familiar? ¿No me llevará a una pérdida de autoridad? En virtud de esos razonamientos jamás abría la boca, como no fuera para algún que otro monosílabo, lo cual le ganó fama de hombre sobremanera aburrido.

Precisamente a ese personaje importante acudió nuestro Akakiy Akákievich; acudió en el momento menos propicio, el menos oportuno para él, y dicho sea de paso, sumamente oportuno para el personaje importante. Éste se hallaba en su despacho en animada charla con un viejo conocido, un recién llegado compañero de infancia al que no había visto hacía años. En esto le anunciaron que un tal Bashmachkin solicitaba audiencia.

—¿Quién es ése? —preguntó bruscamente.

Y le respondieron:

—No sé qué funcionario.

—Que espere, no tengo tiempo —dijo el personaje importante.

Debemos precisar que el personaje importante mentía; tenía tiempo: con su amigo ya se habían dicho cuanto se tenían que decir, y en la conversación surgían prolongados silencios. Sólo de cuando en cuando, dándose ligeras palmadas en las rodillas, aclamaban: «¡Así andamos, Iván Abrámovich!»; y el otro: «¡Ya ves, Stepán Varlámovich!». Mas, pese a ello, ordenó que el funcionario esperara, para demostrar a su amigo, retirado hacía tiempo del servicio y residente en su finca, qué prolongadas antesalas tenía que hacer un funcionario antes de acceder a él.

Por fin, cansados de hablar y más aún de callar, y después de fumarse unos cigarros en las mullidas poltronas de respaldo reclinable, por fin, y como si sólo entonces lo recordara, dijo al secretario que se detuvo en la puerta, con documentos para firmar:

—Ah, creo que por ahí hay un funcionario esperando: dígale que puede pasar.

Cuando vio el aspecto humilde de Akakiy Akákievich y su ajado uniforme, se dirigió a él a bocajarro.

—¿Qué quiere usted? —le preguntó con voz tajante y dura, ensayada en su habitación, a solas y ante el espejo, una semana antes de ser nombrado para ese puesto y de recibir el grado de general.

Akakiy Akákievich, de antemano presa de la correspondiente timidez, se azoró un tanto y, como pudo, en la medida en que se lo permitió su lengua trabada, incluso recurriendo con mayor frecuencia de lo habitual a la partícula «eso», le explicó que tenía un capote completamente nuevo y que se lo habían robado de la manera más inhumana, y que recurría a él para que hiciera gestiones ante eso, que, eso, escribiera al jefe de la policía, o a quien fuera, y hallaran el capote. El general, no se sabe por qué, consideró que el trato era excesivamente familiar.

—Usted, señor mío —replicó tajante—, ¿acaso no conoce los conductos reglamentarios? ¿Dónde cree que está? ¿No entiende de jerarquías? ¿No sabe usted cómo hay que hacer las cosas? Primero debió usted presentar una instancia en la oficina, instancia que pasaría al jefe de sección, y de éste al jefe de negociado; después sería remitida al secretario y, ya del secretario, llegaría a mis manos...

—Pero excelencia —dijo Akakiy Akákievich, intentando agavillar el puñadito de ánimo de que disponía y sintiendo, al mismo tiempo, que sudaba terriblemente—, yo, excelencia, me he atrevido a molestarle porque los secretarios... eso... no son de fiar...

—¿Cómo, cómo, cómo? —dijo el personaje importante—. ¿De dónde le vienen a usted esas ideas? ¿Qué espíritu de rebeldía reina entre la juventud contra sus jefes y superiores?

El personaje importante probablemente no se daba cuenta de que Akakiy Akákievich había rebasado los cincuenta años. Por lo tanto, su juventud era relativa, es decir, sólo por comparación a quienes pasaban de los setenta.

—¿Sabe usted con quién está hablando? ¿Se da usted cuenta de quién tiene ante sí? ¿Comprende eso, lo comprende? ¿Me oye?

Dio entonces un taconazo y elevó la voz a tal altura que cualquiera, no ya Akakiy Akákievich, habría sentido miedo. Akakiy Akákievich quedó tan aterrado que se tambaleó, tembló con todo el cuerpo y sintióse incapaz de mantenerse en pie: de no haber sido por los ujieres, que entraron a sostenerle, habría caído redondo al suelo. Se lo llevaron casi inerte.

El personaje importante, satisfecho de que el efecto rebasara incluso lo esperado, y ebrio del poder de su palabra, capaz de hacer desmayarse a una persona, miró de soslayo a su amigo, para ver qué efecto le había causado aquello, y comprobó, no sin complacencia, que el amigo se hallaba bastante perplejo y que incluso él comenzaba a sentir miedo.

Akakiy Akákievich no recordaba cómo había bajado las escaleras ni cómo salió a la calle. No sentía ni los brazos ni las piernas. Nunca había sido amonestado de esa manera por un general, además, de otro departamento. Boquiabierto, saliéndose de la acera, caminó por entre la ventisca, que silbaba por las calles. El viento, como es habitual en Petersburgo, soplaba de todas partes y por cada bocacalle. Muy poco necesitó para producirle un ahoguío, de manera que, cuando llegó a casa, ya no podía pronunciar palabra; todo congestionado, se fue a la cama. Tales efectos causa a veces una buena reprimenda.

Al día siguiente se le declaró una fuerte calentura. Gracias a la generosa colaboración del clima de Petersburgo, la enfermedad avanzó a pasos más rápidos de lo que cabía esperar, de manera que cuando se presentó el médico y le tomó el pulso, halló que lo único que podía hacer era prescribirle una cataplasma, únicamente para no privar al enfermo del pío auxilio de la medicina, aunque allí mismo le anunció que no duraría más allá de día y medio. Después se dirigió a la patrona y le dijo:

—Y usted, buena mujer, no pierda el tiempo y encárguele ahora mismo un ataúd de pino, que el de roble sería demasiado caro para él.

¿Oyó Akakiy Akákievich estas palabras fatídicas para él? Y si las oyó, ¿le conmocionaron? ¿Le dio pena dejar su vida desdichada? Es algo que se desconoce por completo, ya que el delirio y la fiebre no cesaron por un instante. Continuamente le asaltaban visiones, a cuál más rara: unas veces veía a Petróvich y le encargaba un gabán con trampas contra los ladrones, a los que se imaginaba ocultos debajo de la cama, y llamaba a la patrona para que le sacase alguno, que incluso llegaban a colársele bajo la manta; o preguntaba por qué pendía allí enfrente la vieja bata, cuando tenía él un capote nuevo; o bien se imaginaba en presencia de un general, escuchando el consiguiente varapalo y repitiendo: «excelencia, perdón»; o, ya por último, blasfemaba y decía las palabras más soeces, al punto de que la vieja patrona se persignaba, pues jamás había oído decir semejantes cosas, y tanto más porque las palabrotas iban inmediatamente detrás del tratamiento «excelencia». Después se puso a decir frases sin sentido, que no se podían entender; únicamente se veía que las palabras y las ideas desordenadas giraban, siempre, en torno al capote. Por fin, el pobre Akakiy Akákievich entregó su alma.

No fue necesario precintar su habitación ni sus bienes; en primer lugar, porque no tenía herederos, y en segundo lugar, porque por toda herencia dejaba un manojo de plumas de ganso, una mano de papel timbrado, tres pares de calcetines, dos o tres botones desprendidos del pantalón y la «bata» que el lector ya conoce. Sabe Dios a quién iría a parar todo eso: de ello, lo reconozco, no se interesó ni siquiera el que cuenta esta historia.

A Akakiy Akákievich lo llevaron al cementerio y lo enterraron. Y Petersburgo se quedó sin Akakiy Akákievich, como si nunca hubiera vivido allí. Desapareció sin dejar rastro un ser a quien nadie protegió, a quien nadie quiso, por quien nadie se interesó, que no despertó siquiera la curiosidad del naturalista que no pierde la ocasión de ensartar en un alfiler la mosca más ordinaria, para examinarla al microscopio; un ser que soportó dócilmente las burlas oficinescas y que bajó a la tumba sin ceremonia alguna, pero que, no obstante, y aunque sólo fuera al final mismo de la vida, recibió a un huésped luminoso en forma de capote, que por un instante puso luz en su mísera existencia, hasta que luego se cebó en él con saña la desgracia, igual que se ceba en los poderosos de este mundo...

Unos días después de su muerte, del departamento enviaron a su casa a un ujier con la orden de que se presentara inmediatamente, porque lo mandaba el jefe; pero el ujier regresó de vacío e informó que ya no iría más a la oficina, y cuando le preguntaron por qué, se expresó así:

—Ah, pues porque se murió, hará cuatro días que le enterraron.

Así fue como se enteraron en el negociado de la muerte de Akakiy Akákievich, y al día siguiente en su sitio ya estaba sentado otro funcionario que era mucho más alto y tenía una letra no tan derecha, sino mucho más inclinada y torcida.

Pero ¿quién iba a imaginarse que aquí no terminaba todo sobre Akakiy Akákievich, que estaba escrito que, durante unos siete días después de muerto, y como en compensación de una vida que había pasado inadvertida iba a tener una existencia ruidosa? Pero así ocurrió, y de esta forma nuestra pobre historia adquiere de improviso un final fantasmagórico. De pronto, por Petersburgo se extendió el rumor de que, más allá del puente Kalinkin se presentaba, de noche, un aparecido con aspecto de funcionario buscando un capote que le habían robado y que, con el pretexto del capote robado, arrebataba a todo el mundo, sin reparar en rangos ni en títulos, los gabanes, ya fueran con forro de gato, de castor, de guateado, pellizas de tejón, de zorro, de oso, y toda clase de pieles inventadas por los hombres para cubrir la propia.

Un funcionario del negociado vio con sus propios ojos al aparecido e inmediatamente reconoció en él a Akakiy Akákievich; ello no obstante, se llevó tal susto que echó a correr como alma que lleva el diablo, lo que le impidió reparar en detalles; únicamente vio que el otro le amenazaba con el dedo desde lejos. De todas partes se sucedían las quejas de que las espaldas y los hombros, no importa que pertenecieran a consejos titulares e incluso privados, quedaban expuestos a fuertes enfriamientos, víctimas de la nocturna expoliación de gabanes. La policía recibió órdenes de que a cualquier precio el difunto fuera capturado, vivo o muerto, y de que se le aplicara un fuerte correctivo que sirviera de escarmiento a los demás; y a fe que estuvieron a punto de lograrlo.

Fue precisamente el guardia de los aledaños del callejón de Kiriushkin quien detuvo al muerto por la solapa, con las manos en la masa, cuando intentaba arrebatar el abrigo de bayeta a un músico jubilado que otrora tocaba la flauta. Cuando lo tuvo agarrado por la solapa, llamó a gritos a dos de sus compañeros, a quienes encomendó que sujetaran al detenido mientras él se agachaba para sacar de la caña de la bota una tabaquera con el prepósito de refrescar un tanto su nariz, que en su vida ya se le había helado seis veces; mas, al parecer, la calidad del rapé dejaba mucho que desear, pues ni el difunto pudo soportarlo. El guardia obstruyó con un dedo la ventana derecha de la nariz e inhaló con la izquierda medio puñado, cuando el difunto estornudó con tal violencia que a resultas del estornudo los cegó a los tres. Mientras se restregaban los ojos con los puños, el difunto desapareció sin dejar rastro, de modo que no estaban muy seguros de que de verdad lo hubieran tenido en sus manos. Desde entonces los guardias cogieron tal miedo a los difuntos que incluso no se atrevían a detener a los vivos y limitábanse a gritar desde lejos: «¡Eh, tú, sigue tu camino!», y el funcionario difunto comenzó a aparecerse incluso más allá del puente de Kalinkin, para susto, y no pequeño, de todos los timoratos.

A todo esto nos hemos olvidado por completo del personaje importante, que, en rigor, fue poco menos que el culpable de que una historia que, nos consta, es totalmente auténtica, tomara un rumbo alucinante. Ante todo, y en honor a la justicia, debemos señalar que el personaje importante, al poco de que el pobre de Akakiy Akákievich dejara este mundo, sintió una especie de pena. No era hombre ajeno a la piedad; su corazón era accesible a los buenos sentimientos, pese a que, a causa de su rango, los refrenaba con mucha frecuencia. Nada más el amigo provinciano abandonó el despacho, incluso comenzó a pensar en el pobre Akakiy Akákievich. Desde entonces, casi a diario, se le aparecía Akakiy Akákievich pálido, víctima de la reprimenda de un superior. Su recuerdo llegó a causarle tal desazón que incluso decidió enviar a su casa a un funcionario para que se enterase de cómo seguía y de si era posible ayudarle en algo; y cuando le notificaron que Akakiy Akákievich había muerto repentinamente de fiebre, se quedó poco menos que pasmado, sintió remordimientos de conciencia y se pasó el día entero de mal humor.

Para distraerse un tanto y olvidar la desagradable impresión, fue a pasar la tarde en casa de un amigo, que encontró bastante concurrida y, lo mejor de todo, todos allí eran casi de la misma categoría, de forma que no tenía que sentirse cohibido por nada. Ello ejerció un asombroso efecto sobre su estado de ánimo. Perdida la rigidez, tornóse ameno y atento y, en una palabra, pasó una velada excelente. En la cena se tomó un par de copas de champán, un recurso que, como es notorio, tiene efectos positivos sobre el estado de ánimo. Con el champán se sintió predispuesto a empresas excepcionales y, más concretamente, a visitar a una dama conocida, Karolina Ivánovna, que era, al parecer, de origen alemán, con la cual mantenía relaciones en extremo amistosas. Señalemos que el personaje importante era hombre maduro, modélico esposo y honorable padre de familia. Los dos hijos, uno de los cuales ya estaba colocado en la oficina, y la hija, una agraciada señorita de dieciséis años, de nariz un tanto respingona aunque bonita, acudían todos los días a besarle la mano diciendo: «*Bonjour, papa*». Su esposa, mujer en toda su lozanía y nada fea, primero le daba a besar la mano y a continuación la volvía y le besaba la suya. Pero el personaje importante que, dicho sea de paso, se mostraba completamente satisfecho con esas muestras de cariño familiar, estimaba conveniente tener, en el otro extremo de la ciudad, una amiga con quien mantener relaciones armoniosas. Esa amiga no era ni mejor ni más joven que su esposa, pero éstos son conflictos que se dan en la vida y no es asunto nuestro juzgarlos.

Así pues, el personaje importante bajó las escaleras, se acomodó en el trineo y dijo al cochero: «A casa de Karolina Ivánovna», mientras él, arrebujado espléndidamente en un gabán de mucho abrigo, estaba de ese humor placentero que el hombre ruso considera el estado ideal, cuando no necesita pensar en nada, y son los propios pensamientos, a cuál más halagüeño, los que acuden a su cabeza sin que se tome la molestia de perseguirlos y buscarlos. Lleno de gozo, iba repasando fugazmente todas las escenas simpáticas de la velada, todas las palabras que hicieron reír a la reducida tertulia; incluso repitió muchas de ellas a media voz y volvió a encontrarlas graciosas, por lo cual no es de extrañar que él mismo las celebrara sinceramente. De vez en cuando, sin embargo, le importunaba un viento racheado, venido Dios sabía de dónde, que le golpeaba en la cara azotándola con copos de nieve, hinchaba como una vela la esclavina del abrigo o, de pronto, con una porfía increíble, la levantaba hasta ponérsela por capucha en la cabeza, con lo que le obligaba a un constante forcejeo para librarse de ella. De pronto, el personaje importante sintió que alguien le asía con bastante fuerza de la esclavina. Al volverse vio a un hombre pequeño de estatura, con un uniforme viejo y raído, en quien reconoció horrorizado a Akakiy Akákievich. El funcionario tenía la cara pálida como la nieve y todo el aspecto de un cadáver. Pero el horror del personaje importante rebasó todos los límites cuando vio que la boca del muerto se contraía y, exhalando un terrible aliento sepulcral, dijo estas palabras:

—¡Ah, por fin te tengo! ¡Por fin, por fin tú aquí! ¡Por fin yo, eso, te atrapé por el cuello! ¡Tu capote, eso era lo que buscaba! ¡Ya que no te interesaste por el mío, y además me reñiste, me darás el tuyo!

El pobre personaje importante por poco se muere. En la oficina, y en general ante los inferiores, era firme de carácter, y el que contemplaba su aspecto viril y su porte majestuoso habría dicho: «¡Todo un carácter!». Pero aquí, igual que muchos otros de porte majestuoso, sintió tal pánico que sin ninguna razón comenzó a temer que le diese algo. Él mismo se despojó rápidamente del capote y gritó con voz desfigurada al cochero:

—¡Rápido, a casa!

El cochero, al oír una voz que generalmente se emplea en momento cruciales y suele ir acompañada de razones persuasivas, agachó, por si acaso, la cabeza, agitó el látigo y salió disparado. A los seis minutos escasos, el personaje importante estaba a la puerta de su casa. Pálido, asustado y sin capote, en lugar de ir a casa de Karolina Ivánovna se dirigió a la suya, entró, llegó como pudo hasta su habitación y pasó una noche malísima, hasta tal punto que, a la mañana siguiente durante el desayuno, su hija le dijo sin rodeos:

—¡Qué pálido estás hoy, papá!

Papá calló y no dijo nada: ni qué le había pasado, ni dónde había estado, ni adónde se dirigía. Aquel suceso le causó una viva impresión. Tanto, que ahora decía con mucha menor frecuencia a sus subordinados: «¡Cómo se atreve! ¡Qué se ha creído usted! ¡Sabe usted a quién tiene delante!». Y si lo decía, era sólo después de enterarse de lo que deseaba decirle.

Pero más notable aún fue que a partir de ese día el difunto funcionario no se apareció más: cabe deducir que el capote del general le había quedado a la medida; al menos, no volvió a oírse de nadie a quien hubieran quitado el abrigo. Pese a ello, mucha gente inquieta y preocupada se resistía a tranquilizarse a la ligera y afirmaba que en los suburbios seguía apareciéndose el difunto funcionario. Efectivamente, un guardia de Kolomna vio con sus propios ojos cómo un fantasma aparecía detrás de una casa; pero el guardia era hombre poco robusto, hasta el punto de que en una ocasión un vulgar gorrino, que escapaba de una casa de la vecindad, se abalanzó sobre él y le tiró al suelo, lo cual provocó el jolgorio de unos cocheros congregados en torno, a los cuales exigió, en compensación por el escarnio, un kopek por persona, para tabaco; así es que, dada su flojedad, no osó detenerlo y le siguió los pasos en la oscuridad, hasta que el fantasma, volviendo la cabeza, se plantó y le preguntó: «¿Qué se te ofrece?». Y le mostró un puño de esos que no se dan entre los vivos. El guardia le respondió: «¿Yo? Nada», y dio media vuelta inmediatamente. Pero conste que esta vez el fantasma era mucho más alto, tenía unos enormes mostachos y, dirigiendo sus pasos, al parecer, en dirección al puente Obújov, se perdió en la oscuridad de la noche.

Para simplificar las cosas los economistas hablamos de crisis de demanda o crisis de oferta. Hay una crisis de demanda cuando las empresas se encuentran en dificultades por carencia de pedidos; es una crisis de oferta cuando esas dificultades vienen del lado de los costes. La crisis de 1973 no podía ser una crisis de demanda puesto que los pedidos no habían sufrido ninguna merma. Luego tenía que ser de oferta. La oferta indica las circunstancias bajo las cuales una empresa está dispuesta a producir una determinada cantidad de algo. Y en la crisis de 1973 lo que se estaba planteando era que en las circunstancias del momento no se estaba dispuesto a seguir produciendo. Era una crisis de oferta, pero en el sentido más profundo del término. El capital estaba planteando su ruptura del pacto; afirmando que se negaba a continuar así. No se iba a continuar produciendo a menos que se cambiaran radicalmente las circunstancias.

David Anisi

Miguel de Cervantes (1547-1616) fue un novelista, poeta y dramaturgo español. Es considerado la máxima figura de la literatura española. Es universalmente conocido, sobre todo por haber escrito *El ingenioso hidalgo Don Quijote de la Mancha*, que muchos críticos han descrito como la primera novela moderna y una de las mejores obras de la literatura universal.

Nadine Gordimer (1923) es una novelista y escritora de relatos surafricana, Premio Nobel de Literatura 1991, valorada por su estilo apasionado y ameno. Publicó su primer cuento a los 15 años. Después de *La suave voz de la serpiente* (1956), su primer libro importante de cuentos, publicó, entre otros volúmenes, *La huella del viernes* (1960), *Ocasión para amar* (1963), *El desaparecido mundo burgués* (1966), *El conservador* (1974), *La hija de Burger* (1979), *Gente en julio* (1981), *La historia de mi hijo* (1990) y *Nadie que me acompañe* (1994).

EL RETABLO DE LAS MARAVILLAS

Miguel de Cervantes

(Salen CHANFALLA *y la* CHIRINOS.*)*

CHANFALLA. No se te pasen de la memoria, Chirinos, mis advertimientos, principalmente los que te he dado para este nuevo embuste, que ha de salir tan a luz como el pasado del *Llovista*.

CHIRINOS. Chanfalla ilustre, lo que en mí fuere tenlo como de molde; que tanta memoria tengo como entendimiento, a quien se junta una voluntad de acertar a satisfacerte, que excede a las demás potencias. Pero dime: ¿de qué sirve este Rabelín que hemos tomado? Nosotros dos solos, ¿no pudiéramos salir con esta empresa?

CHANFALLA. Habíamosle menester como el pan de la boca, para tocar en los espacios que tardaren en salir las figuras del *Retablo de las maravillas*.

CHIRINOS. Maravilla será si no nos apedrean por solo el Rabelín; porque tan desventurada criaturilla no la he visto en todos los días de mi vida.

(Entra el RABELÍN.*)*

RABELÍN. ¿Hase de hacer algo en este pueblo, señor autor? Que ya me muero porque vuesa merced vea que no me tomó a carga cerrada.

CHIRINOS. Cuatro cuerpos de los vuestros no harán un tercio, cuanto más una carga; si no sois más gran músico que grande, medrados estamos.

RABELÍN. Ello dirá; que en verdad que me han escrito para entrar en una compañía de partes, por chico que soy.

CHANFALLA. Si os han de dar la parte a medida del cuerpo, casi será invisible. Chirinos, poco a poco, estamos ya en el pueblo, y estos que aquí vienen deben de ser, como lo son sin duda, el gobernador y los alcaldes. Salgámosles al encuentro, y date un filo a la lengua en la piedra de la adulación; pero no despuntes de aguda.

(Salen el GOBERNADOR *y* BENITO REPOLLO, *alcalde,* JUAN CASTRADO, *regidor, y* PEDRO CAPACHO, *escribano.)*

»Beso a vuesas mercedes las manos: ¿quién de vuesas mercedes es el gobernador deste pueblo?

GOBERNADOR. Yo soy el gobernador; ¿qué es lo que queréis, buen hombre?

CHANFALLA. A tener yo dos onzas de entendimiento, hubiera echado de ver que esa peripatética y anchurosa presencia no podía ser de otro que del dignísimo gobernador deste honrado pueblo; que, con venido a ser de las Algarrobillas, lo deseche vuesa merced.

CHIRINOS. En vida de la señora y de los señoritos, si es que el señor gobernador los tiene.

CAPACHO. No es casado el señor gobernador.

CHIRINOS. Para cuando lo sea; que no se perderá nada.

GOBERNADOR. Y bien, ¿qué es lo que queréis, hombre honrado?

CHIRINOS. Honrados días viva vuesa merced, que así nos honra; en fin, la encina da bellotas; el pero, peras; la parra, uvas, y el honrado, honra, sin poder hacer otra cosa.

BENITO. Sentencia ciceronianca, sin quitar ni poner un punto.

CAPACHO. Ciceroniana quiso decir el señor alcalde Benito Repollo.

BENITO. Siempre quiero decir lo que es mejor, sino que las más veces no acierto; en fin, buen hombre, ¿qué queréis?

CHANFALLA. Yo, señores míos, soy Montiel, el que trae el *Retablo de las maravillas*. Hanme enviado a llamar de la corte los señores cofrades de los hospitales, porque no hay autor de comedias en ella, y perecen los hospitales, y con mi ida se remediará todo.

GOBERNADOR. Y ¿qué quiere decir *Retablo de las maravillas*?

CHANFALLA. Por las maravillosas cosas que en él se enseñan y muestran, viene a ser llamado *Retablo de las maravillas*; el cual fabricó y compuso el sabio Tontonelo debajo de tales paralelos, rumbos, astros y estrellas, con tales puntos, caracteres y observaciones, que ninguno puede ver las cosas que en él se muestran, que tenga alguna raza de confeso, o no sea habido y procreado de sus padres de legítimo matrimonio; y el que fuere contagiado destas dos tan usadas enfermedades, despídase de ver las cosas, jamás vistas ni oídas, de mi retablo.

BENITO. Ahora echo de ver que cada día se ven en el mundo cosas nuevas. Y ¿que se llamaba Tontonelo el sabio que el retablo compuso?

CHIRINOS. Tontonelo se llamaba, nacido en la ciudad de Tontonela; hombre de quien hay fama que le llegaba la barba a la cintura.

BENITO. Por la mayor parte, los hombres de grandes barbas son sabiondos.

GOBERNADOR. Señor regidor Juan Castrado, yo determino, debajo de su buen parecer, que esta noche se despose la señora Teresa Castrada, su hija, de quien yo soy padrino, y, en regocijo de la fiesta, quiero que el señor Montiel muestre en vuestra casa su retablo.

JUAN. Eso tengo yo por servir al señor gobernador, con cuyo parecer me convengo, entablo y arrimo, aunque haya otra cosa en contrario.

CHIRINOS. La cosa que hay en contrario es que, si no se nos

paga primero nuestro trabajo, así verán las figuras como por el cerro de Úbeda. ¿Y vuesas mercedes, señores justicias, tienen conciencia y alma en esos cuerpos? ¡Bueno sería que entrase esta noche todo el pueblo en casa del señor Juan Castrado, o como es su gracia, y viese lo contenido en el tal retablo, y mañana, cuando quisiésemos mostralle al pueblo, no hubiese ánima que le viese! No, señores; no, señores: *ante omnia* nos han de pagar lo que fuere justo.

BENITO. Señora autora, aquí no os ha de pagar ninguna Antona, ni ningún Antoño; el señor regidor Juan Castrado os pagará más que honradamente, y si no, el Concejo. ¡Bien conocéis el lugar, por cierto! Aquí, hermana, no aguardamos a que ninguna Antona pague por nosotros.

CAPACHO. ¡Pecador de mí, señor Benito Repollo, y qué lejos da del blanco! No dice la señora autora que pague ninguna Antona, sino que le paguen adelantado y ante todas cosas, que eso quiere decir *ante omnia*.

BENITO. Mirad, escribano Pedro Capacho, haced vos que me hablen a derechas, que yo entenderé a pie llano; vos, que sois leído y escribido, podéis entender esas algarabías de allende, que yo no.

JUAN. Ahora bien, ¿contentarse ha el señor autor con que yo le dé adelantados media docena de ducados? Y más, que se tendrá cuidado que no entre gente del pueblo esta noche en mi casa.

CHANFALLA. Soy contento; porque yo me fío de la diligencia de vuesa merced y de su buen término.

JUAN. Pues véngase conmigo. Recibirá el dinero, y verá mi casa, y la comodidad que hay en ella para mostrar ese retablo.

CHANFALLA. Vamos; y no se les pase de las mientes las calidades que han de tener los que se atrevieren a mirar el maravilloso retablo.

BENITO. A mi cargo queda eso, y séle decir que, por mi parte, puedo ir seguro a juicio, pues tengo el padre alcalde; cuatro dedos de enjundia de cristiano viejo rancioso tengo sobre los cuatro costados de mi linaje: ¡miren si veré el tal retablo!

CAPACHO. Todos le pensamos ver, señor Benito Repollo.

JUAN. No nacimos acá en las malvas, señor Pedro Capacho.

GOBERNADOR. Todo será menester, según voy viendo, señores alcalde, regidor y escribano.

JUAN. Vamos, autor, y manos a la obra; que Juan Castrado me llamo, hijo de Antón Castrado y de Juana Macha; y no digo más en abono y seguro que podré ponerme cara a cara y a pie quedo delante del referido retablo.

CHIRINOS. ¡Dios lo haga!

(Éntranse JUAN CASTRADO *y* CHANFALLA.*)*

GOBERNADOR. Señora autora, ¿qué poetas se usan ahora en la corte de fama y rumbo, especialmente de los llamados cómicos? Porque yo tengo mis puntas y collar de poeta, y pícome de la farándula y carátula. Veinte y dos comedias tengo, todas nuevas, que se veen las unas a las otras, y estoy aguardando coyuntura para ir a la corte y enriquecer con ellas media docena de autores.

CHIRINOS. A lo que vuesa merced, señor gobernador, me pregunta de los poetas, no le sabré responder; porque hay tantos que quitan el sol, y todos piensan que son famosos. Los poetas cómicos son los ordinarios y que siempre se usan, y así no hay para qué nombrallos. Pero dígame vuesa merced, por su vida: ¿cómo es su buena gracia? ¿Cómo se llama?

GOBERNADOR. A mí, señora autora, me llaman el licenciado Gomecillos.

CHIRINOS. ¡Válame Dios! ¿Y que vuesa merced es el señor licenciado Gomecillos, el que compuso aquellas coplas tan famosas de *Lucifer estaba malo y tómale mal de fuera*?

GOBERNADOR. Malas lenguas hubo que me quisieron ahijar esas coplas, y así fueron mías como del Gran Turco. Las que yo compuse, y no lo quiero negar, fueron aquellas que trataron del *Diluvio de Sevilla*; que, puesto que los poetas son ladrones unos de otros, nunca me precié de hurtar nada a nadie: con mis versos me ayude Dios, y hurte el que quisiere.

(Vuelve CHANFALLA.*)*

CHANFALLA. Señores, vuesas mercedes vengan, que todo está a punto, y no falta más que comenzar.

CHIRINOS. ¿Está ya el dinero *in corbona*?

CHANFALLA. Y aun entre las telas del corazón.

CHIRINOS. Pues doite por aviso, Chanfalla, que el gobernador es poeta.

CHANFALLA. ¿Poeta? ¡Cuerpo del mundo! Pues dale por engañado, porque todos los de humor semejante son hechos a la mazacona; gente descuidada, crédula y no nada maliciosa.

BENITO. Vamos, autor; que me saltan los pies por ver esas maravillas.

(Éntranse todos.)

(Salen JUANA CASTRADA *y* TERESA REPOLLA, *labradoras: la una como desposada, que es la* CASTRADA.*)*

CASTRADA. Aquí te puedes sentar, Teresa Repolla amiga, que tendremos el retablo enfrente; y, pues sabes las condiciones que han de tener los miradores del retablo, no te descuides, que sería una gran desgracia.

TERESA. Ya sabes, Juana Castrada, que soy tu prima, y no digo más. ¡Tan cierto tuviera yo el cielo como tengo cierto ver todo aquello que el retablo mostrare! ¡Por el siglo de mi madre, que me sacase los mismos ojos de mi cara, si alguna desgracia me aconteciese! ¡Bonita soy yo para eso!

CASTRADA. Sosiégate, prima; que toda la gente viene.

(Entran el GOBERNADOR, BENITO REPOLLO, JUAN CASTRADO, PEDRO CAPACHO, EL AUTOR *y* LA AUTORA, *y* EL MÚSICO, *y otra gente del pueblo, y un* SOBRINO *de Benito, que ha de ser aquel gentilhombre que baila.)*

CHANFALLA. Siéntense todos. El retablo ha de estar detrás deste repostero, y la autora también, y aquí el músico.

BENITO. ¿Músico es éste? Métanle también detrás del repostero; que, a trueco de no velle, daré por bien empleado el no oílle.

CHANFALLA. No tiene vuesa merced razón, señor alcalde Repollo, de descontentarse del músico, que en verdad que es muy buen cristiano e hidalgo de solar conocido.

GOBERNADOR. ¡Calidades son bien necesarias para ser buen músico!

BENITO. De solar, bien podrá ser; mas de sonar, *abrenuncio*.

RABELÍN. ¡Eso se merece el bellaco que se viene a sonar delante de...!

BENITO. ¡Pues, por Dios, que hemos visto aquí sonar a otros músicos tan...!

GOBERNADOR. Quédese esta razón en el *de* del señor Rabel y en el *tan* del alcalde, que será proceder en infinito; y el señor Montiel comience su obra.

BENITO. Poca balumba trae este autor para tan gran retablo.

JUAN. Todo debe de ser de maravillas.

CHANFALLA. ¡Atención, señores, que comienzo! ¡Oh tú, quienquiera que fuiste, que fabricaste este retablo con tan maravilloso artificio, que alcanzó renombre de las Maravillas por la virtud que en él se encierra, te conjuro, apremio y mando que luego incontinente muestres a estos señores algunas de las tus maravillosas maravillas, para que se regocijen y tomen placer sin escándalo alguno! Ea, que ya veo que has otorgado mi petición, pues por aquella parte asoma la figura del valentísimo Sansón, abrazado con las colunas del templo, para derriballe por el suelo y tomar venganza de sus enemigos. ¡Tente, valeroso caballero; tente, por la gracia de Dios Padre! ¡No hagas tal desaguisado, porque no cojas debajo y hagas tortilla tanta y tan noble gente como aquí se ha juntado!

BENITO. ¡Téngase, cuerpo de tal, conmigo! ¡Bueno sería que, en lugar de habernos venido a holgar, quedásemos aquí hechos plasta! ¡Téngase, señor Sansón, pesia a mis males, que se lo ruegan buenos!

CAPACHO. ¿Veisle vos, Castrado?

JUAN. Pues, ¿no le había de ver? ¿Tengo yo los ojos en el colodrillo?

GOBERNADOR. *(Aparte.)* Milagroso caso es éste: así veo yo a Sansón ahora, como el Gran Turco; pues en verdad que me tengo por legítimo y cristiano viejo.

CHIRINOS. ¡Guárdate, hombre, que sale el mesmo toro que mató al ganapán en Salamanca! ¡Échate, hombre; échate, hombre; Dios te libre, Dios te libre!

CHANFALLA. ¡Échense todos, échense todos! ¡Hucho ho!, ¡hucho ho!, ¡hucho ho!

(Échanse todos y alborótanse.)

BENITO. El diablo lleva en el cuerpo el torillo; sus partes tiene de hosco y de bragado; si no me tiendo, me lleva de vuelo.

JUAN. Señor autor, haga, si puede, que no salgan figuras que nos alboroten; y no lo digo por mí, sino por estas mochachas, que no les ha quedado gota de sangre en el cuerpo, de la ferocidad del toro.

CASTRADA. Y ¡cómo, padre! No pienso volver en mí en tres días; ya me vi en sus cuernos, que los tiene agudos como una lesna.

JUAN. No fueras tú mi hija, y no lo vieras.

GOBERNADOR. *(Aparte.)* Basta: que todos ven lo que yo no veo; pero al fin habré de decir que lo veo, por la negra honrilla.

CHIRINOS. Esa manada de ratones que allá va deciende por línea recta de aquellos que se criaron en el Arca de Noé; dellos son blancos, dellos albarazados, dellos jaspeados y dellos azules; y, finalmente, todos son ratones.

CASTRADA. ¡Jesús! ¡Ay de mí! ¡Ténganme, que me arrojaré por aquella ventana! ¿Ratones? ¡Desdichada! Amiga, apriétate las faldas, y mira no te muerdan; ¡y monta que son pocos! ¡Por el siglo de mi abuela, que pasan de milenta!

REPOLLA. Yo sí soy la desdichada, porque se me entran sin reparo ninguno; un ratón morenico me tiene asida de una rodilla. ¡Socorro venga del cielo, pues en la tierra me falta!

BENITO. Aun bien que tengo gregüescos: que no hay ratón que se me entre, por pequeño que sea.

CHANFALLA. Esta agua, que con tanta priesa se deja descolgar de las nubes, es de la fuente que da origen y principio al río Jordán. Toda mujer a quien tocare en el rostro, se le volverá como de plata bruñida, y a los hombres se les volverán las barbas como de oro.

CASTRADA. ¿Oyes, amiga? Descubre el rostro, pues ves lo que te importa. ¡Oh, qué licor tan sabroso! Cúbrase, padre, no se moje.

JUAN. Todos nos cubrimos, hija.

BENITO. Por las espaldas me ha calado el agua hasta la canal maestra.

CAPACHO. Yo estoy más seco que un esparto.

GOBERNADOR. *(Aparte.)* ¿Qué diablos puede ser esto, que aún no me ha tocado una gota, donde todos se ahogan? Mas ¿si viniera yo a ser bastardo entre tantos legítimos?

BENITO. Quítenme de allí aquel músico; si no, voto a Dios que me vaya sin ver más figura. ¡Válgate el diablo por músico aduendado, y qué hace de menudear sin cítola y sin son!

RABELÍN. Señor alcalde, no tome conmigo la hincha; que yo toco como Dios ha sido servido de enseñarme.

BENITO. ¿Dios te había de enseñar, sabandija? ¡Métete tras la manta; si no, por Dios que te arroje este banco!

RABELÍN. El diablo creo que me ha traído a este pueblo.

CAPACHO. Fresca es el agua del santo río Jordán; y, aunque me cubrí lo que pude, todavía me alcanzó un poco en los bigotes, y apostaré que los tengo rubios como un oro.

BENITO. Y aun peor cincuenta veces.

CHIRINOS. Allá van hasta dos docenas de leones rampantes y de osos colmeneros; todo viviente se guarde; que, aunque fantásticos, no dejarán de dar alguna pesadumbre, y aun de hacer las fuerzas de Hércules con espadas desenvainadas.

JUAN. Ea, señor autor, ¡cuerpo de nosla! ¿Y agora nos quiere llenar la casa de osos y de leones?

BENITO. ¡Mirad qué ruiseñores y calandrias nos envía Tontonelo, sino leones y dragones! Señor autor, y salgan figuras más apacibles, o aquí nos contentamos con las vistas; y Dios le guíe, y no pare más en el pueblo un momento.

CASTRADA. Señor Benito Repollo, deje salir ese oso y leones, siquiera por nosotras, y recebiremos mucho contento.

JUAN. Pues, hija, ¿de antes te espantabas de los ratones, y agora pides osos y leones?

CASTRADA. Todo lo nuevo aplace, señor padre.

CHIRINOS. Esa doncella, que agora se muestra tan galana y tan compuesta, es la llamada Herodías, cuyo baile alcanzó en premio la cabeza del Precursor de la vida. Si hay quien la ayude a bailar, verán maravillas.

BENITO. ¡Ésta sí, cuerpo del mundo, que es figura hermosa, apacible y reluciente! ¡Hideputa, y cómo que se vuelve la mochacha! Sobrino Repollo, tú que sabes de achaque de castañetas, ayúdala, y será la fiesta de cuatro capas.

SOBRINO. Que me place, tío Benito Repollo.

(Tocan la zarabanda.)

CAPACHO. ¡Toma mi abuelo, si es antiguo el baile de la Zarabanda y de la Chacona!

BENITO. Ea, sobrino, ténselas tiesas a esa bellaca jodía; pero, si ésta es jodía, ¿cómo vee estas maravillas?

CHANFALLA. Todas las reglas tienen excepción, señor alcalde.

(Suena una trompeta, o corneta dentro del teatro, y entra UN FURRIER *de compañías.)*

FURRIER. ¿Quién es aquí el señor gobernador?

GOBERNADOR. Yo soy. ¿Qué manda vuesa merced?

FURRIER. Que luego al punto mande hacer alojamiento para treinta hombres de armas que llegarán aquí dentro de media hora, y aun antes, que ya suena la trompeta; y adiós. *(Vase.)*

BENITO. Yo apostaré que los envía el sabio Tontonelo.

CHANFALLA. No hay tal; que ésta es una compañía de caballos que estaba alojada dos leguas de aquí.

BENITO. Ahora yo conozco bien a Tontonelo, y sé que vos y él sois unos grandísimos bellacos, no perdonando al músico; y mirad que os mando que mandéis a Tontonelo no tenga atrevimiento de enviar estos hombres de armas, que le haré dar docientos azotes en las espaldas, que se vean unos a otros.

CHANFALLA. ¡Digo, señor alcalde, que no los envía Tontonelo!

BENITO. Digo que los envía Tontonelo, como ha enviado las otras sabandijas que yo he visto.

CAPACHO. Todos las habemos visto, señor Benito Repollo.

BENITO. No digo yo que no, señor Pedro Capacho. No toques más, músico de entre sueños, que te romperé la cabeza.

(Vuelve el FURRIER.*)*

FURRIER. Ea, ¿está ya hecho el alojamiento? Que ya están los caballos en el pueblo.

BENITO. ¿Que todavía ha salido con la suya Tontonelo? ¡Pues yo os voto a tal, autor de humos y de embelecos, que me lo habéis de pagar!

CHANFALLA. Séanme testigos que me amenaza el alcalde.

CHIRINOS. Séanme testigos que dice el alcalde que lo que manda Su Majestad lo manda el sabio Tontonelo.

BENITO. Atontoneleada te vean mis ojos, plega a Dios todopoderoso.

GOBERNADOR. Yo para mí tengo que verdaderamente estos hombres de armas no deben de ser de burlas.

FURRIER. ¿De burlas habían de ser, señor gobernador? ¿Está en su seso?

JUAN. Bien pudieran ser atontonelados: como esas cosas habemos visto aquí. Por vida del autor, que haga salir otra vez a la doncella Herodías, porque vea este señor lo que nunca ha visto; quizá con esto le cohecharemos para que se vaya presto del lugar.

CHANFALLA. Eso en buen hora, y veisla aquí a do vuelve, y hace de señas a su bailador a que de nuevo la ayude.

SOBRINO. Por mí no quedará, por cierto.

BENITO. Eso sí, sobrino; cánsala, cánsala; vueltas y más vueltas; ¡vive Dios, que es un azogue la muchacha! ¡Al hoyo, al hoyo! ¡A ello, a ello!

FURRIER. ¿Está loca esta gente? ¿Qué diablos de doncella es ésta, y qué baile, y qué Tontonelo?

CAPACHO; Luego, ¿no vee la doncella herodiana el señor furrier?

FURRIER. ¿Qué diablos de doncella tengo de ver?

CAPACHO. Basta: ¡de *ex illis* es!

GOBERNADOR. ¡De *ex illis* es; de *ex illis* es!

JUAN. ¡Dellos es, dellos el señor furrier; dellos es!

FURRIER. ¡Soy de la mala puta que los parió; y, por Dios vivo, que si echo mano a la espada, que los haga salir por las ventanas, que no por la puerta!

CAPACHO. Basta: ¡de *ex illis* es!

BENITO. Basta: ¡dellos es, pues no vee nada!

FURRIER. Canalla barretina: si otra vez me dicen que soy dellos, no les dejaré hueso sano.

BENITO. Nunca los confesos ni bastardos fueron valientes; y por eso no podemos dejar de decir: ¡dellos es, dellos es!

FURRIER. ¡Cuerpo de Dios con los villanos! ¡Esperad!

(Mete mano a la espada y acuchíllase con todos; y el ALCALDE *aporrea al* RABELLEJO*; y la* CHIRINOS *descuelga la manta y dice):*

CHIRINOS. El diablo ha sido la trompeta y la venida de los hombres de armas; parece que los llamaron con campanilla.

CHANFALLA. El suceso ha sido extraordinario; la virtud del retablo se queda en su punto, y mañana lo podemos mostrar al pueblo; y nosotros mismos podemos cantar el triunfo desta batalla, diciendo: ¡vivan Chirinos y Chanfalla!

MEDIDAS DE SEGURIDAD

Nadine Gordimer

Lorrie no quería que yo fuera y no sabía cómo decirlo. Debido a mi trabajo, los dos hemos vivido en varias partes del mundo, y en cada una de ellas siempre ha habido algo que temer. Gángsteres, grupos políticos extremistas de derecha y de izquierda, lanzamientos de bombas en restaurantes, secuestros, atracos, un apagón urbano o un temblor de tierra. Hace mucho tiempo que ambos hicimos un pacto con nosotros mismos, respecto a la vida. La vida es peligrosa. Hemos vivido con eso; con la certeza de que el miedo es el único asesino real. Nunca hemos recurrido a rejas de acero en nuestras puertas ni hemos tenido miedo de caminar por las aceras. Hemos conseguido criar libres a nuestros hijos; con las naturales precauciones. Pero en los últimos meses había habido una serie de accidentes aéreos bastante inesperados: un error del piloto, carencia del control de radar debido a la huelga del personal de tierra, la posibilidad de la presencia de un pasajero a bordo con la espada de Damocles no sobre su cabeza sino en forma de explosivos ocultos en la suela del zapato. ¿Quién tiene la caja negra definitiva que registre todo eso? Y tan sólo una semana antes, dos personas murieron en un tiroteo mientras hacían cola para facturar su equipaje en el mostrador de unas líneas aéreas. Por lo general la noche antes de marcharme hacemos el amor, por la mañana doy un beso a los niños y todos aceptamos con naturalidad que hablaremos por teléfono en el momento en que me permitan usar mi móvil en la terminal, a mi llegada. Que hablaré con Lorrie, por lo menos, aunque sea de noche para ella y para mí de día. Se ha convertido en una costumbre tan arraigada como la de ir todos los días a la oficina de la empresa para la que trabajo.

—¿Por qué has dejado que Isa reservara billete en esa compañía?

Lorrie sabe que mi secretaria organiza mis viajes con una eficiencia perfecta.

—¿Por qué no iba a hacerlo? Está muy claro. Es la mejor compañía para llevarme a donde tengo que ir.

—Pero ese país pertenece a... Entre todos los conflictos que... Justo en estos días.

—Por el amor de Dios, sabes cómo son las medidas de seguridad «justo en estos días». De todas formas, las aerolíneas de ese país no están metidas en ninguna guerra entre India y Pakistán, Israel y Palestina..., o lo que se te ocurra. ¿Desde cuándo nos ha entrado el miedo a volar, querida? —dije, citando (si la memoria no me engaña) el título de un libro que habíamos leído en tiempos.

—No es eso, no es nada que tú..., que nosotros sepamos.

Pero ha captado lo que yo estaba diciéndole en realidad: ¿desde cuándo hemos de representar la aburrida escena convencional de la esposa cuando el maridito se va de viaje, desde cuándo temblamos de miedo, tú y yo, delante de la vida tal como es?

Y entonces dice algo con esa forma suya (uno de los motivos por los que la amo) de descartar de un plumazo mi paternalista insinuación de que se está comportando como una esposa convencional.

—Nunca sabes de quién eres enemigo.

—¿De qué estás hablando? No soy enemigo de nadie.

—Al subir a un avión te conviertes en uno. La insignia de la aerolínea está pintada en la cola. El logotipo de su nacionalidad.

Me apresuré a abrazarla como reconocimiento de su peculiar inteligencia, y me eché a reír. Mi abrazo la hizo sonreír, y el asunto quedó zanjado. Sin protestas, a nuestra manera. El chófer de la empresa vino a recogerme y me llevó al aeropuerto.

La buena de Isa me había reservado mi asiento favorito, ventanilla, no muy atrás en la cabina de la clase turista (la empresa había decidido ser políticamente correcta en un sentido global, nada de tirar el dinero con billetes de primera clase), y tampoco cerca de los lavabos y de la zona del servicio: demasiada gente haciendo cola para mear y demasiada charla entre los que esperan turno.

Tenía un largo vuelo por delante, en dirección contraria al avance de los husos horarios. En esos viajes conservo la hora de casa sin cambiarla en mi reloj hasta haber llegado a mi destino. A veces me pregunto cuántas horas de mi vida he perdido —¿o ganado tal vez?— en todos esos viajes de ida y vuelta a través de los husos horarios.

Suelo decir a la gente que me gusta trabajar en los aviones, puedo abrir mi portátil y preparar las reuniones y las decisiones que me esperan, en un productivo aislamiento de los extraños que me rodean. No sucede a menudo que me encuentre con algún conocido en el mismo vuelo, y si ocurre así no estoy dispuesto a cambiar mi asiento para charlar durante el viaje. Desde luego, en los últimos años se ofrece una fuente de distracción inevitable con la pantalla de televisión individual colocada frente a cada asiento, porque invariablemente mi anónimo vecino enciende el chisme y el parpadeo invade mi visión periférica, aunque, a Dios gracias, el sonido pasa a través de los auriculares directamente a sus oídos, dejando a salvo los míos. La verdad es... no, el hecho es —verdad resulta un término demasiado importante para una jactancia tan trivial— que nunca pasa mucho tiempo antes de que guarde de nuevo el ordenador en el que he trabajado, luche durante unos minutos para plegar otra vez las páginas de los periódicos que me han ofrecido (¿por qué no utilizan ediciones especiales en tabloide del *New York Times*, *Herald Tribune*, *Figaro*, *Frankfurter Allgemeine*, *Corriere della Sera* y demás, para su distribución en las líneas aéreas?) y me ponga a mirar —a contemplar— el exterior. La ventanilla: nada. De acuerdo. El vacío que, desde el suelo, llamamos cielo. Invadido en ocasiones por algodonosos rebaños y castillos de nubes, rasgados de súbito por una estela que se desvanece rápidamente, un arco iris trazado con tiza por otro reactor fuera de visión. A veces se convierte en un opresivo elemento grisáceo sin latitud ni longitud, algo parecido a una ceguera que afectara a nuestros ojos. Quizá por efecto de estar medio adormilado, alcanzo una forma interior de conciencia que no se experimenta en ninguna otra parte más que allá arriba. La amable voz que viene de la cabina de mando nos exhorta a sentarnos y relajarnos. Pero ese estado no es relajación, es otra forma de ser que adopto temporalmente y de la que nunca he hablado a nadie, ni siquiera a Lorrie (tal vez, muy en particular, no a Lorrie; en el matrimonio siempre exteriorizas demasiadas cosas acerca de ti mismo).

Nada. Allá arriba, allá afuera, me desprendo del amor, el sexo, la esposa, los hijos, la casa y el despacho de ejecutivo. No me espera una ciudad extranjera con jefes internacionales y decisiones. ¿Por qué ningún artista —ni siquiera los dedicados a la abstracción— ha pintado ese estado que únicamente es posible alcanzar desde la invención del avión de pasajeros? La contemplación. La libertad.

En este viaje tengo a mi lado —me doy cuenta sólo cuando el carrito de las bebidas se detiene a la altura de nuestra fila— a una mujer de edad mediana y notoriamente delgada, es decir, que sus carnes no rebosan en su asiento y no acapara el brazo del sillón que nos separa; un punto al menos a su favor. Intercambiamos un «Buenas tardes», y eso es todo. Es agraciada (cuando vuelve su cara hacia mí en nuestro breve saludo) de una manera impersonal, sin la menor proyección de los restos cincuentones de su belleza, como si su cara fuera algo asumido por ella como se lleva un paraguas. En mis numerosos vuelos a larga distancia, temo a las personas sentadas a mi lado que tienen ganas de hablar, y que se lanzan a monologar si no les contestas. A ésta, al parecer, no le apetece más conversación que la que yo mismo deseo. Tampoco enciende su pantalla de televisión. Después de que se sirviera la cena, me he dado cuenta de que se inclinaba hacia delante y sacaba un libro de su bolso.

Supongo que comí, que bebí algo de vino. Volví a mi ordenador portátil, a la presencia en mi interior de la voz y el cuerpo de mi esposa, a las manos de mis hijos en las mías, a la sala del consejo de administración, a expresiones de caras conocidas, y a las decisiones que iba a tener que adoptar. Nada. Todo aplazado hasta el día siguiente.

Mientras trabajaba en mi ordenador y el tiempo se desvanecía al pasar, el aparato empezó a trepidar. Se encendió la señal de abrocharse los cinturones. «Turbulencias, nos disponemos a volar por encima de ellas», nos tranquilizó la suave voz de la cabina de mando. Pero mi ventanilla se puso negra —era por la tarde, aún no se había hecho de noche—, del color negro amenazador de una gran tormenta. Salí de la nada: éste era el otro poder, como la oposición del Mal y el Bien en el mundo que nos explican las religiones. Decidí ignorar los baches y temblores del avión, los crujidos en los compartimientos de equipaje situados sobre nuestras cabezas, el entrechocar de los carritos de bebidas, los vasos que caían al suelo. Intenté concentrarme en la pantalla del portátil que temblaba en mis rodillas, pero mis ojos se negaron a obedecerme. Mientras me esforzaba en acomodar el portátil en el bolsillo del asiento de delante, vi que mi vecina había dejado de leer su libro. Una violenta sacudida de la estructura en la que viajábamos proyectó el libro de su regazo al suelo. Lo vi deslizarse hacia el pasillo, donde se reunió con los zapatos que alguien se había quitado, como solemos hacer en los vuelos de larga distancia, por comodidad. Ahora la voz de la cabina ordenó a todo el mundo que permaneciéramos sentados, prohibió que paseáramos por la cabina, pidió que nos aseguráramos de que el cinturón estaba correctamente abrochado. «Por su propia seguridad.»

He capeado (ese viejo cliché) unas cuantas «turbulencias» en los cientos de vuelos hechos en mi vida. Nunca había visto nada semejante. Lorrie temía verme envuelto en un secuestro. Esto era un secuestro por parte de los elementos. Una fuerza que nos sujetaba sin dejarnos escapar, ni ganando altura ni descendiendo. Hubo un estruendo de platos rotos en el área de la cocina. Dos azafatas chocaron y una de ellas fue a caer sobre la cabeza de un pasajero. Las órdenes desde la cabina de mando se convirtieron en un farfullar ininteligible. Por detrás de los asientos a los que la mujer y yo estábamos atados, atrapados, alguien vomitó con fuertes arcadas y gorgoteos. El avión descendió abruptamente como si hubiera recibido un fuerte golpe, y luego cabeceó a uno y otro lado. Parecía querer librarse de nosotros, de nuestros ordenadores, nuestros auriculares, nuestro *dutyfree*, las cavernas repletas de maletines con las posesiones que paseábamos alrededor del mundo como si nuestras vidas dependieran de ellas.

Nuestras vidas.

La voz de la cabina de mando se hizo oír a través de una amplificación interrumpida por altibajos, el capitán iba a intentar un aterrizaje de emergencia en un aeródromo militar cuyo nombre me reveló que nos habíamos desviado mucho de nuestra ruta. Una mujer lloraba, se oían sollozos y voces que pedían auxilio —¿de quién, de dónde?—, que rezaban —¿a quién, para qué?—. En mi corazón se habían disparado los temores de Lorrie: míos ahora. Y de pronto me di cuenta de que, mientras todo el mundo se dirigía, con la solidaridad del terror humano, a cualquiera que tuviese cerca, la mujer que estaba a mi lado y yo ni siquiera nos habíamos mirado, no habíamos despegado los labios. De modo que me volví hacia ella.

Increíble.

Estaba sentada, tranquila, con una mano posada sobre la otra, sin aferrarse —al asiento, a los brazos del sillón, a cualquier cosa—, como estaba haciendo yo. Se dejaba sacudir por la furia del aeroplano, con los labios serenos, sin la mueca de terror animal que aparecía en las caras de todos. Parpadeó con sus serenos ojos abiertos al percibir mi presencia, la de aquel ser humano desconocido que iba a morir a su lado, en una intimidad compartida. Mi última mujer. Y luego se volvió directamente a mí, y oí de nuevo la voz que me había hablado una sola vez, dos palabras, «Buenas tardes».

—Todo va bien. El avión conseguirá aterrizar. No corre usted peligro. Nadie.

No supe si era increíblemente valerosa, si la exaltaba alguna fe religiosa, o si estaba loca.

Habló de nuevo, mientras su cabeza se mantenía firme en medio de las continuas sacudidas que sufría su cuerpo.

—No ocurrirá. Porque estoy yo a bordo. Este último año he intentado tres veces, de tres maneras diferentes, acabar con mi vida. He fracasado. No hay salida para mí. De modo que no es posible que yo muera; ningún avión que yo tome se estrellará.

De la cabina de mando llegó la orden de colocarnos en la posición de aterrizaje de emergencia, con la cabeza agachada entre las rodillas. El avión golpeó el suelo con tal fuerza que pareció que la roca del mundo iba a agrietarse. Bajamos de manera bastante ordenada —los desesperados por vivir, a empujones por entre las mujeres y los niños primero; y yo detrás, reprimiendo mi instinto— por unas rampas colocadas a los costados del avión. Un flamear de lenguas de fuego rodeó el aparato a nuestra espalda, mientras corríamos. En la confusión, no vi si la mujer estaba entre nosotros, los supervivientes, todos nosotros.

Seguro que sí estaba.

Los hombres sólo aceptan el cambio resignados por la necesidad y sólo ven la necesidad durante la crisis.

Jean Monnet

Gilbert Keith Chesterton (1874 - 1936) fue un escritor inglés que cultivó la práctica totalidad de los géneros literarios. Entre sus escritos más conocidos se cuentan su *Autobiografía* (1936), la colección de relatos *El hombre que sabía demasiado* (1922) o la saga del padre Brown, publicada entre 1910 y 1935.

Anton Chéjov nació en Rusia en 1860 y murió en Alemania en 1904. En 1879 entró en la facultad de medicina. En 1884 trabajó como ayudante en un hospital. De esa época datan sus primeros libros, como *Camaleón* y también sus primeros dramas, como *Ivánov*. Algunas de sus obras más conocidas son *La dama del perrito*, *El pabellón número 6* o *La cigarra*. En los últimos años de su vida escribió sus obras de teatro más reconocidas: *Tío Vania*, *Las tres hermanas* y *El jardín de los cerezos*.

CUANDO LOS MÉDICOS ESTÁN DE ACUERDO

G. K. Chesterton

Las paradojas de Mr. Pond eran de índole muy peculiar. Resultaban, por cierto, paradójicos desafíos hasta a la ley de las paradojas. La paradoja ha sido definida como «La verdad puesta cabeza abajo para llamar la atención». Se ha defendido a la paradoja con el argumento de que hay muchas falsedades elegantes firmemente puestas en pie todavía porque no tienen cabeza sobre la que posarse. Pero debe admitirse que los escritores, como otros mendicantes y charlatanes, tratan frecuentemente de atraer la atención. Ponen en forma conspicua, en una sola línea de una pieza teatral, o a la cabeza o a la cola de un párrafo, ocurrencias de esa peregrina especie; como cuando Mr. Bernard Shaw escribió: «La Regla Áurea es que no hay Regla Áurea»; o cuando Oscar Wilde observó: «Puedo resistirlo todo, excepto la tentación»; o un escriba más obtuso (a quien no debe nombrarse junto con aquéllos y que ahora hace penitencia por sus primeros vicios con la más noble tarea de celebrar las virtudes de Mr. Pond) cuando dijo en defensa de los aficionados y los torpes en general, como él: «Si vale la pena hacer una cosa, vale la pena hacerla mal». A estas cosas se rebajan los escritores, y luego los críticos les dicen que «hablan por el efecto», y los escritores responden: «¿Para qué diablos hablaríamos? ¿Para no surtir efecto?». Es una escena sórdida.

Pero Mr. Pond pertenecía a un mundo más cortés y sus paradojas eran muy diferentes. Era casi imposible imaginarse a Mr. Pond puesto de cabeza. Pero era tan fácil imaginarlo puesto de cabeza como imaginarlo tratando de atraer la atención. Era el hombre más calmoso del mundo para ser hombre de mundo; era un funcionario civil pequeño y nítido; nada de notable había en él, salvo una barba que parecía no sólo anticuada, sino también vagamente extranjera, aunque era tan inglés como el que más. Pero, en cuanto a esto, la respetabilidad francesa es mucho más respetable que la inglesa, y Mr. Pond, aunque en cierto modo cosmopolita, era completamente respetable. Otra cosa levemente francesa en él era la serena onda de su discurso: una gotera de un solo tono que jamás tropezaba en una sola vocal. Porque los franceses llevan su sentido de la igualdad hasta la igualdad de las sílabas. Con esta equilibrada corriente, llena de gentiles alusiones sobre Viena, entretenía una vez a una dama; y cinco minutos más tarde volvió ella junto a sus amigos con la cara muy pálida, y un susurro les impartió el asombroso secreto de que aquel hombrecillo tan suave estaba loco.

La peculiaridad de su conversación era ésta: en medio de una sostenida corriente llena de sentido aparecían de pronto dos o tres palabras que, sencillamente, parecían tonterías. Como si algo se hubiese descompuesto repentinamente en el mecanismo de un gramófono. Era una tontería que el orador no parecía advertir, de manera que a veces sus oyentes apenas notaban que era tontería un discurso tan natural. Pero quienes lo notaban, parecían oír algo así como: «Naturalmente, como no tenía piernas, ganó fácilmente la prueba de marcha», «Como no había nada que beber, todos se embriagaron enseguida». En términos generales, dos especies de gente le detenían con miradas o preguntas: los muy estúpidos o los muy sagaces. Los estúpidos, porque sólo lo absurdo se destacaba de un nivel de inteligencia que les sorprendía; era esto en sí mismo, por cierto, un ejemplo de la verdad en la paradoja. La única parte de la conversación que podían comprender era la parte que no podían comprender. Y los sagaces le detenían porque sabían que, detrás de cada una de esas raras contradicciones tan compactas, había una historia muy rara, como la rara historia que se ha de narrar aquí.

Su amigo Gahagan, aquel elegante irlandés, gigantesco, de rojos cabellos y de ingeniosa locuacidad, declaraba que Mr. Pond insertaba esas frases insensatas solamente para descubrir si sus oyentes escuchaban. Mr. Pond nunca dijo tal cosa, y sus motivos seguían casi en el misterio. Pero Gahagan declaraba que hay toda una tribu de modernas señoras intelectuales que han aprendido solamente el arte de volver hacia quien habla un rostro lleno de ardor y atención, mientras sus cerebros están tan ausentes que algunas frasecitas como: «Al encontrarse en la India visitó, naturalmente, Toronto», entran inocuamente por un oído y salen por el otro sin turbar el culto cerebro que hay dentro.

Fue durante una pequeña comida ofrecida por el viejo Wotton a Gahagan, Mr. Pond y otros, cuando tuvimos el primer atisbo del verdadero significado de estos desorbitados paréntesis en tan manso conversador. La verdad, para comenzar, era que Mr. Pond, a pesar de su barba francesa, era muy inglés en su costumbre de presumir que debía ser un poco aburrido, por deferencia a los demás. No le gustaba narrar largos y fantásticos relatos acerca de sí mismo, como a su amigo Gahagan, aunque le gustaban mucho cuando Gahagan los contaba. Mr. Pond había tenido algunas experiencias muy curiosas, pero como no quería convertirlas en largos relatos, sólo aparecían como cuentos breves, y los cuentos breves eran tan cortos que resultaban casi ininteligibles. Al tratar de explicar la excentricidad, lo mejor es comenzar con el ejemplo más sencillo, como un diagrama en un texto de lógica. Y comenzaré con el cuento breve, oculto en la frase aún más breve, que intrigó tantísimo a Wotton aquella noche. Wotton era un diplomático a la antigua, de esos que parecen hacerse más nacionales porque tratan de ser internacionales. Aunque estaba lejos de ser un militarista, era un militar. Mantenía la paz con frases entrecortadas bajo un tieso bigote encanecido. Tenía más mandíbula que frente.

—Me han dicho —relataba Wotton— que los polacos y los lituanos se han puesto de acuerdo sobre Vilna. Era una disputa muy vieja, claro está, y supongo que unos y otros tenían razón.

—Es usted un verdadero inglés, Wotton —dijo Gahagan—, y para sus adentros se está diciendo: «Todos estos extranjeros son iguales». Tiene mucha razón si es que piensa que todos somos diferentes de ustedes. Los ingleses son los dementes de la Tierra, que saben que todos los demás están locos. Pero a veces diferimos algo entre nosotros, ¿sabe usted? Hasta de los irlandeses se ha sabido que nos diferenciamos unos de otros. Pero ustedes ven que el Papa censura a los bolcheviques, o que la Revolución francesa hace trizas al Sacro Imperio romano, y se dicen: «¿Cuál puede ser la diferencia entre Tweedledum y Tweedledee?».

—Si no recuerdo mal, en *Alicia en el país de las maravillas* —apuntó Mr. Pond— no hubo diferencias entre Tweedledum y Tweedledee. Recordarán que quedó decisivamente establecido que se pusieron de acuerdo. Pero recuerden también en qué se pusieron de acuerdo.

Wotton pareció un poco sorprendido y por fin pronunció:

—Bien, si estos tipos se han puesto de acuerdo, presumo que habrá un poco de paz.

—Cosa rara, los acuerdos —dijo Mr. Pond—. Afortunadamente, todos, en general, siguen siempre en desacuerdo hasta que mueren pacíficamente en la cama. Los hombres muy rara vez se ponen de acuerdo plena y finalmente. Yo conocí a dos hombres que llegaron a ponerse tan completamente de acuerdo que uno, naturalmente, asesinó al otro; pero por regla general...

—«Se pusieron tan completamente de acuerdo» —dijo pensativo Wotton—. ¿No quiere usted..., está seguro de que no quiso decir: «Estuvieron tan completamente en desacuerdo»?

Gahagan soltó una especie de tosecita de risa.

—¡Ah, no! —dijo—, no es eso lo que quiere decir. No sé qué diablo ha querido decir, pero no ha sido nada tan sensato como eso.

Wotton, con su ponderada manera, todavía trató de sujetar al narrador a una afirmación más responsable, y el resultado de todo fue que Mr. Pond, a regañadientes, fue inducido a explicar qué había querido decir, y nos hizo conocer todo el cuento.

El misterio estaba envuelto al principio en otro misterio: el extraño asesinato de Mr. James Haggis, de Glasgow, que llenó los diarios escoceses e ingleses hace no muchos años. En apariencia, era un caso extraño, que debía acarrear consecuencias aún más curiosas. Haggis era un ciudadano prominente y acaudalado, alcalde de la ciudad y dignatario de la Iglesia. Nadie negaba que aun en esas funciones había sido a veces más bien impopular, pero para hacerle justicia, había sido a menudo impopular por su lealtad a causas impopulares. Era de esos viejos radicales que resultan más rígidos y anticuados que cualquier conservador, y, aun manteniendo en teoría la causa de la Economía y la Reforma, conseguía sugerir que casi todas las reformas eran demasiado costosas para las necesidades de la restricción económica. Así, estuvo casi solo en oposición al apoyo universal prestado a la admirable campaña del doctor Campbell para luchar contra la epidemia en los barrios pobres durante la crisis. Pero deducir de su teoría económica que era un demonio que se deleitaba viendo pobres niños muriendo de tifoidea sería quizá una inferencia exagerada. En forma similar, era hombre prominente en los consejos presbiterianos por negarse a toda transigencia moderna con la lógica del calvinismo, mas inferir de ello que tenía la esperanza de que todos sus prójimos fuesen condenados antes de nacer sería una interpretación demasiado personal de la teoría teológica.

Por otra parte, era reconocidamente honrado en los negocios y fiel a su esposa y a su familia, de manera que hubo una reacción general en favor de su memoria cuando se le encontró con una puñalada en el corazón en el magro césped del triste cementerio lindante con su templo favorito. Era imposible imaginar a Mr. Haggis complicado en alguna romántica enemistad escocesa y caído bajo una daga, o en una romántica cita interrumpida por un puñal; y se dio la sensación general de que ser apuñalado y dejado sin sepultar entre los muertos sepultados era pena exagerada por haber sido un comerciante escocés algo estrecho y de la vieja escuela.

Sucedió que Mr. Pond estuvo presente en una pequeña reunión donde hubo un vivo debate acerca del asesinato como misterio. Su huésped, lord Glenorchy, tenía el pasatiempo de leer libros sobre criminología; lady Glenorchy tenía el pasatiempo, menos perjudicial, de leer esos libros, mucho más sólidos y científicos, que se llaman novelas policíacas. También estaban presentes, como dicen las crónicas de sociedad, el mayor MacNabb, jefe de policía, y Mr. Launcelot Browne, brillante abogado de Londres, que encontraba mucho más aburrido ser abogado que fingir ser detective; asimismo se contaban entre los presentes el venerable y venerado doctor Campbell, cuya labor entre los pobres ya ha sido encomiada, aunque no debidamente, y un joven amigo suyo llamado Angus, a quien, se tenía entendido, estaba educando e instruyendo en general para sus exámenes de medicina y su carrera científica.

A las personas responsables, naturalmente, les encanta ser irresponsables. Todas estas personas se deleitaban al formular en privado teorías por las que no tenían que responder en público. Al abogado, que era hombre humano, le encantaba acusar a alguien a quien no tendría que hacer ahorcar. El criminólogo estaba encantado de analizar la demencia de alguien cuya condición de demente jamás habría podido demostrar. Y lady Glenorchy se sentía muy complacida ante la oportunidad de considerar a Mr. Haggis (nada menos) como personaje principal de una novela de misterio. Hubo hilarantes intentos para atribuir el crimen al ministro presbiteriano unido, un notorio sublapsariano, que estaba, por supuesto, no más inevitablemente impelido a clavar una daga en un sublapsariano. Lord Glenorchy era más serio, por no decir monótono. Como había aprendido en sus libros de criminología el gran descubrimiento de esta ciencia: que la deformidad mental y moral sólo se encuentra entre la gente pobre, sospechaba una conspiración de los comunistas locales (todos con las orejas y los pulgares deformados) y escogió como asesino a un agitador socialista de la ciudad. Mr. Angus se atrevió a diferir. En su opinión, se trataba de un viejo presidiario, criminal profesional, de quien se sabía que estaba en el lugar, y que había sido todo lo que puede resultar alarmante, salvo agitador socialista. Entonces fue cuando se sometió el punto, no sin cierta reverencia, al viejo médico, canoso y sabio, que tenía ya tras de sí toda una vida de caridad y buenas obras. Una de las muchas razones por las cuales el doctor Campbell parecía haber salido de un mundo más viejo, y acaso más honesto, era el hecho de que no solamente hablaba con acento escocés, sino que hablaba en escocés. Su discurso, pues, será vertido aquí con dificultad y con dudas y temblores.

—Bien, ¿preguntan ustedes quién apuñaló a James Haggis? Les diré desde un principio que no se me da un comino de quién mató a James Haggis. Si lo supiera, no lo diría. Es triste cosa, sin duda, que los amigos y benefactores de la pobre humanidad pasen ignorados y sin ser debidamente festejados; pero, como los albañiles que construyeron nuestra grandiosa catedral y los grandes poetas que escribieron nuestras baladas de Oterburn y sir Patrick Spens, el hombre que realizó el acto virtuoso de matar a James Haggis no recibirá crédito personal por ello en este mundo; aun es posible que sufra algún inconveniente. De manera que no tendrán ustedes mi parecer, fuera de decir que hace mucho buscaba yo a un hombre de tal prudencia y espíritu público.

Siguió entonces esa especie de silencio en que la gente no

sabe con certeza si ha de reír por una premeditada muestra de ingenio; mas antes de que nadie pudiera hacerlo, el joven Angus, que tenía los ojos fijos en su venerable preceptor, habló con la ansiedad del estudiante ardoroso.

—Pero ¿no dirá usted, doctor Campbell, que el asesinato está bien sólo porque algunos actos u opiniones del asesinado estuvieran mal?

—Sí que lo diré, si eran suficientemente malos —respondió con tranquilidad el benévolo doctor Campbell—. Al fin y al cabo, no tenemos un medio de saber qué es lo malo y qué lo bueno. *Salus populi suprema lex.*

—¿No tenemos acaso ese medio en los Diez Mandamientos? —preguntó el joven, con el rostro algo acalorado, cosa que se acentuaba por sus rojos cabellos, que se levantaban de la cabeza como llamas rígidas.

El santo de la sociología, de cabellos de plata, continuó mirándole con una sonrisa benévola, pero con un raro resplandor en sus ojos cuando respondió:

—Sí, los Diez Mandamientos son un medio de prueba. Lo que los médicos empezamos a llamar prueba de inteligencia.

Fuese por accidente, o porque las intuiciones de lady Glenorchy se alarmaron un poco ante la seriedad del tema, en este momento intervino.

—Bueno; si el doctor Campbell no quiere pronunciarse, supongo que todos tendremos que aferrarnos a nuestras respectivas sospechas. No sé si les gustan los cigarrillos en medio de la comida; es una moda a la que yo no puedo acostumbrarme.

En este momento de su narración, Mr. Pond se echó atrás en su silla con un movimiento más impaciente de los que solía permitirse.

—Está claro que siempre proceden así —dijo con ligera irritación—. Se las admira y se piensa que tienen mucho tacto cuando lo hacen.

—¿Cuando quiénes hacen qué? —preguntó Wotton—. ¿De qué diantre habla ahora?

—Hablo de las amas de casa —explicó Mr. Pond con aire dolorido—. Las buenas amas de casa. Las que tienen gran éxito. Interrumpen una conversación con la teoría de que se puede interrumpirla en cualquier momento. Bien exacta es la definición de una buena ama de casa: hacer que dos personas hablen cuando les desagrada, y separarlas cuando empieza a agradarles. Pero a veces producen los perjuicios más mortales y horribles: detienen conversaciones que no merecen ser reanudadas. Y esto es horrible, como el asesinato.

—Pero, si una conversación no merece reanudarse, ¿por qué es horrible detenerla? —preguntó el concienzudo Wotton, que seguía buscando laboriosamente el sentido común.

—Pues *por eso* es horrible detenerla —respondió Mr. Pond, casi con brusquedad, para persona tan cortés—. La conversación debería ser sagrada, porque es tan leve, tan tenue, tan trivial, si se quiere; en todo caso, tan frágil y fácil de destruir. Abreviar su vida es peor que un asesinato: es un infanticidio. Es como matar a un niño que trata de entrar en la vida. Ya no puede volvérsele a la vida, aunque se levantara de entre los muertos. Una buena conversación ligera no podrá ser compuesta más cuando se la hace pedazos, porque no se pueden recoger todos los pedazos. Recuerdo una espléndida conversación en casa de Trefusis, que comenzó porque hubo un trueno sobre la casa y un gato maulló en el jardín y alguien gastó una broma algo cruda acerca de una catástrofe. Y entonces Gahagan propuso una teoría en verdad preciosa deducida de los gatos y las catástrofes y estas cosas, y habría iniciado una espléndida conversación sobre un asunto político del continente.

—La cuestión catalana, supongo —dijo Gahagan riendo—. Pero me temo haber olvidado mi preciosa teoría.

—Eso es lo que yo digo —declaró Mr. Pond tristemente—. Sólo pudo ser propuesta entonces; debió de ser sagrada porque no valía la pena empezar de nuevo. La dueña de la casa nos la quitó de la cabeza, y tuvo después el desparpajo de expresar que podríamos volver a hablar del tema en otro momento. Pero ¿es que podíamos? ¿Podíamos hacer un contrato con una nube para que rompiera sobre el mismo techo, y atar el gato en el jardín y tirarle de la cola en el momento preciso, y dar a Gahagan champán suficiente para inspirarle una teoría tan tonta que ya la ha olvidado? Cuando aquel debate empezó se trataba de entonces o nunca, y de su detención surgieron muy malos resultados, por cierto. Pero como suele decirse, éste es otro cantar.

—Tiene usted que contarnos lo que ocurrió en otra ocasión —dijo Gahagan—. Por ahora sigo con la curiosidad acerca del hombre que asesinó a otro porque estaba de acuerdo con él.

—Sí —asintió Wotton—. Nos hemos alejado del tema, ¿verdad?

—Así dijo Mrs. Trefusis —murmuró tristemente Mr. Pond—. Supongo que no todos podemos sentir la santidad de la conversación realmente inútil. Pero si están ustedes interesados en el otro asunto, nada me cuesta narrarlo, aunque preferiría no decir exactamente cómo llegué a conocerlo. Fue una cosa más bien confidencial, lo que se llama una confesión. Perdónenme la interrupción acerca de las amas de casa sin tacto; tenía algo que ver con lo que ocurrió, y tengo mis razones para mencionarlo.

»Lady Glenorchy —continuó diciendo— cambió muy tranquilamente el tema, de asesinatos a cigarrillos, y la primera impresión de todos fue que nos habían birlado una charla muy interesante acerca de los Diez Mandamientos. Una insignificancia, demasiado ligera y aérea para que volviese a nuestro espíritu en otro momento. Pero hubo otra insignificancia que me volvió al cerebro después y mantuvo mi atención fija en un asesinato del que pude haber pensado muy poco por entonces, como dice De Quincey. Recordé haber mirado una vez el artículo sobre Glenorchy en el *Quién es quién*, donde descubrí que se había casado con la hija de un caballero muy acaudalado y con tierras cerca de Lowestoft, en Suffolk.

—Lowestoft, Suffolk. Sombrías alusiones —dijo Gahagan—. ¿Señalan por sí solas algún hecho malo y sospechoso?

—Señalan —dijo Pond— el horrible hecho de que lady Glernochy no es escocesa. Si hubiese introducido el tema de los cigarrillos en la mesa de su padre en Suffolk, se habrían borrado de la mente y de la memoria de todos unas insignificancias tales como los Diez Mandamientos. Pero yo sabía que estaba en Escocia y que la historia apenas empezaba. Ya he dicho que el viejo Campbell era el tutor o el preparador del joven Angus para su examen de medicina. Era un gran honor para un mozo como Angus tener a Campbell de maestro, pero debe de haber sido muy agradable, aun para una autoridad como Campbell, tener a Angus por discípulo. Porque había sido siempre un discípulo muy industrioso y ambicioso e inteligente, capaz de dejar bien parado al anciano, y después de la época en que habló, pareció hacerse más industrioso y ambicioso que nunca. En realidad, se dedicó tan exclusivamente a su maestro que fracasó en el examen. Esto fue lo primero que me convenció de que mi suposición era exacta.

—Y muy lúcida, también —dijo Gahagan con una sonrisa—. Trabajó tanto con su maestro que fracasó en el examen. Otra declaración que parecería exigir explicaciones.

—Es muy sencillo, en realidad —aclaró Mr. Pond inocentemente—. Pero, a fin de ampliarlo, tendremos que volver por un momento al misterio del asesinato de Mr. Haggis. Ya había propagado una especie de fiebre de policía secreta en la vecindad, porque a todos los escoceses les gusta discutir, y el problema era en realidad fascinador. Un gran punto del misterio era la herida, que al principio pareció hecha por un puñal o una daga, pero que después comprobaron los expertos que debió de ser causada por un instrumento diferente, de forma algo peculiar. Además, en todo el distrito se habían buscado cuchillos y puñales, y momentáneamente la sospecha recayó en cualquiera de los jóvenes impulsivos, de allende la línea de Highland, que podrían conservar una histórica ternura por la tenencia de dagas escocesas. Todas las autoridades médicas convinieron en que el instrumento había sido algo más sutil que una daga, aunque ninguna autoridad médica consintió en suponer siquiera cuál era el arma. Las gentes buscaban perpetuamente en el cementerio y en la iglesia alguna pista. Y, más o menos por entonces, el joven Angus, que había sido estricto adherente a esta iglesia particular, y hasta había inducido a su viejo tutor y amigo a escuchar una vez a su ministro, dejó de pronto de ir al templo; es más, ya no fue a ninguna iglesia. De manera que comprendí que yo estaba todavía en la buena pista.

—¡Oh! —dijo Wotton sin comprender—. ¿De manera que comprendió que estaba todavía en la buena pista?

—Temo no haber advertido que seguía usted una pista —afirmó Gahagan—. Si he de hablar francamente, mi querido Mr. Pond, le diré que entre todas las declaraciones humanas, vagas y sin sentido y sin objeto, que he escuchado en mi vida, la más vaga ha sido la narración que acabamos de tener el privilegio de escucharle. Primero nos dice usted que dos escoceses comenzaron una conversación acerca de la moral del asesinato y no la terminaron; luego se lanza usted al ataque contra las amas de casa de sociedad; más tarde nos revela el horrible hecho de que una de ellas era de Lowestoft; después vuelve a uno de los escoceses y dice que le reprobaron en el examen porque trabajaba mucho con su tutor; luego, sólo con una pequeña pausa sobre la forma peculiar de una daga no descubierta, nos dice que el escocés ha dejado de ir a la iglesia y que usted sigue una buena pista. Francamente, si en verdad encuentra algo de sagrado en las conversaciones inútiles, yo diría que estaba en la buena pista a este respecto por lo menos.

—Yo sé —dijo pacientemente Mr. Pond— que todo lo que he dicho está muy ligado a lo que sucedió en realidad, pero, está claro, ustedes no saben lo que sucedió. Un relato parece siempre algo vago y fútil si no se cuenta lo que sucedió en realidad.

Por eso son tan aburridos los diarios. Todas las noticias políticas, y gran parte de las noticias policiales (aunque sean de tono algo más elevado que aquéllas), se hacen muy sorprendentes y hasta insensatas por la necesidad de relatar cosas sin relatar la cosa.

—Bueno, entonces —propuso Gahagan— tratemos de extraer algún sentido de toda esa insensatez, que no tiene siquiera las excusas de las insensateces periodísticas. Vamos a someter a prueba una de sus insensateces. ¿Por qué dice usted que Angus fue reprobado porque trabajaba tanto con su maestro?

—Porque no trabajaba con su maestro —respondió Mr. Pond—. Yo no dije que trabajaba con su maestro. Por lo menos no dije que trabajaba para el examen. Dije que estaba con su maestro. Dije que pasaba días y noches con su maestro, pero no estaban preparándose para el examen.

—Bueno, ¿qué hacían entonces? —preguntó ásperamente Wotton.

—Seguían la discusión —gritó Mr. Pond, con una voz que resultó casi un chillido—. Apenas se detenían para dormir y comer, pero seguían con la discusión, la discusión interrumpida en la comida. ¿Han conocido ustedes a algún escocés? ¿Creen acaso que una mujer de Suffolk, con un puñado de cigarrillos y unas frases que no venían al caso, podía impedir que dos escoceses continuaran una discusión una vez iniciada? La reanudaron cuando se ponían los abrigos y los sombreros; la continuaron con toda energía al cruzar el jardín.

—Y durante horas, semanas y meses —prosiguió Mr. Pond— no se apartaron una sola vez del mismo debate interminable sobre la tesis planteada por el doctor Campbell: que cuando un hombre bueno está verdaderamente convencido de que un hombre malo es activamente malo para la comunidad, y hace el mal en una escala tal que no puede ser contenido por la ley o por ninguna otra acción, el hombre bueno tiene derecho moral a matar al hombre malo, y con ello no hace más que aumentar su bondad.

Mr. Pond se detuvo un instante, tironeándose la barba y mirando a la mesa, y luego continuó:

—Por razones que ya he mencionado, pero no explicado...

—Esto es lo malo con usted, amigo mío —dijo Gahagan amablemente—. Siempre hay una cantidad de cosas que ha mencionado, pero no explicado.

—Por esas razones —insistió Mr. Pond despaciosamente—, puedo saber una cantidad de cosas acerca de las etapas de esa empecinada y forzada controversia, de la que nada sabían los demás. Porque Angus era un auténtico buscador de la verdad que quería satisfacer su alma y no solamente hacerse famoso, y Campbell era hombre bastante elevado para tener igual ansiedad por convencer a su discípulo más que por convencer a una multitud en una conferencia. Pero no voy a relatar por extenso esas etapas de la controversia. A decir verdad, no soy lo que podría llamarse imparcial en esta controversia. Jamás he alcanzado a comprender cómo puede uno formarse una convicción y seguir siendo imparcial en una controversia. Pero supongo que dirán que no podría describir con justicia el debate, porque el bando con que simpatizo no fue el que ganó.

»Las amas de casa —añadió—, especialmente cuando han nacido cerca de Lowestoft, no saben hacia dónde tiende una discusión. La interrumpen no con una frase, sino con una bomba; y después esperan que no estalle. De cualquier manera, yo sabía hacia dónde tendía la discusión entablada en la mesa de Glenorchy. Cuando Angus propuso la prueba de los Diez Mandamientos y Campbell dijo que era una prueba de inteligencia, yo supe qué ocurriría después. Al minuto siguiente iba a decir que nadie que tenga algo de inteligencia se preocupa ya por los Diez Mandamientos.

»¡Cómo disfrazan las canas y esa paternal inclinación de hombros de la vejez! Dickens, no recuerdo dónde, describe a un patriarca que no necesitaba más virtud que sus canas. Cuando el doctor Campbell sonrió, a través de la mesa, a Angus, para casi todos no había en aquella sonrisa más que una bondad patriarcal y paternal. Pero yo vi un resplandor en su mirada, que me dijo que el anciano era tan combativo como el joven de rojos cabellos que tan vivamente le había lanzado un reto. De esa misma manera, tan extraña por cierto, me pareció ver repentinamente a la ancianidad misma como si fuera un disfraz. Las canas se habían convertido en una peluca blanca, empolvada como las del siglo XVIII, y la cara sonriente que había más abajo era la cara de Voltaire.

»El doctor Andrew Gleneyon Campbell era un verdadero filántropo; también lo era Voltaire. No siempre hay seguridad de si la filantropía significa amor por los hombres, o por un hombre, o por la humanidad. Existe una diferencia. Creo que a este médico le importaba menos el individuo que el público o la raza; de ahí, sin duda, su dulce excentricidad de defender un acto de ejecución privada. Pero de todas maneras, yo sabía que pertenecía a esa triste cadena de escépticos escoceses, desde Hume hasta Hoss o Robertson. Y, sean lo que sean, lo cierto es que son tercos y se atienen a un punto. Angus era también terco y, como ya he dicho, era devoto de la misma iglesia a que pertenecía el extinto James Haggis; es decir, uno de los sectarios extremos e irreductibles del puritanismo del siglo XVII. Y así, el ateo escocés y el calvinista escocés discutieron y discutieron, hasta que razas más flojas podrían haber supuesto que caerían muertos de fatiga. Pero no fue por un desacuerdo por lo que murió uno de los dos.

»Todas las ventajas estaban con el hombre más viejo y más culto, en su ataque. Hay que recordar que el más joven sólo tenía una versión algo estrecha y provinciana del credo que defendía. Como he dicho, no les fatigaré con los argumentos de uno y otro; confieso que me aburren. Sin duda el doctor Campbell dijo que los Diez Mandamientos no podían ser de origen divino, porque dos de ellos son mencionados por el virtuoso emperador Foo Chi, en la segunda dinastía, y uno es reproducido por Sinesio de Samotracia y atribuido al código de Licurgo, perdido ahora.

—¿Quién era Sinesio de Samotracia? —inquirió Gahagan con muestras de una curiosidad repentina y ansiosa.

—Fue un carácter mítico de la Edad Minoica, descubierto en el siglo xx —respondió Mr. Pond sin vacilaciones—. Lo he inventado en este momento, pero ya saben ustedes de qué hablo: el carácter mítico del monte Sinaí, demostrado con el mito paralelo de que el Arca descansó en el Ararat, y la montaña que no iba a Mahoma. Pero toda esa crítica textual afecta realmente a una religión fundada solamente en textos. Yo sabía cómo iba la lucha, y supe cuándo terminó. Lo supe cuando Robert Angus dejó de ir a misa los domingos.

El fin del debate puede ser objeto de una descripción más directa, porque, por cierto, Mr. Pond lo describió en forma muy directa, casi como si, inexplicablemente, hubiera estado presente, o todo lo hubiese presenciado en una visión. De todos modos, parece que el anfiteatro de operaciones de la escuela de medicina fue escenario de la fase final del desacuerdo y del acuerdo. Habían ido allí los dos, muy tarde, por la noche, cuando la escuela estaba cerrada y desierto el anfiteatro, porque Angus creía haber dejado algunos de sus instrumentos, que era menester guardar. No había en el lugar vacío más sonido que el eco de sus pisadas, y muy escasa luz, salvo la muy leve de la luna que penetraba por las hendiduras entre las cortinas de las ventanas. Angus había encontrado su instrumento operatorio y se volvía ya hacia la empinada escalera que subía por entre las filas semicirculares:

—Encontrará usted los hechos que le mencioné acerca de los himnos aztecas en el...

Angus arrojó el instrumento sobre la mesa como un hombre que arroja la espada, y se volvió a su compañero con un aire nuevo y transfigurado de franqueza y finalidad.

—No se preocupe usted más por los himnos. Ya puedo

decirle que, por mi parte, he terminado con ellos. Es usted demasiado fuerte para mí; o, más bien, la verdad es demasiado fuerte para mí. He defendido mi pesadilla de niño tanto como he podido, pero por fin me ha despertado usted. Tiene usted razón, debe tenerla; no veo forma de eludirlo.

Al cabo de un silencio, Campbell respondió muy suavemente:

—No pediré disculpas por haber combatido por la verdad, pero, hombre, ha luchado usted como bueno por la falsedad.

Bien podía parecer que el viejo blasfemo jamás había hablado sobre el tema en un tono tan delicado y respetuoso, y parecía extraño que este nuevo converso no respondiese a tal llamada. Al alzar la vista, Campbell vio que se había distraído abruptamente la atención de su nuevo converso; estaba mirando el instrumento que había vuelto a tomar en la mano: un bisturí quirúrgico hecho en forma extraña para fines especiales. Por fin dijo con voz ronca y casi inaudible:

—Un cuchillo de forma rara.

—Véase el informe sobre la muerte de James Haggis —dijo el anciano, con un benévolo asentimiento de cabeza—. Sí, ha adivinado usted, creo.

Y, después de una pausa, agregó con igual calma:

—Ahora que estamos de acuerdo, que pensamos lo mismo de la necesidad de esta cirugía social, tanto vale que sepa usted toda la verdad. Sí, hijo, yo fui quien lo hizo; y con una hoja como ésa. Aquella noche que me llevó usted a la iglesia...; bien, fue la primera vez, creo; jamás he sido hipócrita. Pero me quedé a rezar, y creo que tuvo usted esperanzas de que me convirtiera. Pero yo rezaba porque James rezaba; y cuando él se incorporó, yo le seguí y le maté en el cementerio.

Angus miraba todavía el bisturí en silencio; luego preguntó repentinamente:

—¿Por qué le mató usted?

—No hay necesidad de preguntarlo, ahora que estamos de acuerdo sobre la filosofía moral —respondió sencillamente el anciano—. No fue más que una operación quirúrgica. Tal como sacrificamos un dedo para salvar a todo el organismo, también debemos sacrificar un hombre para salvar el organismo político. Le maté porque hacía mal, porque impedía inhumanamente lo que era bueno para la humanidad: el proyecto de dar nuevas casas a los pobres. Y entiendo que, ahora que ha reflexionado, usted opina lo mismo.

Angus asintió ceñudamente.

Pregunta el proverbio: «¿Quién decide cuando los médicos no están de acuerdo?». Pero en aquel sombrío y siniestro teatro de la medicina los médicos estaban de acuerdo.

—Sí —dijo Angus—. Yo opino lo mismo. Además, he tenido la misma experiencia.

—¿Qué dice? —preguntó el otro.

—He tenido tratos diarios con un hombre de quien creía que no hacía más que mal. Todavía creo que usted hacía mal, aunque sirviera a la verdad. Me ha convencido de que mis creencias eran sueños, pero no de que soñar sea peor que despertar. Rompió usted brutalmente los sueños del humilde; se mofó de las débiles esperanzas del afligido. Me parece usted cruel e inhumano, tal como Mr. Haggis le parecía cruel e inhumano. Es usted un hombre bueno según su código, pero también lo era Mr. Haggis según el suyo. No fingía creer en la salvación por las buenas obras, tal como usted no ha fingido creer en los Diez Mandamientos. Él era bueno con los individuos, pero la multitud sufría; usted es bueno con la multitud, pero ha sufrido un individuo. Y, a fin de cuentas, también usted es sólo un individuo.

Algo en sus últimas palabras, pronunciadas con gran suavidad, hizo que el viejo doctor se irguiera de pronto y luego comenzara a caminar hacia atrás en busca de los peldaños. Angus saltó como un gato montés y le detuvo en su lugar con enorme violencia; hablaba todavía, pero ahora en su voz más alta.

—Día tras día he sentido el cosquilleo de matarlo y sólo me ha detenido la superstición que usted ha destruido esta noche.

Día tras día ha venido usted martilleando los escrúpulos, que eran lo único que le defendía de la muerte. ¡Gran pensador, prudente razonador, necio! Mejor le sería esta noche que yo creyera todavía en Dios, y en su mandamiento contra el asesinato.

El anciano se revolvió sin habla entre las manos que le ahogaban, pero era demasiado débil, y Angus le arrojó de un golpe contra la mesa de operaciones, donde quedó como desvanecido. En torno a ellos y por encima de ellos las filas vacías de asientos concéntricos resplandecían a la luz pobre y fría de la luna, tan desolados como el Coliseo bajo la luna; un anfiteatro desierto donde no había voz humana que gritara «*Habet!*». El asesino de rojos cabellos estaba con el bisturí levantado, de forma tan extraña como el cuchillo de pedernal de algún sacrificio histórico, y seguía hablando en el tono altísimo de la demencia.

—Sólo una cosa le protegía y conservaba la paz entre los dos: que estábamos en desacuerdo. Ahora estamos de acuerdo, ahora somos sólo uno en la idea... y en el hecho. Puedo hacer yo lo que haría usted. Puedo hacer lo que ha hecho usted. Quedamos en paz.

Y al pronunciar la última palabra asestó el golpe; Andrew Campbell se movió por última vez. En su templo frío, en su altar sin Dios..., se agitó y luego quedó quieto; y el asesino se agachó y huyó del edificio y de la ciudad y cruzó de noche la línea del Highland, a esconderse en las montañas.

Cuando Mr. Pond hubo narrado su historia, Gahagan se puso lentamente en pie hasta erguirse en toda su altura gigantesca, y sacudió el cigarro en el cenicero.

—Tengo la sombría sospecha, Mr. Pond —dijo—, de que no es usted tan irrelevante como parece. Quiero decir, no tan irrelevante ni siquiera con nuestra conversación inicial acerca de los asuntos europeos.

—Tweedledum y Tweedledee se pusieron de acuerdo... en librar batalla —dijo Mr. Pond—. Quedamos muy fácilmente satisfechos al decir que algunos pueblos como los polacos o los prusianos u otros extranjeros se han puesto de acuerdo. A menudo nos preguntamos en qué se han puesto de acuerdo. Pero el acuerdo puede ser algo arriesgado, a menos que sea un acuerdo con la verdad.

Wotton le miró con sospechas aún no apagadas. Finalmente, decidió, con un suspiro de alivio, que sólo se trataba de metafísica.

POR ASUNTOS DEL SERVICIO

Anton Chéjov

Un inspector judicial en funciones y un médico de distrito se dirigían a la aldea Syrnia a practicar una autopsia. Por el camino los atrapó una ventisca, anduvieron largo rato perdidos y no llegaron al lugar al mediodía, como querían, sino sólo al anochecer, cuando ya había oscurecido. Pararon a pasar la noche en la isba del zemstvo. Y allí mismo, en la isba del zemstvo, se hallaba por casualidad el propio cadáver, el cuerpo del agente local de seguros Lesnitski, un hombre que tres días antes se presentó en Syrnia y, después de instalarse en la isba del zemstvo y de pedir un samovar, se pegó un tiro del modo más inesperado para todos. Y la circunstancia de que hubiera acabado con su vida de manera tan extraña, tomando un té con el samovar y los platos bien dispuestos sobre la mesa, dio motivo a que muchos sospecharan que se trataba de un asesinato. De modo que se impuso hacer la autopsia.

El doctor y el inspector se sacudían en el zaguán la nieve golpeando con los pies el suelo, y a su lado se encontraba un viejo, el guardia rural Iliá Loshadin, que les daba luz con un candil de hojalata. Olía fuertemente a queroseno.

—¿Quién eres? —preguntó el doctor.

—El *gardia* —contestó el guardia.

Hasta en el correo firmaba así: *gardia*.

—¿Y los testigos?

—Habrán ido a tomar té, excelencia.

A la derecha se encontraba una habitación limpia, la de los «visitantes», de los señores; a la izquierda, la del servicio, con una gran estufa y techo bajo. El médico y el inspector y, tras ellos, el guardia levantando el candil por encima de la cabeza, entraron en el cuarto limpio. Allí, en el suelo, junto a las patas de la mesa, yacía inmóvil un cuerpo largo cubierto de un lienzo blanco. A la luz débil del candil, además del manto blanco, se veían con claridad los chanclos de goma nuevos, y todo tenía un aspecto desagradable, pavoroso: las paredes oscuras, el silencio, esos chanclos y la inmovilidad del cuerpo muerto. En la mesa se hallaba el samovar, hacía tiempo frío, y en torno a él, unos paquetes, al parecer los platos.

—Qué falta de tacto, pegarse un tiro en la isba del zemstvo —dijo el doctor—. Si te entran ganas de pegarte un tiro en la cabeza, hazlo en tu casa, en algún rincón.

El médico tal como iba, con el gorro, el abrigo de piel y las botas de fieltro, se dejó caer sobre un banco. Su acompañante, el inspector, se sentó enfrente.

—Estos histéricos y neurasténicos son unos grandes egoístas —prosiguió el doctor en tono amargo—. Cuando un neurasténico duerme con usted en la misma habitación, no para de hacer ruido con el periódico, y, si come con usted, le organiza una escena a su mujer sin importarle que esté usted presente, y, cuando se le ocurre pegarse un tiro, ya ve, lo hace en un pueblo perdido, en la isba del zemstvo, para causarle a todo el mundo el mayor número de quebraderos de cabeza. Estos señores, sean las que sean las circunstancias, sólo piensan en sí mismos. ¡Sólo en sí mismos! Por eso a los viejos les gusta tan poco este nuestro «siglo nervioso».

—La de cosas que no les gustan a los viejos —dijo el inspector con un bostezo—. Pero pregúnteles a los viejos qué diferencia hay entre los suicidios de antes y los de ahora. Antes, una persona lo que se llama decente se mataba porque se había gastado el dinero público; los de ahora en cambio lo hacen porque están hartos de la vida, o por angustia... ¿Qué es mejor?

—Uno puede estar harto de la vida, o angustiado, pero estará usted de acuerdo conmigo en que podía haberse suicidado en algún otro lugar y no en esta isba.

—Esto es lo malo —intervino el guardia rural—. Así es por desgracia: un auténtico castigo. La gente anda muy preocupada, excelencia, ya es la tercera noche que no duermen. Los niños lloran. Hay que ordeñar las vacas, pero las mujeres no van al establo, tienen miedo... No sea que a oscuras se les aparezca el señor difunto. Son tontas, claro, pero sucede que hasta los hombres están espantados. En cuanto cae la noche, junto a la isba no pasa ni un alma, o si no, van en rebaño. Los testigos lo mismo...

El doctor Stárchenko, un hombre de mediana edad, con barba negra y gafas, y el inspector Lýzhin, un individuo rubio y aún joven, que había terminado sus estudios hacía solo dos años, más parecido a un estudiante que a un funcionario, estaban sentados los dos en silencio. Se sentían contrariados por haber llegado tarde. Ahora debían esperar a la mañana, pasar allí la noche, y más cuando eran sólo las cinco pasadas; les esperaba una larga tarde y una aún más larga y oscura noche, horas de aburrimiento, incómodas camas, cucarachas y frío al amanecer. Y mientras escuchaban el aullido de la ventisca, que zumbaba en la chimenea y en el desván, los dos pensaban en lo poco que se parecía todo aquello a la vida que querían para sí y en la que tanto habían soñado, y qué lejos se hallaban ellos de sus compañeros, que ahora se paseaban por las calles iluminadas de la ciudad sin darse cuenta del mal tiempo, o se disponían a ir al teatro, o se encontraban en sus despachos leyendo un libro. ¡Oh, cuánto darían en aquel instante por sólo un paseo por la avenida Nevski, o por la Petrovka en Moscú, por escuchar una buena canción o pasarse un par de horitas en un restaurante...!

«¡U-u-u-u!», cantaba la ventisca en el desván, y fuera algo daba golpes con rabia; sería el letrero colgado en la isba: «¡U-u-u-u!».

—Usted mismo, pero yo no tengo intención de quedarme aquí —dijo Stárchenko, poniéndose en pie—. Aún no son las seis, es pronto para irse a dormir. Me voy a cualquier parte. No lejos de aquí vive Van Taunitz, a no más de tres verstas de Syrnia. Iré a verle y pasaré allí la tarde. ¡Guardia! Ve y dile al cochero que no desenganche. Y usted, ¿qué? —le preguntó a Lýzhin.

—Pues no sé, puede que me vaya a dormir.

El doctor se envolvió en su abrigo de piel y salió. Se oyó cómo hablaba con el cochero, cómo temblaban sobre los ateridos caballos los cascabeles. Y se marchó.

—No es bueno, señorito, que te quedes aquí a dormir —dijo el guardia—. Ve al otro cuarto. Allí no está limpio, pero por una noche no pasa nada. Ahora le pido el samovar a un muzhik, te lo preparo, y luego, pues eso, te traigo paja y a dormir, excelencia, como está mandado.

Al cabo de un rato, el inspector se hallaba sentado en el cuarto de servicio y tomaba té, mientras el guardia Loshadin se mantenía junto a la puerta y hablaba. Era un anciano con más de sesenta años, bajo de estatura, muy delgado, encorvado, blanco, con una sonrisa ingenua en el rostro y los ojos llorosos, y no paraba de chasquear la boca como si chupara un caramelo. Llevaba un abrigo corto y botas de fieltro, y no soltaba de la mano un bastón. Al parecer la juventud del inspector suscitaba en él cierta lástima y tal vez por eso le hablaba de «tú».

—El jefe Fiódor Makárych me ha mandado que en cuanto llegue el policía o el inspector que se le informara —decía—. O sea que, pues eso, que he de ir… Hasta la oficina hay cuatro verstas, la borrasca lo habrá cubierto todo de nieve hasta Dios sabe dónde; de modo que no me llegaré hasta allí antes de la medianoche. Y cómo sopla…

—Tu jefe no me hace ninguna falta —dijo Lýzhin—. Aquí no tiene nada que hacer.

El inspector, que miraba con curiosidad al viejo, le preguntó:

—¿Y tú, abuelo, cuántos años llevas de guardia?

—¿Cuántos? Pues ya serán treinta. Después de llegar la libertad, al cabo de cinco años me metí en eso, de modo que tú haz la cuenta. Desde entonces que sirvo cada día. La gente está de fiesta, y yo en cambio de servicio. Para los demás llega la Semana Santa, repican las campanas, Cristo ha resucitado, y yo, ya ves, siempre con mi bolso. De un lado a otro, que si a la Administración, que si al correo, o a ver al jefe a su casa, al jefe del zemstvo, al oficial de los tributos, al cuartelillo, a ver a los señores, a los muzhiks, a todo cristiano. Llevo paquetes, notificaciones, hojas de cuentas, cartas, impresos de todo tipo, documentos... Y, pues eso, muy señor mío, excelencia, ahora circulan unos impresos para apuntar las cifras, amarillos, blancos, rojos, y todo ser vivo, sea señor, campesino o muzhik rico, todos sin falta han de apuntar diez veces al año cuánta avena ó cuánto centeno tienen sembrado, cuántos cuartos o puds de avena, cuánto centeno o heno, y cuál es el tiempo que hace y qué insectos hay... Uno puede escribir lo que quiera, claro, el papel es el mismo, pero lo que es a mí, a mí me toca repartirlos y luego, o sea, recogerlos. Aquí lo tiene, por ejemplo, ¿qué falta hace destripar al señor este? El asunto está más claro que el agua, lo único que vas a conseguir es ensuciarte las manos... Y hasta tú, excelencia, has hecho el esfuerzo de venir, pues porque están las formas, y no hay nada que hacer. Treinta años que llevo asuntos. En verano todavía, que hace calor, no llueve, pero en invierno o en otoño resulta molesto. Y me ha llegado a suceder que me he helado de frío o me he caído al agua, que de todo ha habido. Hasta intentaron quitarme la bolsa en el bosque, me han dado palizas, me han juzgado incluso...

—¿Por qué te juzgaron?

—Por estafa.

—¿Cómo por estafa?

—Pues porque el escribiente Jrisanf Grigóriev le vendió al capataz unos tablones que no eran suyos, lo engañó, o sea. Yo estuve en el asunto, me mandaron a por vodka a la taberna. Aunque el escribiente no repartió conmigo, ni un vaso me ofreció; pero como yo, por lo pobre que soy, no era persona de fiar y sin entidad, nos juzgaron a los dos. A él al penal lo mandaron, y a mí, a Dios gracias, me absolvieron con todas las de la ley. En el tribunal leyeron un papel que lo decía. Todos con sus uniformes. Me refiero al tribunal. Escucha lo que te digo, excelencia, nuestro oficio, para quien no lo conoce, Dios no lo quiera, es un martirio, en cambio yo como si tal cosa. De modo que cuando no andas hasta te duelen los pies. Pero servir bajo techo es aún peor. Si estás en la oficina: que si enciéndele la estufa al escribiente, o llévale al escribiente agua, o límpiale al escribiente las botas.

—¿Y cuánto te pagan? —preguntó Lýzhin.

—Ochenta y cuatro rublos al año.

—Pero algo más caerá. ¿O no?

—¿De dónde? Con los señores de hoy, es muy raro que te den propina. Ahora los señores son gente severa, a la primera se te ofenden. Les llevas un papel y se ofenden; te quitas el gorro y también se ofenden. Que no has de entrar por esta puerta, te dicen; que eres un borracho, que hiedes a cebolla, cretino, dicen, hijo de perra. Los hay buenos, claro, pero de esos ¿qué vas a sacar? Solo burlas y distintos motes. Por ejemplo, el señorito Altujin. Dijérase que es buena gente, y si lo miras, parece en sus cabales, en cambio en cuanto te ve se pone a gritar sin saber ni él mismo lo que dice. Hasta me ha puesto un mote. Tú eres...

Y el guardia pronunció una palabra, pero tan bajo que no se le entendía.

—¿Qué? —preguntó Lýzhin—. Repite.

—¡La Administración! —repitió en voz alta el guardia—. Ya hace tiempo que me llama así, hará unos seis años. ¡Mis saludos a la Administración! Pero yo como si nada, que Dios lo perdone. Sucede que alguna señora se digna sacarte un vasito de vodka y un pedazo de torta; y te lo bebes a su salud. Pero quienes más dan son los muzhiks; los muzhiks tienen más caridad y temor de Dios: unos te ofrecen pan; otros, un poco de sopa, y algunos, hasta un vasito. Los stárostas te ofrecen un té en la taberna. O ahora, que los testigos se han ido a tomar algo. «Loshadin —me dicen— quédate aquí por nosotros y vigila», y me han dado un céntimo cada uno. En cambio ayer me dieron una de cinco y me ofrecieron un vaso.

—¿Y tú qué, no tienes miedo?

—¿Cómo no voy a tenerlo? Pero es mi trabajo, es el servicio y no hay modo de escaparse. Este verano llevaba a un preso a la ciudad, y él va y me suelta un mamporro. ¡Uno! ¡Otro! ¡Y otro! Alrededor solo el campo y el bosque, ¿dónde te metes? Pues eso, como esto de aquí. Al señorito, a Lesnitski, lo recuerdo así de crío; conocí a su padre y a su madre, la pobre. Yo soy de la aldea Nedoschótovo, y ellos, los señores Lesnitski, vivían a no más de una versta de nosotros, o menos aún, linde con linde. Pues resulta que el señorito Lesnitski tenía una hermana doncella, temerosa de Dios y misericordiosa. Que Dios te tenga en la gloria, Yulia, esclava del Señor. No se casó y cuando se fue a morir repartió todos sus bienes: cien desiatinas para el monasterio, y a nosotros, la comunidad de campesinos de la aldea de Nedoschótovo, para que recemos por su alma, otras doscientas; pero resulta que su hermano, el señorito, escondió el papel, como dicen, y lo quemó en la estufa, así que se quedó con todas las tierras. Pensó, o sea, en su solo provecho; pues no, espérate que en este mundo no podrás vivir, hermano, en la mentira. Luego el señorito no fue a la iglesia en unos veinte años, lo rebotaba, o sea, del templo, así que murió sin arrepentirse y reventó. Gordísimo como era, reventó de veras por las costuras. Luego al joven señorito, a Seriozha, o sea, se lo quitaron todo por las deudas, todo cuanto tenía. Tampoco en las ciencias fue lejos, nada le salía, así que el presidente de la oficina del zemstvo, que era su tío, se dijo «me llevaré a Seriozha conmigo de agente; que haga seguros, que no es cosa complicada». El señorito, que era joven y orgulloso, quería, claro, mostrarse cuanto más ancho mejor, lo más aparente y poderoso; o sea que lo humillaba recorrerse en su carro toda la comarca y tratar con los muzhiks; el hombre no apartaba la vista de la tierra. La mira y calla; de modo que lo llamas mismamente al oído: «¡Serguéi Sergueich!», y él que se queda mirando así: «¿Eh?», y vuelta a mirar a la tierra. Y ahora, ya ves, se ha dado muerte. No está bien, excelencia, y no es correcto eso de... Y es que no se entiende qué ocurre en este mundo, Dios misericordioso. Que tu padre era rico y tú eres pobre, no es cosa de tu gusto, claro, pero ¿qué se le va hacer? No hay más remedio que hacerse a la idea. Yo también vivía bien; tenía yo, excelencia, dos caballos, tres vacas, y ovejas unas veinte tenía; pero llegó el día en que me quedé solo con la bolsa y ni ésta era mía, sino del servicio, de modo que hoy en día mi casa quizá sea de las peores de nuestro Nedoschótovo. Nikolái tenía cuatro lacayos y ahora es lacayo Nikolái. Tenía Ilarión cuatro peones y ahora es peón el mismo Ilarión.

—¿Y cómo lo perdiste todo? —preguntó el inspector.

—Mis hijos, que beben el vodka a calderos. Beben de tal modo y manera que es imposible contarlo; no te lo creerías.

Lýzhin escuchaba y pensaba que mientras él, Lýzhin, tarde o temprano regresaría a Moscú, ese viejo se quedaría allí para siempre yendo todo el día de un lado a otro. Y cuánta más gente como ésa tendría que encontrarse en su vida, hombres hechos un guiñapo, sin peinar en siglos, esos viejos «sin entidad» en los que de algún modo se fundían fuertemente la moneda de cinco kopeks, el vaso de vodka y la profunda convicción de que en este mundo no se puede vivir en la mentira. Después se cansó de escuchar y mandó al viejo que le trajera el heno para la cama. En la otra habitación había una cama de hierro con almohada y manta, y se la podía traer de allí, pero el muerto había pasado junto a ella casi tres días (y hasta a lo mejor se había sentado en ella antes de morir), y ahora resultaría desagradable dormir en ella...

«No son más que las siete y media —pensó Lýzhin mirando el reloj—. ¡Qué horrible es todo esto!»

No tenía sueño, pero, como no tenía nada que hacer, se

acostó y se cubrió con la capa, para acortar el tiempo de algún modo. Loshadin, que recogía la vajilla, entró y salió varias veces entre chasquidos y suspiros, sin parar de remolonear junto a la mesa, pero al fin recogió el candil y salió. Y, mirando por detrás sus largos cabellos canosos y su cuerpo encorvado, Lýzhin pensó: «Igual que un brujo en la ópera».

Todo quedó a oscuras. Al parecer, la luna se escondía tras las nubes, pues se veían con claridad las ventanas y la nieve en los marcos.

—¡U-u-u-u! —cantaba la ventisca—. ¡U-u-u-u!

—¡Madre mía! —aulló una mujer en el desván, o así se lo pareció—. ¡Madre de mi vida!

—¡Pum! —golpeó algo fuera—. ¡Traj!

El inspector prestó oídos: no había ninguna mujer, era el viento que aullaba. Hacía fresco, se echó encima de la capa el abrigo de piel. Mientras entraba en calor, pensaba en hasta qué punto todo aquello —tanto la ventisca y la isba, como el viejo y el cadáver que yacía en el cuarto vecino—, estaba lejos de la vida que él deseaba llevar, y cuán ajeno le resultaba, cuán nimio y falto de interés. Si aquel hombre se hubiera matado en algún lugar cercano a Moscú y a él le hubiera tocado llevar la investigación, allí todo eso sería interesante, importante, y hasta, quizá, le daría miedo dormir junto a un cadáver. En cambio aquí, a mil verstas de Moscú, la situación parecía iluminarse de un modo distinto; todo aquello no era vida, ni aquella gente eran personas, sino algo existente sólo «por las formas», como decía Loshadin; todo aquello no dejaría en su memoria ni el más pequeño recuerdo y se hundiría en el olvido en cuanto él, Lýzhin, abandonase Syrnia. El país, la verdadera Rusia, era Moscú o Petersburgo; aquello, en cambio, era la provincia, las colonias. Y cuando sueñas en desempeñar algún papel, en ser popular, ser, por ejemplo, inspector para asuntos de especial importancia o fiscal de un juzgado de distrito, ser un personaje de la alta sociedad, piensas sin falta en Moscú. Si uno ha de vivir en alguna parte, ha de ser en Moscú, porque aquí no tienes ganas de nada, te conformas con facilidad con tu papel sin importancia y sólo esperas una cosa de la vida: irte de aquí cuanto antes, salir de aquí. Y Lýzhin recorría mentalmente las calles de Moscú, entraba en las casas conocidas, visitaba a los familiares, a los compañeros, y el corazón se le encogía de placer ante la idea de que tenía veintiséis años y de que, si lograba escapar de aquí e iba a parar a Moscú dentro de cinco o de diez años, tampoco entonces sería demasiado tarde y aún le quedaría toda una vida por delante. Y, sumergiéndose en el sueño, se imaginaba los largos pasillos de la Audiencia de Moscú, a sí mismo pronunciando un discurso, a sus hermanas y una orquesta que no se sabe por qué zumbaba:

—¡U-u-u-u!

—¡Pum! ¡Traj! —retumbó de nuevo—. ¡Pum!

De pronto recordó que una vez en la oficina del zemstvo, mientras hablaba con el contable, se había acercado al mostrador cierto señor de ojos oscuros, cabello negro, delgado y pálido; tenía una expresión desagradable en los ojos, como la que muestran las personas que han dormido mucho después de comer; y aquella mirada echaba a perder su perfil delicado e inteligente; y las altas botas que llevaba tampoco le iban y parecían vulgares. El contable lo presentó: «... y este es nuestro agente del zemstvo».

«Pero si era Lesnitski, el mismo que...», se le ocurrió entonces.

Recordó la voz callada de Lesnitski, se imaginó su manera de andar, y le pareció que alguien andaba por ahí, con los mismos andares de Lesnitski.

De pronto tuvo miedo y se le heló la cabeza.

—¿Quién anda ahí? —preguntó alarmado.

—El *gardia*.

—¿Qué quieres?

—Quisiera, excelencia, pedirle su permiso. Antes me ha dicho que el jefe no hacía falta, pero el caso es que temo que se enoje. Él me mandó que fuera a por él. ¿Voy, o qué?

—¡Déjame en paz! Molestas... —soltó enojado Lýzhin, y se tapó de nuevo.

—No vaya ser que se enfade... Iré, excelencia, que a usted le vaya bien.

Loshadin salió. En el zaguán sonaron unas toses y voces apagadas. Al parecer habían regresado los testigos.

«Mañana soltaremos cuanto antes a estos desgraciados... —pensaba el inspector—. Empezaremos la autopsia en cuanto amanezca.»

Empezaba a adormilarse, cuando de pronto sonaron de nuevo unos pasos, pero no tímidos sino rápidos y ruidosos. Resonó la puerta, unas voces y el chasquido de una cerilla...

—¿Duerme usted? ¿Está dormido...? —preguntaba con voz enojada y apremiante el doctor Stárchenko, encendiendo una cerilla tras otra; estaba todo cubierto de nieve y desprendía un aire frío—. ¿Duerme usted? Levántese, vamos a casa de Von Taunitz. Le ha mandado sus caballos. Vamos, allí al menos cenará y dormirá como una persona. Ya lo ve, he venido yo mismo a buscarle. Los caballos son magníficos, en veinte minutos nos plantamos allí.

—Pero ¿qué hora es?

—Las diez y cuarto.

Lýzhin, soñoliento, disgustado, se puso las botas de fieltro, el abrigo y el capote, y salió con el doctor al exterior. Ya no helaba, pero soplaba un viento fuerte y penetrante que levantaba por la calle nubes de nieve que parecían correr presas de horror; junto a las vallas y en los porches se levantaban grandes montones de nieve. El doctor y el inspector se sentaron en el trineo y el blanco cochero se volvió hacia ellos para cerrar la cubierta. Los dos tenían calor.

—¡En marcha!

Atravesaron la aldea. «Rasgando del terciopelo el manto...», pensó cansino el inspector, viendo cómo el caballo guía trabajaba con las patas. En todas las isbas había luz, igual que en vísperas de una gran fiesta; eran los campesinos que no dormían, les asustaba el difunto. El cochero callaba hosco; tal vez se había cansado de esperar junto a la isba del zemstvo, y ahora también pensara en el difunto.

—Pues los Taunitz —dijo Stárchenko—, cuando se enteraron de que se había quedado usted a pasar la noche en la isba, se me echaron todos encima, que por qué no me lo había llevado conmigo.

Al salir de la aldea, en una curva, el cochero rugió de pronto a voz en grito:

—¡Fuera del camino!

Apareció por un instante un hombre. Se encontraba con la nieve por las rodillas, fuera del camino, y miraba la troika. El inspector vio el ganchudo cayado, la barba y una bolsa colgada en un costado; le pareció que se trataba de Loshadin y hasta creyó ver que este sonreía. El hombre apareció un instante y desapareció.

Al principio el camino seguía el linde del bosque, luego, una franja forestal. Pasaban raudos viejos pinos, manchas de abedules jóvenes y encinas, altas y nudosas, que se alzaban solitarias en los claros donde no hacía mucho se había talado el bosque; pero pronto todo se arremolinó en el aire entre nubes de nieve. El cochero decía ver el bosque, el inspector en cambio no veía nada más que el caballo guía. El viento soplaba por la espalda.

—¿Y ahora qué pasa? —preguntó enfadado Stárchenko.

El cochero descendió en silencio y se puso a correr alrededor del trineo pisando con los talones. Dibujaba círculos cada vez más grandes alejándose cada vez más del trineo, y se diría que bailara. Finalmente regresó y giró el trineo hacia la derecha.

—¿Qué, has perdido el camino, o qué?

—No pasa na-a-ada...

Asomó una aldehuela sin una sola luz. De nuevo, el bosque, campos, otra vez extraviaron el camino y el cochero volvió a bajar del pescante y se puso a bailar. La troika se lanzó por una oscura avenida, se deslizó veloz, y el fogoso caballo guía coceaba la parte anterior del trineo. Aquí los árboles zumbaban con un bramido sordo, terrorífico. No se veía nada, como si se hubieran metido en la boca de un lobo y se precipitaran en un abismo, cuando de pronto les cegó la luz brillante del porche y las ventanas de una casa, resonaron acogedores y cantarines unos ladridos, voces... Habían llegado.

Mientras abajo en el recibidor se quitaban los abrigos y las botas, arriba tocaban al piano «Un petit verre de Cliquot», y se oía cómo los niños zapateaban. A los recién llegados los envolvió enseguida el calor y el olor de los viejos aposentos señoriales, donde, haga fuera el tiempo que haga, se vive en un ambiente cálido, limpio y cómodo.

—Esto sí que es fantástico —decía Von Taunitz, un gordinflón con un cuello increíblemente ancho y con patillas, mientras estrechaba la mano del inspector—. Perfecto. Sea usted bienvenido; es un placer conocerle. Por lo demás somos un poco colegas. En un tiempo fui ayudante del fiscal, pero poco tiempo, sólo dos años. Vine a estas tierras y aquí me he hecho viejo. Un viejo carcamal, en una palabra. Pase, pase —proseguía, al parecer conteniendo la voz para no hablar alto; los invitados y el dueño subían a los aposentos—. No tengo esposa, falleció, y éstas, le presento, son mis hijas. —Y dándose la vuelta gritó hacia abajo con voz de trueno—: ¡Decidle a Ignat que mañana esté listo a las ocho!

En la sala se encontraban sus cuatro hijas, unas muchachas jóvenes de buen ver, todas con traje gris y peinadas igual, y también su prima con sus hijos, asimismo joven e interesante. Stárchenko, que las conocía, se puso a rogarles al punto que cantaran algo, y dos de las señoritas le aseguraron largo rato que no sabían cantar y que no tenían las partituras; pero luego la prima se sentó al piano y las chicas cantaron con voces temblorosas un dueto de *La dama de picas*. De nuevo tocaron «Un petit verre de Cliquot» y los niños se pusieron a saltar, marcando el ritmo con los pies. También Stárchenko se puso a saltar. Todos reían a carcajadas.

Después los niños se despidieron para irse a dormir. El inspector se reía, bailaba cuadrillas, galanteaba a las jóvenes, y entretanto pensaba: «¿No será esto un sueño?». El cuarto de servicio de la isba del zemstvo, el montón de heno en un rincón, el susurro de las cucarachas, el repugnante y mísero ambiente, las voces de los testigos, el viento, la ventisca, el peligro de extraviarse en el camino, y de pronto estas espléndidas habitaciones iluminadas, los sonidos del piano, las hermosas muchachas, los niños de cabello rizado, las risas alegres y felices. Este trastrueque le parecía mágico y hasta le resultaba increíble que a unas tres verstas de camino, a una hora, fuera posible un cambio como aquél. Los pensamientos tristes le impedían disfrutar del ambiente alegre y no se sacaba de la cabeza la idea de que todo aquello que le rodeaba no era la vida, sino retazos, fragmentos de vida, de que todo aquí era casual, de que no se podía sacar ninguna conclusión, y hasta le daban lástima aquellas muchachas que vivían y acabarían sus días aquí, en este perdido lugar, en provincias, lejos de los ambientes cultos, donde no hay nada casual, donde todo tiene sentido y responde a algo y donde, por ejemplo, cualquier suicidio es comprensible, y se puede explicar por qué se ha producido y qué sentido tiene en el devenir general de la vida. El inspector suponía que si la vida de aquel lugar perdido le resultaba incomprensible y si no la veía, eso quería decir sencillamente que no existía.

Tras la cena se habló de Lesnitski.

—Ha dejado mujer y un niño —decía Stárchenko—. A los neurasténicos y en general a las personas que no tienen en orden su sistema nervioso, yo les prohibiría casarse, les retiraría este derecho y la posibilidad de procrear gente como ellos. Traer al mundo niños enfermos de los nervios es un crimen…

—Era un joven desgraciado —comentaba Von Taunitz, entre callados suspiros y meneando la cabeza—. ¡Cuánto hay que cavilar antes, cuánto hay que sufrir para al fin tomar la decisión de quitarse la vida! Una vida joven. En cualquier familia puede producirse una desgracia como ésta, y es horrible. Es algo difícil de soportar, imposible...

Todas las muchachas escuchaban en silencio, con caras serias, mirando a su padre. Lýzhin notaba que también él debía añadir algo al respecto, pero no se le ocurría nada y solo dijo:

—Sí, los suicidios son un fenómeno poco deseable.

Durmió en una habitación bien caldeada, en cama blanda, cubierto por una manta, bajo sábana limpia y delicada, pero por alguna razón no se sentía cómodo. Tal vez porque en la habitación de al lado el doctor y Von Taunitz siguieron charlando largo rato, y arriba, sobre el techo y en la estufa, la ventisca silbaba igual que en la isba y aullaba con el mismo tono lastimero.

—¡U-u-u-u!

A Taunitz se le había muerto hacía dos años la esposa, y hasta entonces no se había hecho a la idea y, hablara de lo que hablase, siempre recordaba a su mujer. Ya no quedaba en él nada que recordara al fiscal que había sido.

«¿Será posible que algún día yo llegue a este estado?», pensaba Lýzhin, mientras se sumergía en el sueño y escuchaba cómo resonaba tras la pared la voz contenida de Von Taunitz, similar a la de un huérfano.

El inspector pasó una noche intranquila. Hacía calor, se sentía incómodo y en sueños le parecía que no estaba en casa de Taunitz ni en una cama limpia y blanda, sino aún en la isba del zemstvo sobre el heno, y que escuchaba cómo los testigos hablaban a media voz; tenía la sensación de que Lesnitski se hallaba cerca, a quince pasos. De nuevo recordó en sueños que el agente del zemstvo, un hombre de pelo negro y cara pálida, con unas botas altas cubiertas de polvo, se acercaba al mostrador del contable. «Es nuestro agente...» Luego vio en sueños que Lesnitski y el guardia Loshadin avanzaban por el campo sobre la nieve, el uno junto al otro, sosteniéndose el uno al otro: la ventisca los envolvía, el viento soplaba a su espalda y ambos avanzaban cantando:

Y vamos, vamos, vamos...

El viejo se parecía a un brujo sacado de una ópera, y, en efecto, ambos cantaban como si lo hicieran en un teatro:

Y vamos, vamos, vamos... Mientras vosotros estáis calentitos, con buena luz y en asientos mullidos, nosotros en cambio nos perdemos en la ventisca, helados de frío y hundidos en la nieve... No conocemos lo que es el descanso, ni la alegría... Llevamos sobre nuestras espaldas todo el peso de esta vida, de la nuestra y la vuestra. ¡U-u-u! Y vamos, vamos, vamos...

Lýzhin despertó y se sentó en la cama. ¡Qué sueño más turbio y desagradable! ¿Por qué el agente y el guardia aparecían juntos en el sueño? ¡Qué absurdo! Pero en aquel momento, mientras le palpitaba con fuerza el corazón, sentado en la cama y agarrándose la cabeza con ambas manos, a Lýzhin le pareció que entre el agente de seguros y el guardia había, en efecto, algo en común. ¿O no van por la vida el uno junto al otro, apoyándose el uno en el otro? Cierto lazo de unión, invisible, pero significativo y necesario, existía entre ambos, incluso entre ellos y Taunitz, y entre todos, todos. En esta vida, incluso en un rincón perdido como éste, no hay nada casual, todo se inscribe en una idea común, todos tenemos un alma, un objetivo, y para comprender esto no basta con pensar, no basta con reflexionar, hace falta poseer, quizá, el don de ahondar en la vida, un don que, al parecer, no le es dado a todos. Y este desdichado que se ha quedado a medio camino, este suicida «neurasténico», como lo había llamado el doctor, al igual que el viejo muzhik que se pasaba la vida yendo todos los días de una persona a otra, todos ellos son individuos casuales, fragmentos de la vida para aquel que también considere su vida un hecho casual, pero también son partes de un solo organismo, maravilloso y sabio, para aquel que considere también su vida como una parte de este todo común y que comprenda este hecho. Así pensaba Lýzhin, y era una vieja idea oculta suya, pero sólo ahora se desplegó en su conciencia con toda amplitud y claridad.

Se acostó y comenzaba a adormilarse, cuando de pronto vio de nuevo a aquellos hombres que avanzaban juntos y cantaban:

Y vamos, vamos, vamos... Y tomamos de la vida lo más pesado y amargo de ella, y a vosotros os queda lo llevadero y alegre, y vosotros podéis, mientras cenáis, reflexionar de manera serena y sensata por qué razón nosotros sufrimos y perecemos y por qué no estamos tan sanos y satisfechos como vosotros.

Aquello que cantaban era algo que ya se le había ocurrido antes; pero esta idea parecía alojarse detrás de otras y se asomaba tímida como una luz lejana en un día de niebla. Y el inspector sentía que tanto el suicidio como la desdicha de los muzhiks pesaban también sobre su conciencia, pues aceptar la idea de que esa gente, resignada a su suerte, cargara sobre sus espaldas lo más pesado y oscuro de la vida resultaba horroroso. Aceptar ese hecho y en cambio desear para uno mismo una vida luminosa y bullanguera entre personas felices y satisfechas, y soñar constantemente con esta vida, significaba aceptar nuevos suicidios de personas agobiadas por el trabajo y los quehaceres, o de personas débiles y abandonadas, de las que sólo se habla a veces en las cenas, con enojo o con ironía, pero a las que nunca se socorre... Y de nuevo:

—Vamos, vamos, vamos...

Como si alguien le golpeara con un martillo en las sienes.

Por la mañana se levantó temprano, con dolor de cabeza, despertado por el ruido. En la habitación contigua Von Taunitz le decía en voz alta al doctor:

—Es imposible que se vayan ahora. Mire lo que pasa afuera. Y no discuta conmigo, mejor le pregunta al cochero: verá cómo no lo lleva ni por un millón.

—Pero si solo son tres verstas —decía el doctor con voz implorante.

—Aunque fuera media. Si no se puede, no se puede. En cuanto se asomen al portón, verán que es un infierno de mil demonios y al minuto se extraviarán. Por nada en el mundo los dejaría marchar. Ya puede usted decir lo que quiera.

—Puede que a la noche amaine —dijo un muzhik que encendía la estufa.

Y en la habitación vecina el doctor se puso a hablar sobre el clima riguroso, que tanto influye en el carácter del ruso, sobre los largos inviernos que, al constreñir la libertad de movimiento, detienen por lo mismo el desarrollo mental. Y Lýzhin escuchaba contrariado aquellos razonamientos, miraba por la ventana los montones de nieve que cubrían la valla, observaba el polvo blanco que inundaba todo el espacio visible, los árboles que se doblaban desesperados a izquierda y derecha, escuchaba el aullido y los golpes y pensaba sombrío: «Pero ¿qué moral se puede sacar de todo esto? Hay ventisca y eso es todo...».

Desayunaron al mediodía, luego vagaron por la casa sin objeto alguno, acercándose a las ventanas.

«Mientras tanto Lesnitski, de cuerpo presente —pensaba Lýzhin, observando el vendaval que se arremolinaba furioso sobre los montones de nieve—. Lesnitski allí, los testigos esperando...»

Hablaron del tiempo, de que las ventiscas acostumbran a durar dos días, rara vez más. A las seis comieron, luego jugaron a las cartas, cantaron, bailaron, finalmente cenaron. Pasó el día y se fueron a dormir.

Hacia el amanecer, todo se calmó. Cuando se levantaron y miraron por las ventanas, los desnudos sauces con sus débiles ramas caídas se hallaban completamente inmóviles, el cielo estaba nublado, reinaba la calma, como si ahora la naturaleza se avergonzara de sus desmanes, de aquellas noches locas y de haber dado rienda suelta a sus pasiones. Los caballos enganchados en fila esperaban junto al porche desde las cinco. Cuando amaneció del todo, el doctor y el inspector se enfundaron los abrigos de piel y las botas de fieltro y, tras despedirse del dueño de la casa, salieron a la calle.

En el porche, junto al cochero se hallaba el conocido guardia Iliá Loshadin, sin gorro, con su vieja bolsa de cuero echada al hombro, cubierto de nieve, y con la cara, roja, mojada de sudor. El criado que salió para acomodar a los huéspedes y taparles las piernas lo miró con expresión severa y dijo:

—¿Qué haces aquí pasmado, viejo del demonio? Largo de aquí.

—Excelencia, la gente está intranquila… —empezó a hablar Loshadin, con una sonrisa ingenua que se le extendía por toda la cara, al parecer satisfecho de ver a quienes había esperado durante tanto tiempo—. La gente anda muy intranquila, los críos lloran… Nos pensamos, excelencia, que se habían vuelto a la ciudad. Dígnense por el Altísimo, buenos señores…

El doctor y el inspector no dijeron nada, subieron al trineo y se dirigieron a Syrnia.

Francisco de Quevedo

Letrilla satírica

Pues amarga la verdad,
quiero echarla de la boca;
y si a l'alma su hiel toca,
esconderla es necedad.
Sépase, pues libertad
ha engendrado en mi pereza
la pobreza.

¿Quién hace al tuerto galán
y prudente al sin consejo?
¿Quién al avariento viejo
le sirve de río Jordán?
¿Quién hace de piedras pan,
sin ser el Dios verdadero?
El dinero.

¿Quién con su fiereza espanta
el cetro y corona al rey?
¿Quién, careciendo de ley,
merece nombre de santa?
¿Quién con la humildad levanta
a los cielos la cabeza?
La pobreza.

¿Quién los jueces con pasión,
sin ser ungüento, hace humanos,
pues untándolos las manos
los ablanda el corazón?
¿Quién gasta su opilación
con oro y no con acero?
El dinero.

¿Quién procura que se aleje
del suelo la gloria vana?
¿Quién, siendo toda cristiana,
tiene la cara de hereje?
¿Quién hace que al hombre aqueje
el desprecio y la tristeza?
La pobreza.

¿Quién la montaña derriba
al valle; la hermosa al feo?
¿Quién podrá cuanto el deseo,
aunque imposible, conciba?
¿Y quién lo de abajo arriba
vuelve en el mundo ligero?
El dinero.

ÍNDICE

Impreso en Litografía Rosés, S.A.
Energía, 11-27 (Polígono La Post)
08850 Gavà (Barcelona)